"双碳"战略与冶金流程创新

钱晓明 主编

彭艳 副主编

孙建亮 程素玲 李学雄 参编

燕山大学出版社

·秦皇岛·

图书在版编目（CIP）数据

"双碳"战略与冶金流程创新 / 钱晓明主编. -- 秦皇岛 : 燕山大学出版社, 2025. 8. -- ISBN 978-7-5761-0744-9

Ⅰ. F124.5；TF

中国国家版本馆 CIP 数据核字第 2024DA4024 号

"双碳"战略与冶金流程创新

"SHUANGTAN" ZHANLÜE YU YEJIN LIUCHENG CHUANGXIN

钱晓明 主编

出 版 人：陈 玉

责任编辑：张 蕊　　　　　　　　　　策划编辑：唐 雷

责任印制：吴 波　　　　　　　　　　封面设计：刘馨泽

出版发行：燕山大学出版社　　　　　　电　　话：0335-8387555

地　　址：河北省秦皇岛市河北大街西段 438 号　　邮政编码：066004

印　　刷：秦皇岛墨缘彩印有限公司　　经　　销：全国新华书店

开　　本：710 mm×1000 mm　　1/16　　印　　张：16.25

版　　次：2025 年 8 月第 1 版　　　　　印　　次：2025 年 8 月第 1 次印刷

书　　号：ISBN978-7-5761-0744-9　　　字　　数：280 千字

定　　价：82.00 元

前　　言

　　"双碳"（碳达峰碳中和）战略是以习近平同志为核心的党中央统筹国内国际两个大局做出的重大决策部署，推进落实"双碳"战略目标是一项广泛而深刻的经济社会系统性变革。社会各领域、各行业围绕"双碳"战略目标任务，探索适合中国国情的创新发展模式，是完成经济社会全面绿色转型的必然选择，是实现经济社会高质量可持续全局发展的必经之路，对全面建设社会主义现代化国家、促进中华民族永续发展和构建人类命运共同体具有重要意义。

　　我国是世界最大的金属材料生产国和消费国，冶金产业碳排放量占比超过全国碳排放总量的 20%。"双碳"战略背景下，冶金产业领域是落实"双碳"战略任务、支撑实现"双碳"战略目标的重要责任主体。因此，如何在"双碳"战略背景下践行新理念、抢抓新机遇、构筑新优势、培育新质生产力，是新形势下金属材料行业领域面对的重要课题。在面向节能降碳目标的诸多路径中，依托科技创新，研发、推广、应用绿色低碳的冶金技术，是冶金领域实现行业降碳增效、保障行业持续发展的重要途径。

　　本书围绕"双碳"战略及发展新质生产力要求下的人才培养目标，聚焦冶金流程技术创新现状及发展趋势，结合冶金领域相关工程实际问题，系统阐述碳达峰碳中和目标的提出及概念内涵、我国碳达峰碳中和目标的实践路径、金属材料冶金流程与创新、金属材料塑性加工技术与创新、金属粉末成形技术与创新，以及"双碳"战略下冶金行业发展趋势与前景展望。

　　本书是河北省创新创业课程"'双碳'战略与冶金流程创新"、河北省高等教育学会"十四五"规划课题（GJXH2024-051）、河北省教育科学"十四五"规划课题（2403074）、燕山大学创新创业教育教学改革研究与实践项目

（2024xjcxcy008）的部分研究成果。

本书可作为高校创新创业类课程、"双碳"及冶金相关课程配套教材，可为高等院校教改工作特色凝练、人才培养质量提升、教育教学模式优化提供素材支撑。本书融合了创新方法论内容，为创新方法理论研究者、绿色冶金技术研究者及工作人员提供理论参考。

目　　录

第 1 章　碳达峰碳中和目标的提出及概念内涵 1

1.1 碳达峰碳中和目标的提出 2

1.1.1 碳达峰碳中和的概念内涵 2

1.1.2 认识和误区 2

1.2 碳达峰碳中和目标的科学基础 4

1.2.1 什么是气候、气候变化 4

1.2.2 近百年气候变化的特征 5

1.2.3 人类活动是近百年气候变化的主要原因 5

1.2.4 全球气候变化的紧迫性 6

1.3 全球应对气候变化历程 8

1.3.1 应对气候变化国际合作的缘起 8

1.3.2 应对气候变化国际谈判的历程 11

1.4 我国碳达峰碳中和目标的战略思维 17

1.4.1 坚持系统观念 17

1.4.2 处理好发展和减排的关系 18

1.4.3 处理好整体和局部的关系 18

1.4.4 处理好长远目标和短期目标的关系 19

1.4.5 处理好政府和市场的关系 19

1.5 我国碳达峰碳中和目标的战略意义 20

1.5.1 实现可持续发展 20

1.5.2 推动经济结构转型升级 21

1.5.3 促进人与自然和谐共生 21

1.5.4 推动构建人类命运共同体 22

第2章 我国碳达峰碳中和目标的实践路径 23

2.1 建立碳排放核算体系 23

2.1.1 构建中国碳排放核算体系框架 24

2.1.2 建立区域层面碳排放核算体系 26

2.1.3 建立企业、项目和产品碳排放核算体系 29

2.2 绿色低碳能源革命和转型 33

2.2.1 能源碳排放现状与趋势 33

2.2.2 我国能源革命面临的挑战与机遇 35

2.2.3 化石能源清洁高效利用 40

2.3 碳达峰碳中和科学技术体系创新 44

2.3.1 钢铁行业清洁低碳转型 44

2.3.2 有色金属行业清洁低碳转型——我国"双碳"总体技术方向.... 47

第3章 金属材料冶金流程与创新 50

3.1 金属冶炼原理 50

3.1.1 冶金的概念 50

3.1.2 冶金方法分类 51

3.1.3 冶金工艺流程和主要冶金单元过程 53

3.2 冶炼技术发展与创新 57

3.2.1 冶炼技术的发展历程 57

3.2.2 我国冶金的发展 58

3.2.3 钢铁冶炼技术与创新 59

3.2.4 有色金属冶炼技术与创新 60

3.3 金属铸造原理 61

3.3.1 铸件的凝固 62

3.3.2 铸造缺陷 70

3.4 铸造技术与创新 75

    3.4.1 砂型铸造 76

    3.4.2 特种铸造 77

3.5 冶金工业中的创新方法 92

第 4 章　金属材料塑性加工技术与创新 95

4.1 金属材料塑性加工原理 95

    4.1.1 金属塑性加工的物理本质 95

    4.1.2 金属塑性加工的组织性能变化 96

4.2 塑性加工技术的原型 109

    4.2.1 轧制成型 109

    4.2.2 挤压成型 113

    4.2.3 拉拔成型 118

    4.2.4 锻造成型 122

    4.2.5 冲压成型 124

4.3 金属材料短流程加工技术与创新 127

    4.3.1 薄板坯连铸连轧技术与创新 127

    4.3.2 薄带连铸连轧技术与创新 135

4.4 金属材料塑性精密成形技术与创新 140

    4.4.1 金属材料的超塑性及超塑性成形 140

    4.4.2 精密塑性体积成形 146

    4.4.3 板料的精密成形 175

4.5 塑性加工领域内的创新方法 190

第 5 章　金属粉末成形技术与创新 194

5.1 金属粉末冶金原理 194

    5.1.1 金属粉末制备概述 194

    5.1.2 金属粉末的常用制备方法 195

5.2 粉末冶金原理与应用 206

5.2.1 粉末冶金工艺过程 206

5.2.2 粉末冶金成形的特点 207

5.2.3 粉末的主要成形方法 208

5.2.4 典型应用 211

5.3 金属粉末喷射成形原理及应用 215

5.3.1 喷射成形技术概况及原理 215

5.3.2 喷射成形的工艺过程及关键技术 216

5.4 金属粉末注射成形原理及应用 224

5.4.1 金属粉末注射成形技术的发展概况及原理 224

5.4.2 MIM 技术的工艺过程及特点 225

5.5 粉末成形领域内的创新方法 227

第6章 "双碳"战略下冶金行业发展趋势与前景展望 230

6.1 "双碳"背景下冶金行业面临的机遇与挑战 230

6.1.1 "双碳"背景下钢铁行业面临的机遇与挑战 230

6.1.2 "双碳"背景下有色金属行业面临的机遇与挑战 235

6.2 冶金行业清洁低碳技术展望 239

6.2.1 钢铁行业清洁低碳技术展望 239

6.2.2 有色金属低碳技术发展展望 242

6.3 冶金行业高质量发展展望 244

6.3.1 钢铁材料高质量发展展望 244

6.3.2 有色金属材料高质量发展展望 245

参考文献 249

第1章　碳达峰碳中和目标的提出及概念内涵

2020 年 9 月 22 日，国家主席习近平在第 75 届联合国大会一般性辩论上宣布中国将提高国家自主贡献力度，努力实现 2030 年前二氧化碳排放达到峰值，争取 2060 年前实现碳中和。应对气候变化和碳中和最初由发达国家提出，并逐步成为全球共识。气候变化、能源转型与经济社会发展密切相关，随着新能源技术的快速发展和经济阶段演进，目前全球主要发达国家已进入碳排放下降阶段，他们的先行经验对中国实现碳中和具有重要参考价值。党的十九届五中全会、中央经济工作会议、中央全面深化改革委员会会议、中央财经委员会会议以及 2021 年全国"两会"都对落实碳达峰、碳中和工作进行了部署。2021 年 10 月，中共中央、国务院正式发布《中共中央　国务院关于完整准确全面贯彻新发展理念做好碳达峰碳中和工作的意见》，对碳达峰碳中和工作进行了顶层设计和系统谋划。国务院印发《2030 年前碳达峰行动方案》，对碳达峰行动进行了具体部署。

本章内容包含碳达峰碳中和目标的提出、碳达峰碳中和目标的科学基础、全球应对气候变化历程、我国碳达峰碳中和目标的战略思维、我国碳达峰碳中和目标的战略意义，以充分认识实现"双碳"目标的重要性、紧迫性和艰巨性，更好地助力我国碳中和实施路径与行动方案的精准落地。

1.1 碳达峰碳中和目标的提出

1.1.1 碳达峰碳中和的概念内涵

碳达峰说的"碳"即二氧化碳（CO_2），常温下为一种无色无味不可燃的气体。工业革命以来，人类活动在燃烧化石能源、发展工业以及农林土地利用变化过程中排放的大量二氧化碳持续在大气中累积。二氧化碳是造成全球气候变化最主要的温室气体。除二氧化碳之外，具有增暖效应的温室气体还包括甲烷（CH_4）、氧化亚氮（N_2O）、氢氟碳化物（HFCS）、全氟碳化物（PFCS）和六氟化硫（SF_6）等。为了应对气候变化，促进人类社会的可持续发展，必须努力减少温室气体排放。

碳达峰是指二氧化碳排放量达到历史最高值，经历平台期后持续下降的过程，是二氧化碳排放量由增转降的历史拐点。碳中和是指企业、团体或个人测算在一定时间内直接或间接产生的温室气体排放总量，通过植树造林、节能减排等形式，以抵消自身产生的二氧化碳排放量，实现二氧化碳"零排放"。

1.1.2 认识和误区

对于碳达峰、碳中和的基本概念和内涵，社会上依然存在很多误解，需要澄清。

1.1.2.1 将碳达峰理解为达峰前还有排放空间，碳排放还要"攀高峰"

目前，一些地方、企业对碳达峰、碳中和的关系认识存在误区，认为达峰前要赶快上高耗能、高排放的项目，达峰后就没有机会了。碳达峰是具体的近期目标，碳中和是中长期的愿景目标，二者相辅相成。尽早实现碳达峰，努力"削峰"，可以为后续碳中和目标留下更大的空间和灵活性。而碳达峰时间越晚，峰值越高，则后续实现碳中和目标的挑战和压力越大。如果说碳达峰需要在现有政策基础上再加一把劲儿，那么实现碳中和目标，仅在现有技术和政策体系下努力是远远不够的，需要社会经济体系的全面深刻转型。

1.1.2.2 将碳中和的重点放在"中和"，高估碳汇的作用

据测算，2024 年全国林草年碳汇量超过 12 亿 t 二氧化碳当量，居世界首

位。根据专家预测，2060 年我国难以避免的碳排放约有 25 亿 t 二氧化碳当量，林草碳汇能吸收一半以上碳排放，但远远无法实现碳中和目标。因此，碳减排也是碳达峰、碳中和工作的重点。

　　碳中和目标的吸收汇只包括通过植树造林、森林管理等人为活动增加的碳汇，而不是自然碳汇，也不是碳汇的存量。海洋吸收二氧化碳会造成海洋的不断酸化，对海洋生态系统造成不利影响。陆地生态系统自然吸收的二氧化碳是碳中性的，并非永久碳汇。森林的树木在生长期吸收碳，但到成熟期后吸收能力下降。动植物死亡腐烂后二氧化碳将重新排放到空气中。一场森林大火还可能将森林储存的碳变成二氧化碳快速释放。因此，人为排放到大气中的二氧化碳需要通过人为增加的碳吸收汇清除，才能达到碳中和。

1.1.2.3　推进碳达峰碳中和工作，搞运动式"减碳"

　　运动式"减碳"就是指一些地方、企业还没有弄清碳达峰、碳中和的概念内涵，就虚喊口号、蜂拥而上，抢风口、蹭热度、追热点；还有一些地方、企业提出了超出目前发展阶段的不切实际的目标，或为了减碳而采取不切实际的行动。例如构建零碳电力系统。促进能源系统转型是实现碳达峰、碳中和的重点领域，但也必须统筹有序推进。如果一味盲目关停煤电，一哄而上发展可再生能源，也可能引起电网的不稳定，影响供电系统的安全。再如，为了增加碳汇在不适合造林的地方造林，结果不仅不能增加碳汇，还破坏了自然生态系统。

1.1.2.4　将碳中和理解为只控制二氧化碳排放，忽视其他非二氧化碳类温室气体

　　温室气体不只是二氧化碳，还包括甲烷、氧化亚氮、氢氟碳化物、全氟碳化物和六氟化硫等。甲烷的增温效应是二氧化碳的 21 倍。2021 年 7 月 24 日，中国气候变化事务特使解振华在主题为"全球绿色复苏与 ESG 投资机遇"的全球财富管理论坛 2021 北京峰会上，首次明确了 2060 年碳中和包括全经济领域温室气体的排放。非二氧化碳温室气体的减排也是碳达峰、碳中和工作的一个重要组成部分。《〈蒙特利尔议定书〉基加利修正案》（以下简称《基加利修正案》）于 2016 年 10 月在卢旺达基加利通过，将氢氟碳化物纳入《蒙特利尔议定书》管控范围，开启了议定书协同应对臭氧层耗损和气候变化的历史新篇章。我国是氢氟碳化物的生产和消费大国，制冷需求增长较快，而氢氟碳化物的削

减与减缓和适应气候变化密切相关。该修正案于 2021 年 9 月 15 日对中方生效，根据《基加利修正案》，我国需在 2029 年 1 月 1 日前将 HFCs 受控用途使用量至少削减基线值的 10%。我国始终积极建设性参与全球臭氧层治理和《蒙特利尔议定书》进程，为《基加利修正案》的达成发挥了重要作用。

1.2 碳达峰碳中和目标的科学基础

深入理解碳达峰碳中和目标，需要先了解一些气候变化的科学问题。

1.2.1 什么是气候、气候变化

气候是指地区长期（通常为 30 年以上）的天气平均状况或统计特征，反映该区域的冷、暖、干、湿等基本气候要素特征。其形成是大气圈、水圈、岩石圈、生物圈等地球圈层相互作用的结果，具体受大气环流、纬度位置、海陆分布、地形地貌、海拔高度等因素综合影响。

气候变化是指气候平均值和气候离差值出现了统计意义上的显著变化，如平均气温、平均降水量、最高气温、最低气温，以及极端天气事件等的变化。人们常说的全球变暖就是气候变化的重要表现之一。联合国政府间气候变化专门委员会（Intergovernmental Panel on Climate Change, IPCC）定义的气候变化是指基于自然变化和人类活动所引起的气候变动，而《联合国气候变化框架公约》（United Nations Framework Convention Climate Change, UNFCCC）定义的气候变化是："经过相当一段时间的观察，在自然气候变化之外由人类活动直接或间接地改变全球大气组成所导致的气候改变。"

气候变化是一个与时间尺度密不可分的概念，在不同的时间尺度上，气候变化的内容、表现形式和主要驱动因子均不相同。根据气候变化的时间尺度和影响因子的不同，气候变化问题一般可分为三类：地质时期的气候变化、历史时期的气候变化和现代气候变化。万年以上尺度的气候变化为地质时期的气候变化，如冰期和间冰期循环；人类文明产生以来（1 万年以内）的气候变化可纳入历史时期气候变化的范畴；1850 年有全球器测气候变化记录以来的气候变化一般被视为现代气候变化。

1.2.2　近百年气候变化的特征

近百年来全球气候出现了以变暖为主要特征的系统性变化。2019 年全球大气中二氧化碳、甲烷和氧化亚氮的平均浓度分别为（410.5±0.2）ppm、（1 877±2）ppb 和（332.0±0.1）ppb，较工业化前时代（1750 年）水平分别增加 48%、160% 和 23%，达到过去 80 万年来的最高水平。2019 年大气主要温室气体增加造成的有效辐射强迫已达到 3.14 瓦/m²，明显高于太阳活动和火山爆发等自然因素所导致的辐射强迫，是全球气候变暖最主要的影响因子。

2020 年全球气候变暖的趋势进一步持续，全球平均温度较工业化前水平（1850—1900 年平均值）高出约 1.2 ℃，是有完整气象观测记录以来的第二暖年份。近百年来全球海洋表面平均温度上升了 0.89 ℃（范围在 0.80 ℃~0.96 ℃），全球海洋热含量持续增长，并在 20 世纪 90 年代后显著加速。1993—2019 年全球平均海平面上升率为 3.2 mm/年；1979—2019 年北极海冰范围呈显著缩小趋势，其中 9 月海冰范围平均每十年减少 12.9%；2006—2015 年全球山地冰川物质损失速率达（1 230±240）亿 t/年，物质亏损量较 1986—2005 年增加了 30% 左右。

在全球气候变暖背景下，近百年来我国地表气温呈显著上升趋势，上升速率达每百年（1.56±0.20）℃，明显高于全球陆地平均升温水平每百年 1 ℃。1951—2019 年我国区域平均气温上升率约为每十年 0.24 ℃，北方增温率明显大于南方，冬、春季增暖趋势大于夏、秋季。1961—2019 年我国平均年降水量存在较大的年际波动，东北地区、西北地区、西藏大部和东南地区部分年降水量呈明显增多趋势；自东北地区南部和华北部分地区至西南地区大部年降水量呈现减少趋势。

1.2.3　人类活动是近百年气候变化的主要原因

引起气候系统变化的原因可分为自然因子和人为因子两大类。前者包括太阳活动的变化、火山活动以及气候系统内部变率等，后者包括人类燃烧化石燃料以及毁林引起的大气温室气体浓度的增加、大气中气溶胶浓度的变化、土地利用和陆面覆盖的变化等。

自工业化时代以来,煤、石油等化石能源大量使用而排放的二氧化碳,造成了大气二氧化碳浓度升高,二氧化碳等温室气体的温室效应导致了气候变暖。众多科学理论和模拟实验均验证了温室效应理论的正确性。只有考虑人类活动作用才能模拟再现近百年全球变暖的趋势,只有考虑人类活动对气候系统变化的影响才能解释大气、海洋冰冻圈以及极端天气气候事件等方面的变化。更多的观测和研究也进一步证明,人类活动导致的温室气体排放是全球极端温度事件变化的主要原因,也可能是全球范围内陆地强降水加剧的主要原因。更多证据也揭示出人类活动对极端降水、干旱、热带气旋等变化存在影响。此外,在区域尺度上,土地利用和土地覆盖变化或气溶胶浓度变化等人类活动也会影响极端温度事件的变化,城市化则可能加剧城市地区的升温幅度。

1.2.4 全球气候变化的紧迫性

气候变化广泛、深刻地影响着自然和人类社会经济的可持续发展。在全球气候变化的背景下,全球范围极端天气气候事件频发。例如,2021 年 6 月末,美国西北部地区的气温达到了创纪录的三位数(华氏度),而西部地区已经遭受了严重的旱情和野火,900 万人受到影响,数百人死亡,当地高温纪录提高了 9°F。世界天气归因组织(WWA)的研究人员对这次高温事件作了研究分析,认为这可能是标志着气候危机升级的一个里程碑,是一个在人类造成气候变化之前统计学上不可能出现的天气事件。又如,2021 年 7 月 17—20 日,我国郑州出现持续性强降雨天气,此次强降雨过程具有持续时间长、累积雨量大、强降雨范围广、强降雨时段集中和极端性 5 个特点,最大小时雨量达 201.9 mm,突破了我国大陆最大小时雨量的纪录(我国台湾澎湖 1974 年 7 月 6 日最大小时雨量为 214.8 mm)。三天降水量 617.1 mm,接近以往多年平均年降水量 640.8 mm。根据初步分析,小时降雨、日降雨的概率、重现期都是千年一遇的情况。这次郑州特大暴雨造成 51 人死亡,约 10 万人转移避险,经济损失巨大。

我国是全球气候变化的敏感区和影响显著区,20 世纪 50 年代以来,我国升温明显高于全球平均水平。我国极端天气气候事件发生的频率越来越高,极端高温事件、洪水、城市内涝、台风、干旱等均有增加,造成的经济损失也在增多。极端天气气候灾害对我国所造成的直接经济损失由 2000 年之前的平均每年 1 208 亿元增加到 2000 年之后的平均每年 2 908 亿元，增加了约 1.4 倍。气候变化导致我国水资源问题严峻，东部主要河流径流量有所减少，海河和黄河径流量减幅 50%以上，北方水资源供需矛盾加剧。因水资源短缺，耕地受旱面积不断增加。气候变化已不同程度地影响着我国生态系统的结构、功能和服务。气候变化叠加自然干扰和人类活动，导致生物多样性减少、生态系统稳定性下降、脆弱性提高，农业生产不稳定性和成本提高、品质下降。此外，海平面上升加剧了海岸侵蚀、海水（咸潮）入侵和土壤盐渍化，风暴增水叠加的高海平面对沿海城市发展造成了严重影响。极端天气气候事件对基础设施和重大工程运营同样产生了显著不利影响。

如果人类对自己排放的温室气体不加以管控的话，未来的地球将会持续变暖，这个变暖的过程将会影响地球的方方面面。科学家对未来气候预估的结果表明，到 21 世纪末，全球的平均气温将比工业化时代前上升约 4 ℃，极地的升温可能会远大于这个幅度，9 月北极可能会出现没有海冰的情况。4 ℃的增暖将导致海平面上升 0.5~1 m，并将会在接下来的几个世纪内带来几米的上升。大气中二氧化碳浓度的增加将导致海洋的酸化，到 2100 年，4 ℃或以上的增温相当于海洋酸性增加 150%。海洋酸化、气候变暖、过度捕捞和栖息地破坏都将给海洋生物和生态系统带来不利影响。气候变化将提高干旱、森林山火等的发生风险，给水资源供给、农业生产等带来严重影响。未来全球干旱地区将变得更加干旱，湿润区将变得更湿润。极端干旱可能出现在亚马孙、美洲西部、地中海、非洲南部和澳大利亚南部地区。气候变化可能会导致未来许多地方的经济损失。部分物种的灭绝速度将会加快。

气候变化还和人类健康紧密相关，其影响方式至少有四种：第一种是极端天气。气候变化导致全球各地出现更多的极端天气，更强烈的洪水、风暴、森林火灾，造成水体污染、房屋财产损失、基础设施的损坏，直接威胁人们的健康和生命。第二种是空气污染。气候变化下森林火灾的增多加重局部地区空气污染，引发心脏、呼吸系统疾病以及过敏性反应。气候变化与城市雾霾之间存在复杂的联系，可能成为城市污染的帮凶。第三种是传染疾病。气候变化导致的洪灾和风暴会增加传染病的流行，多年的冻土融化，可能使古老的病毒重见天日。第四种是高温热浪。气候变化带来的酷暑，加上城市热岛效应，会导致人们脱水、中暑，对老人和儿童以及贫困人群的威胁尤其严重。

不仅如此，温室气体排放量的增长、气候变化影响的累积以及经济社会系统之间的复杂性关联，增加了气候系统性风险。气候系统性风险可能由某种直接风险触发，也可能由几种不同的风险并发而形成。由于各类风险之间的动态联系，中小程度的直接风险往往会发展成为规模较大的系统性风险。连锁反应是系统性风险的基本特征。系统性风险影响范围广、内部联系复杂，一旦发生并跨越临界点便很难逆转。

2018 年，《IPCC 全球升温 1.5 ℃特别报告》比较了全球增温 2 ℃和 1.5 ℃情景下的不同影响，根据评估报告的主要结论，要实现《巴黎协定》下的 2 ℃目标，要求全球在 2030 年比 2010 年减排 25%，在 2070 年左右实现碳中和。而实现 1.5 ℃目标，则要求全球在 2030 年比 2010 年减排 45%，在 2050 年左右实现碳中和。无论如何，全球碳排放都应在 2020—2030 年尽早达峰。

1.3 全球应对气候变化历程

气候变化是全球性问题，不论其发生的原因还是产生的影响，都具有全球性的特点，任何国家都不能完全避免气候变化的影响。气候变化又是一个具有典型外部性的问题，任何一个国家都不愿也不能独立解决气候变化问题。气候变化问题的特点决定了我们需要全球性的解决方案。20 世纪 80 年代以来，国际社会为应对气候变化作出了长期不懈的努力，走过了不平凡的历程。

1.3.1 应对气候变化国际合作的缘起

第二次世界大战以后，科学技术进步日新月异，全球经济高速发展，与此同时，环境污染问题日益突出，引发人们的关注。1972 年，联合国在瑞典斯德哥尔摩举行人类环境大会，发表了《人类环境宣言》，标志着国际社会对环境问题全面开战。20 世纪 80 年代后，主要发达国家的污染治理逐渐取得成效，但生物多样性锐减、土地荒漠化蔓延、臭氧空洞扩大等区域性、全球性环境问题凸显，推动全球可持续发展成为大势所趋。在一系列环境问题中，气候变化更是以其影响的广泛性和应对的艰难性成为全球关注的热点。开展应对气候变化国际合作，需要两个方面的条件：一是对于气候变化的科学认识，深入了解气候变化的成因、气候变化的影响以及如何应对气候变化；二是达成应对气候变化的政治共识，建立全球气候治理规则体系。

1.3.1.1 IPCC 推进气候变化问题的科学认知

科学界对气候变化问题的研究和探索开始得很早，但在很长时间内，大多是基于科学家的兴趣或科研机构的支持，世界各国对气候变化问题开展研究的广度、深度参差不齐。

世界气象组织在推进气候变化相关研究方面发挥了积极作用。1987 年，世界气象组织提出，已有国别和国际关于气候变化的研究都表明，大气中温室气体浓度的提高将导致全球气候变化，而气候变化可能造成潜在的严重后果。探究温室气体浓度提高对地球气候的影响以及气候变化对社会经济影响的方式，需要多学科的参与。为此，世界气象组织将通过世界气候计划向成员提供有关全球气候长期变化的最新预测，并要求成员开展对气候重要的大气组分及其影响的研究，要求其执行理事会评估现有关于温室气体的国际协调机制，评估世界气候计划在理解温室气体在全球气候中的作用以及在预测全球气候变化的能力方面取得的进展，并评估世界气候计划与其他大气化学和相关环境影响方面的国际计划的工作协调。

IPCC 下设三个工作组：第一工作组负责评估气候系统和气候变化的科学问题。第二工作组负责评估社会经济体系和自然系统对气候变化的脆弱性、气候变化正负两方面的后果和适应气候变化的选择方案。第三工作组负责评估限制温室气体排放并减缓气候变化的选择方案。评估气候变化的环境和社会、经济影响；提出应对气候变化挑战的战略。截至 2022 年，IPCC 先后组织完成了 6 次气候变化评估报告，并编写了多份特别报告和技术报告，这些成果一方面总结了科学界对气候变化及其影响的认识，突出表明了气候变化挑战的严峻性，另一方面也提出了应对气候变化的对策措施，展示了应对气候变化的可能性。

1990 年，第二届世界气候大会通过的《部长宣言》指出：自工业革命以来人类的大量生产活动导致温室气体不断积聚，未来全球气候变暖速度将是史无前例的，人类的生存与发展将因此而受到严重威胁，作为温室气体主要排放源的西方工业国家对此负有特殊的责任，因而必须起带头作用；同时还必须加强同发展中国家的合作，向发展中国家提供充分的额外资金，并以公平和最优惠的条件转让技术。

1.3.1.2 联合国大会决议启动全球气候治理进程

IPCC 的建立及其开展的全球气候变化评估，深化了各国政府和社会各界对气候变化问题的理解和认识，为全球应对气候变化奠定了科学基础。

1988 年 9 月 9 日，马耳他常驻联合国代表奥列维尔致信联合国秘书长，要求将"宣布气候为人类共同继承财产的一部分宣言"列入第 43 届联合国大会临时议程，随函所附的解释性备忘录指出，"气候是一种自然资源，它可因人类的活动而在区域和全球范围内发生重大变化，必须制定一项全面的战略，以为人类的利益维护气候"。马耳他政府建议大会宣布气候为人类的共同继承财产，并建立一种机制审议和协调联合国系统内外各主管机关进行相关方案的实施工作，并审查目前的状况，以便制定一项维护气候的全球战略，确保地球上生物的继续生存。

1988 年 12 月，第 43 届联合国大会通过题为《为人类当代和后代保护全球气候》的 43/53 号决议，承认气候变化是人类共同关心的问题，断定必须及时采取行动以便在全球性方案范围内处理气候改变问题，核准成立 IPCC，敦促各国政府、政府间和非政府组织以及科学机构将气候变化作为优先问题，呼吁联合国系统所有有关组织支持 IPCC 的工作，呼吁各国政府和各政府间组织开展合作，防范各种对气候产生有害影响和破坏生态平衡的活动，并呼吁各非政府组织、工业界和各生产部门发挥其适当作用。

1989 年 12 月 22 日，第 44 届联合国大会的 207 号决议再次敦促各国政府与政府间组织合作，尽力限制、减少和防止能对气候产生不利影响的活动，并呼吁非政府组织、工业界和其他生产部门发挥其应有的作用。207 号决议支持联合国环境规划理事会在其 15/36 号决议中要求联合国环境规划署执行主任同世界气象组织秘书长合作，开始筹备关于气候问题的纲领性公约的谈判。决议敦促各国政府、政府间和非政府组织及科学机构通力合作，紧急拟订关于气候问题的纲领性公约和相关议定书。

1990 年 12 月 21 日，第 45 届联合国大会通过 45/212 号决议，决定在大会主持下,联合国环境规划署及世界气象组织支持下成立一个单一的政府间谈判机构,以拟定一项有效的气候变化纲要公约,列载适当的承诺,要求相关工作应在 1992 年 6 月联合国环境与发展会议之前完成,并在会议期间开放签署。

1.3.2　应对气候变化国际谈判的历程

1.3.2.1　《联合国气候变化框架公约》

1.《联合国气候变化框架公约》的谈判历程及焦点

按照联合国大会决议的授权,IPCC 从 1991 年 2 月开始,历经 15 个月,到 1992 年 5 月 9 日在美国纽约通过《联合国气候变化框架公约》(以下简称《公约》),完成了文本的谈判任务。谈判的时间虽然不算长,但却是相当艰难的。在谈判中,各国政府根据自己对问题的理解和自身的利益诉求充分表达了自己的观点和关注。对于气候变化问题的重要性形成了基本一致的认识,但在不少问题上也存在尖锐的对立。

在谈判成果的形式上,有的国家认为,考虑到谈判时间的限制和问题的紧迫性,应首先起草一个框架公约,而相关的议定书等谈判可在 1992 年联合国环境与发展大会后启动,也有的国家认为应同步谈判框架公约和议定书。

在《公约》的内容上,一些国家认为框架公约应包含基本原则和一般性义务,此后谈判的议定书可以确定更具体的有约束力的义务;另一些国家则强调一个有效的框架公约应该包括坚定的承诺。

在《公约》的原则问题上,许多国家强调一个有效的框架公约应该基于"公平和共同但有区别"的责任原则;发展中国家强调全球应对气候变化的努力必须遵循"共同但有区别"的责任原则,充分考虑发展中国家的特殊情况,充分考虑发展中国家能源增长以促进经济发展的需求;一些国家强调"污染者付费"原则应该成为框架公约的基石。

在各方义务问题上,一些国家提出所有国家都应作出应对气候变化的承诺;许多国家提出发达国家应作出向发展中国家提供技术转让和额外资金支持的承诺;一些国家强调那些人均排放高、总量排放多的国家应减少其排放,并通过提供增量成本补偿的方式与发展中国家合作。

在气候变化不确定性问题上,所有国家都承认需要继续开展研究,加强对全球气候变化及其影响的理解。一些国家提出应对气候变化行动应基于预防原则和当前的最佳科学知识，科学上的不确定性不应成为拒绝行动的借口，一味等待科学证据将威胁人类共同的未来。

在温室气体减排目标方面，各方同意应充分考虑所有的温室气体源与汇，要考虑灵活的、阶段性的长期战略。各方比较一致的看法是，当前就应采取那些不管有无气候变化都应采取的行动，例如提高能源效率、发展可再生能源。一些国家提出，到 2000 年温室气体的排放应稳定在 1990 年的水平，应制定温室气体减排目标；一些国家要求工业化国家应该立即大幅消减二氧化碳和其他温室气体排放；有些国家认为发达国家应该改变他们的消费模式。

在政府间谈判委员会第一次会议上，决定建立两个工作组来完成相关任务，并确定最后达成的《公约》应包括以下内容：①排放；②碳汇；③技术转让；④支持发展中国家的资金机制；⑤国际科技合作；⑥应对气候变化影响的措施。特别是小岛屿发展中国家、海岸带低地、干旱半干旱地区、易发季节性洪水热带地区和易发干旱与荒漠化地区更应重视公约内容。

经过紧张激烈的谈判，各方于 1992 年 5 月在纽约完成了《公约》文本的谈判。1992 年 6 月，在巴西里约热内卢举行的联合国环境与发展大会上正式开放签署《公约》。1994 年 3 月 21 日，《公约》正式生效。

2.《联合国气候变化框架公约》的主要内容

《公约》为应对气候变化国际合作进程打下了良好的基础，其取得的最重要的成果是确立了目标、原则和各方义务。

第一，《公约》第二条确立了应对气候变化的目标，即"将大气中温室气体的浓度稳定在防止气候系统受到危险的人为干扰的水平上。这一水平应当在足以使生态系统能够自然地适应气候变化、确保粮食生产免受威胁并使经济发展能够可持续地进行的时间范围内实现"。尽管没有量化的浓度目标或减排目标，《公约》这段话还是为后续的减缓和适应气候变化指明了方向。

第二，《公约》明确了应对气候变化国际合作应遵循的原则，包括公平原则、共同但有区别的责任原则、各自能力原则、预防原则、成本有效性原则、考虑特殊国情和需求原则、可持续发展原则和鼓励合作原则，为各国参与和开展国际合作提供了基础和遵循。

第三，《公约》根据各国的历史责任和现实能力进行了国家分类，即将所有缔约方分为附件一国家、附件二国家和非附件一国家，并明确了各类缔约方应对气候变化的不同义务：附件一国家应率先开展控制和减少温室气体排放的行动，到 2000 年将排放降低至 1990 年的水平；附件二国家应为非附件一国家提供新的和额外的资金支持，并采取有效措施促进气候友好技术向非附件一国家的转让。

第四，《公约》建立了缔约方会议及其附属机构，建立了若干机制，包括资金机制、国家信息通报机制、争端解决机制等来保障其实施。

同时，《公约》还明确指出，注意到历史上和目前全球温室气体排放的最大部分源自发达国家，发展中国家的人均排放仍相对较低，发展中国家在全球排放中所占的份额将会增加，以满足其社会和发展需要。

1.3.2.2　《京都议定书》

1.《柏林授权书》与《京都议定书》的谈判

鉴于《公约》虽然明确了国际合作应对气候变化的原则和缔约方的一般义务，但没有确定具体的减限排温室气体目标。为此，1995 年举行的《公约》缔约方第一次大会通过了第 1 号决议，即《柏林授权书》，决定启动一项进程，包括通过一项议定书或另外一种法律文书，以强化附件一国家的义务。决定指出，在这一进程中，发达国家缔约方应当率先应对气候变化及其不利影响，应考虑发展中国家实现经济持续增长和消除贫穷的合理需要，"对附件一未包括的缔约方（即发展中国家）不引入任何新的承诺"。

为完成新的谈判任务，《柏林授权书》特设工作组在 1995 年 8 月—1997 年 10 月组织召开了 8 次会议。在关于议定书文本的谈判中，最引人注目的当数关于减限排温室气体目标的问题。尽管《柏林授权书》非常明确，仍然还有国家提出所有国家都应承担目标。讨论比较多的有：包括哪些温室气体种类、确定国别目标考虑的因素、目标期和具体目标、帮助各国完成减排义务的手段等。小岛屿国家联盟建议 2005 年实现减少二氧化碳排放 20%，有的提出附件一国家在 2000 年后保持 1990 年温室气体排放水平，也有提议要求 2010 年达到比 1990 年减少 5%~10%的目标，还有的提出不同目标期。在确定每个国家减排责任时，提出考虑的因素包括人均国内生产总值、人均和单位面积净排放量、碳吸收汇、人均能源生产和消费水平等。在具体的政策方面，则提出能效标准、自愿协议、碳税/能源税、联合开展活动和排放量交易等。最终，1997 年底《公约》缔约方第三次大会上达成了《京都议定书》（以下简称《议定书》）。

2.《京都议定书》的主要内容

第一，《议定书》充分体现了共同但有区别的责任原则，首次确定发达国家具有法律约束力的量化减限排目标。按照规定，附件一国家应该确保其 6 种温室气体排放总量在 2008—2012 年承诺期内比 1990 年水平减少 5%以上；到 2005 年，附件一国家应在履行这些承诺方面取得能够证实的进展。《议定书》还为其确定了有差别的减排指标，其中，欧盟国家 8%、美国 7%、日本和加拿大均为 6%；根据实际情况，允许俄罗斯、乌克兰、新西兰零减排；澳大利亚增排 8%、冰岛增排 10%。

第二，《议定书》为帮助发达国家实现减排目标建立了排放贸易、联合履约和清洁发展三种灵活机制，旨在通过经济手段为承担减排义务的缔约方提供更灵活、更低成本的履约方式，使发达国家可以通过这些机制获得国外的减排量，从而能够以比较低的成本实现其在《议定书》中承担的减排义务。

第三，《议定书》的其他规定，包括对温室气体排放源与汇估算的方法学问题、附件一国家提交信息问题以及所提交信息的审评问题作出了原则性规定，并提请缔约方会议规定具体指南。《议定书》重申了《公约》确定的所有缔约方的义务并要求制定一个有关《议定书》的遵约程序"用以断定和处理不遵守本《议定书》规定的情势"。

按照《议定书》规定，其生效条件是"双 55"，即需要至少 55 个《公约》缔约方批准，且其中附件一国家缔约方 1990 年排放量之和要占到全部附件一国家缔约方 1990 年总排放量的 55%以上。由于占当时附件一缔约方排放量 36%的美国宣布将不批准《议定书》，使得占比超过 17%的俄罗斯的批准成为关键。尽管 2001 年缔约方会议就通过了关于《议定书》的实施细则（即《马拉喀什协定》），2002 年底批准《议定书》的国家已经超过 100 个，但直到 2004 年俄罗斯完成核准后，《议定书》才最终满足生效条件，于 2005 年 2 月 16 日得以生效。

3.《京都议定书》第二承诺期步履艰难

《议定书》仅仅规定了发达国家到 2012 年的减排目标，并没有明确第一承诺期后有关国家的减排义务问题。美国国会以影响美国的就业和经济发展为借口不签署只包含发达国家减排承诺的法律文书，其他一些发达国家也力促发展中国家承担减排义务。

按照《议定书》有关规定，需在第一承诺期（2008—2012 年）结束前 7 年开始审议后续承诺期的减排目标。为此，2005 年在加拿大蒙特利尔召开的《议定书》第一次缔约方大会启动了这一进程；2007 年底在巴厘岛召开的缔约方大会通过了"巴厘岛路线图"决议，启动双轨谈判进程，即一方面在《议定书》轨道下磋商确定发达国家 2012 年后第二承诺期相关安排，另一方面在《公约》轨道下通过《巴厘岛行动计划》明确长期愿景、减缓、适应、资金、技术、能力建设等实施安排。

2009 年丹麦哥本哈根缔约方大会提高了国际社会对气候变化问题的关注度，也在形成 21 世纪末将全球温升控制在 2 ℃以内的长期目标、发达国家到 2020 年每年要为发展中国家提供 1 000 亿美元的资金以及技术支持等方面取得进展，但最终仅达成了一个不具法律约束力的《哥本哈根协议》，未能完成谈判任务。此后，经过墨西哥坎昆、南非德班两次缔约方会议的努力，2012 年卡塔尔多哈缔约方大会最终完成了"巴厘岛路线图"进程相关谈判，通过了关于《议定书》第二承诺期的《〈京都议定书〉多哈修正案》，为发达国家规定了 2012—2020 年的减排目标。

但是，个别发达国家始终拒绝批准《〈京都议定书〉多哈修正案》，受此影响，《〈京都议定书〉多哈修正案》直到 2020 年才满足生效条件，到本应是《京都议定书》第二承诺期结束时间的 2020 年 12 月底才生效，实际上没有真正发挥应有的作用。

1.3.2.3 《巴黎协定》

2011 年南非德班缔约方大会决定启动一个名为"加强行动德班平台"（简称"德班平台"）的新进程，要求于 2015 年达成一项具有法律约束力的国际协议，对各方 2020 年后加强行动作出安排，协议应包括减缓、适应、资金、技术、能力建设、透明度等要素。2012 年的多哈会议进一步提出要在 2014 年形成协议案文基本要素，以确保 2015 年如期达成协议。2013 年波兰华沙缔约方大会首次提出 "国家自主贡献" 的概念，初步确立"自下而上"的行动模式，并邀请各方于 2015 年提交国家自主贡献。2014 年秘鲁利马缔约方大会明确了巴黎气候大会产生的协议要体现《公约》"共同但有区别"的责任原则和各自的能力原则，并形成了协议案文基本要素，为达成《巴黎协定》做好了准备。

2015 年在法国巴黎召开的《公约》第 21 次缔约方大会，主要目标是达成关于 2020 年后应对气候变化的安排。在各缔约方共同努力下，最终通过了具有里程碑意义的《巴黎协定》。协定规定了全球温升幅度的限制和温室气体减排的长期目标，即到 21 世纪末将全球平均温度升高控制在工业革命前 2 ℃之内，并努力控制在 1.5 ℃之内。全球温室气体排放需尽快达峰，到 21 世纪下半叶实现排放源与碳汇之间的平衡，即实现净零排放。巴黎会议不仅在减缓、适应、资金、技术等方面作出了安排，确定了各国以国家自主贡献形式作出承诺，还建立了全球盘点机制，旨在未来强化全球行动力度。

《巴黎协定》获得了广泛的支持，在通过后不到一年的时间里即迅速生效，充分体现了各国采取行动的决心。然而，美国特朗普政府上台后，宣布退出《巴黎协定》，一度给《巴黎协定》的前景投下阴影。但众多国家未受影响，中国政府多次重申坚持《巴黎协定》，信守承诺的立场，提振了国际社会积极应对气候变化的决心与信心。作为一份全面、均衡、有力度、体现各方关切的协定，毫无疑问，《巴黎协定》是继《公约》《议定书》后，国际气候治理历程中第三个具有里程碑意义的文件。事实上，美国拜登政府上台后即宣布美国重返《巴黎协定》也充分表明《巴黎协定》具有强大的生命力。

2018 年，在波兰卡托维兹举行的缔约方会议上，各国基本完成了关于《巴黎协定》实施细则的谈判，但仍遗留若干问题并未彻底解决，包括《巴黎协定》第六条、国家自主贡献共同时间框架、透明度等。最终经过各方努力，在 2021 年格拉斯哥会议上就相关问题达成共识（见表 1-1）。

表 1-1 气候变化国际谈判历程重大事件

年份	事件
1988 年	通过《为人类当代和后代保护全球气候》
1990 年	启动气候变化公约谈判

年份	事件
1992 年	通过《联合国气候变化框架公约》并开放供各国签署
1995 年	通过关于议定书谈判的《柏林授权书》
1997 年	通过《京都议定书》，首次为发达国家规定量化减排温室气体义务
2001 年	通过《波恩政治协议》和《马拉喀什协议》（即《京都议定书》实施细则）
2007 年	通过"巴厘岛路线图"，建立了双轨谈判机制
2009 年	未能完成预定谈判任务，仅通过不具约束力的《哥本哈根协议》
2012 年	通过《〈京都议定书〉多哈修正案》，规定发达国家 2020 年减排目标
2015 年	通过《巴黎协定》，确定应对气候变化长期目标和各国自主贡献承诺方式
2018 年	基本完成关于《巴黎协定》实施细则的谈判
2021 年	达成《格拉斯哥协议》

1.4 我国碳达峰碳中和目标的战略思维

实现"双碳"目标是一场广泛而深刻的变革，也是一项复杂的系统工程，需要我们提高战略思维能力，把系统观念贯穿"双碳"工作全过程，准确把握进入新发展阶段、贯彻新发展理念、构建新发展格局对做好"双碳"工作提出的新任务新要求，重点处理好发展和减排等重大关系。

1.4.1 坚持系统观念

应对气候变化是一项系统工程。控制温室气体排放涉及经济社会发展诸多方面，需要在多重目标中寻求动态平衡和优化路径，从系统工程和全局角度寻求新的治理之道。

实现碳达峰碳中和是一场广泛而深刻的经济社会系统性变革，要强化系统观念，加强前瞻性思考，科学预见全球温室气体排放趋势及未来走势，科学研判全球绿色低碳转型的机遇和挑战，把握低碳发展规律；加强全局性谋划，统筹国内国际两个大局，既维护好国家利益，又树立负责任大国形象，在降碳的同时确保能源等安全；加强战略性布局，推动新兴技术与绿色低碳产业深度融合，聚焦可再生能源大规模利用、新型电力系统、氢能、储能等实施一批具有战略性国家重大前沿科技项目；加强整体性推进，发挥有条件地区、重点行业、重点企业三大主体率先达峰带动，确保有力有序有效做好碳达峰工作。

1.4.2 处理好发展和减排的关系

发展和减排是辩证统一的关系。在经济结构、技术条件没有明显改善的条件下，资源安全供给、环境质量、温室气体减排等约束强化，将压缩经济增长空间。减排不是减生产力，也不是不排放，而是要走生态优先、绿色低碳发展道路，在经济发展中促进绿色转型、在绿色转型中实现更大发展。

处理好减污降碳和能源安全。统筹发展和安全，是新时代国家安全的必然要求，既要高度警惕"黑天鹅"事件，也要防范"灰犀牛"事件。能源安全是关系国家经济社会发展的全局性、战略性问题，抓住能源就抓住了国家发展和安全战略的"牛鼻子"。粮食安全是实现经济发展、社会稳定、国家安全的重要基础，耕地是粮食生产的命根子，守住耕地红线是底线。保障国家能源安全，必须推动能源生产和消费革命，坚持节约优先，推动能耗"双控"向碳排放总量和强度"双控"转变，坚持先立后破，加大力度规划建设新能源供给消纳体系，加快推动产业结构和能源结构调整，加快推进绿色低碳科技革命。

1.4.3 处理好整体和局部的关系

统筹好整体和重点的关系。实现碳达峰碳中和不是"就碳论碳"，而是要在多重目标、多重约束条件下通盘谋划、整体推进，从现实出发，坚持目标导向，持续跟进发力，才能走出一条实现"双碳"目标的可持续发展之路。降碳、减污、扩绿、增长是一个有机联系的整体，需要从经济社会与生态系统整体性出发，更加注重综合治理、系统治理、源头治理。工业是中国二氧化碳排放的主要领域，占全国二氧化碳排放量的 85% 左右，因此实现重点行业尽早达峰并快速跨过平台期，是保证全国 2030 年前达峰的关键。要明确重点行业达峰目标，推动钢铁、建材等重化工行业尽早实现达峰。

把握好全局和局部的关系。心怀"国之大者"，站在全球和战略的高度想问题办事情，一切工作都要以贯彻落实党中央决策部署为前提，不能为了局部利益损害全局利益，为了暂时利益损害根本利益和长远利益。坚持全国一盘棋、一体推进，既要立足实际、因地制宜，结合自身特点科学设定碳达峰目标，又要充分考虑不同地区间、上下游产业链以及行业内部工序间等相互影响，不能简单层层分解和摊派任务。统筹确定各地区梯次达峰目标任务，以自上而下为约束，鼓励各地自下而上主动作为，鼓励国家优化开发区域和有条件地区尽早实现率先达峰。

1.4.4　处理好长远目标和短期目标的关系

把握好目标导向和问题导向的关系。坚持目标导向就是要制定顺应时代要求、符合客观实际、富有号召力的发展目标。碳达峰碳中和的目标任务极其艰巨，需要我们科学认识并准确把握"前瞻性、前置性"的战略导向，科学把握节奏。坚持问题导向，就是要跟着问题走、奔着问题去，把解决实际问题作为打开工作局面的突破口，必须深入分析碳达峰碳中和工作面临的新问题新挑战，围绕加快推进煤炭有序替代转型和可再生能源发展，加快推动"双碳"的市场化机制和能耗"双控"向碳排放总量和强度"双控"转变等重大问题的深化研究，形成可操作的政策举措。把握好两者的关系就是坚持目标导向和问题导向相结合，既要放眼长远目标抓好顶层设计，又要解决问题落实好任务。

处理好长远目标和短期目标的关系，就是坚持中长期目标和短期目标相贯通、明确时间表、路线图。既要制定远景目标和长期规划，又要设置阶段性任务和短期目标，以长远规划引领阶段性任务，以战术目标的实现支撑战略目标的达成。既要立足当下，一步一个脚印解决具体问题，积小胜为大胜，又要放眼长远、克服急功近利、急于求成的思想，把握好降碳的节奏和力度，实事求是、循序渐进、持续发力。锚定努力争取 2060 年前实现碳中和的目标，采取更加有力的政策和措施，就是要在明确时间表、路线图、施工图的基础上，坚持方向不变、力度不减，坚决遏制高耗能、高排放项目盲目发展，以有力有序有效政策和行动推动重点任务与行动落实。

1.4.5　处理好政府和市场的关系

坚持政府和市场两手发力。推动有为政府和有效市场更好结合，着力解决市场体系不完善、政府干预过多和监管不到位等问题，减少政府对资源的直接配置，减少政府对微观活动的直接干预，用好"看得见的手"和"看不见的手"，推动资源配置实现效益最大化和效率最优化。政府和市场两手发力，构建新型举国体制，强化科技和制度创新，加快绿色低碳科技革命。深化能源和相关领域改革，发挥市场机制作用，形成有效激励约束机制。

充分发挥市场在资源配置中所起的决定性作用，更好地发挥政府作用。完善绿色低碳政策和市场体系，完善能源"双控"制度，完善有利于绿色低碳发展的财税、价格、金融、土地、政府采购等政策，加快推进碳排放权交易，积极发展绿色金融。充分发挥市场机制作用，完善碳定价机制，加强碳排放权交易、用能权交易、电力交易衔接协调，更好地发挥中国制度优势、利用资源条件、释放市场活力。

1.5 我国碳达峰碳中和目标的战略意义

碳达峰碳中和是在全球气候危机加剧，中国进入全面建设社会主义现代化国家新发展阶段，生态文明建设已进入以降碳为重点战略方向关键时期提出的国家重大战略，从这个大的时代背景出发，充分认识实现"双碳"目标的重要性、紧迫性和艰巨性，才能深刻认识开启新征程的战略意义。

1.5.1 实现可持续发展

积极应对气候变化是实现可持续发展的内在要求。气候变化归根结底还是发展问题。发展必须是遵循经济规律的科学发展，必须是遵循自然规律的可持续发展，必须是遵循社会规律的包容性发展。加大应对气候变化力度，推动可持续发展，关系人类前途和未来。做好碳达峰碳中和工作是维护能源安全的重要保障。能源是经济社会发展须臾不可缺少的资源，要坚持先立后破，以保障安全为前提构建现代能源体系，以绿色、可持续的方式满足经济社会发展所必需的能源需求，提高能源自给率，增强能源供应的稳定性、安全性、可持续性。

推进碳达峰碳中和是破解资源环境约束突出问题的迫切需要。当前，中国生态文明建设仍然面临诸多矛盾和挑战，生态环境稳中向好的基础还不稳固，从量变到质变的拐点还没有到来。中国能源结构偏煤，产业结构偏重，资源环境对发展的压力越来越大。做好碳达峰碳中和工作，遏制高耗能、高排放项目盲目发展，有利于改变传统的"大量生产、大量消耗、大量排放"生产模式和消费模式，建立健全绿色低碳循环发展的经济体系。大力推进碳达峰碳中和，推行绿色低碳生产方式，促进经济社会发展全面绿色转型，是切实降低发展的资源环境成本、解决中国资源环境生态问题的基础之策，也是建设现代化经济体系的重要内容。

1.5.2　推动经济结构转型升级

推动绿色低碳技术实现重大突破是顺应技术进步趋势的内在要求。顺应当代科技革命和产业变革大方向，抓住绿色转型带来的巨大发展机遇，以科技创新为驱动，推进能源资源、产业结构、消费结构转型升级，推动经济社会绿色发展，探索发展和保护相协同的新路径。

推进碳达峰碳中和是推动产业结构优化升级的迫切需要。做好碳达峰碳中和工作，是推动产业结构调整的强大推动力和倒逼力量，不仅对产业结构调整提出更加紧迫的要求，即加快发展现代服务业，提升服务业低碳发展水平，运用高新技术和先进适用技术改造推动传统制造业水平提升，还要求严控高耗能、高排放行业产能，发展战略性新兴产业，提升产品增加值率，生产更多绿色低碳产品。推进碳达峰碳中和也为产业结构优化升级创造了重大战略机遇，不仅为加快经济社会全面绿色低碳转型创造了条件，而且将带来巨大的绿色低碳转型收益。

1.5.3　促进人与自然和谐共生

加快绿色低碳发展是促进人与自然和谐共生的内在要求。"十四五"时期，中国生态文明建设进入了以降碳为重点战略方向、推动减污降碳协同增效、促进经济社会发展全面绿色转型、实现生态环境质量改善由量变到质变的关键时期。坚持绿色低碳，致力于将发展建立在高效利用资源、严格保护生态环境、有效控制温室气体排放的基础上，促进人与自然和谐共生。

推进碳达峰碳中和是满足人民群众日益增长的优美生态环境需求、促进人与自然和谐共生的迫切需要。实现碳达峰碳中和，有利于减少主要污染物和温室气体排放，实现减污降碳协同增效；有利于减缓气候变化不利影响，提升生态系统服务功能，满足人民日益增长的优美生态环境需求。推进碳达峰碳中和，不仅可以推动实现更高质量、更有效率、更加公平、更可持续、更为安全的发展，建设美丽中国，而且可以提升人民群众的参与感、获得感、幸福感和安全感。

1.5.4 推动构建人类命运共同体

积极参与和引领全球气候治理是推动构建人类命运共同体的内在要求。中国实施积极应对气候变化国家战略，积极参与全球气候治理，推动和引导建立公平合理、合作共赢的全球气候治理体系，为《巴黎协定》的达成和生效实施发挥了重要作用，引导应对气候变化国家合作，成为全球生态文明建设的重要参与者、贡献者、引领者。

推进碳达峰碳中和是主动担当大国责任的迫切需要。中国历来重信守诺，狠抓国内控制温室气体排放工作，2020 年单位 GDP 碳排放较 2005 年累计下降 48.4%，超额完成应对气候变化行动目标。中国作为世界上最大的发展中国家，把碳达峰碳中和纳入生态文明建设整体布局和经济社会发展全局，将用 30 年左右时间完成全球最高碳排放强度降幅，用全球历史上最短的时间实现从碳排放峰值到碳中和。这不仅体现了中国的雄心壮志，也体现了中国同世界各国一道合作应对气候变化的坚定决心。中国为推进全球气候治理进程贡献了中国智慧、中国方案和中国力量。

思考题

1. 何谓"双碳"战略？碳达峰、碳中和的基本概念和内涵是什么？

2. 气候与"双碳"战略的关系是什么？简述近百年气候变化的主要原因。

3. 简述欧盟、美国、英国、日本等国家针对碳中和实行的战略举措。

4. 我国从哪些方面入手实现碳达峰碳中和战略目标？

第2章　我国碳达峰碳中和目标的实践路径

　　迈向碳中和的转型行动正在成为一场关乎经济社会高质量发展和持续繁荣的系统性变革。在应对气候变化的过程中，我国经历了从被动参与、谨慎参与、保守承诺，到积极参与、勇于担当，成为全球生态文明建设的重要贡献者、引领者的发展阶段。同时，我国应对气候变化的管理机构和工作机制也在逐步完善，政策框架更趋健全，制度建设不断创新。中国应对气候变化发生历史性变化，已经成为推进生态文明和美丽中国建设的重要抓手。本章将深入探讨中国当前绿色低碳循环核算体系的发展现状，分析问题并提出发展思路、重点任务和法规政策方向，同时梳理我国生态系统碳汇现状，预测未来趋势，提出我国生态系统碳汇研究面临的问题与挑战，展望我国生态系统碳汇建设及其提升路径，以更好地支撑我国碳中和实施路径与行动方案，最后以制造业为研究对象，重点分析使用化石能源较高、碳排放较大的钢铁、冶炼两个行业的碳排放现状特点、未来排放情景预测以及碳达峰碳中和路径和政策措施，展示我国在碳中和实践中迈向更可持续未来的努力和探索。

2.1 建立碳排放核算体系

　　碳排放核算可以为科学制定国家应对气候变化政策、评估考核工作进展、参与国际谈判履约等提供必要的数据依据，是开展碳达峰碳中和行动的一项重要基础性工作。2022 年，国家发展改革委、国家统计局和生态环境部印发了《关于加快建立统一规范的碳排放统计核算体系实施方案》。本节通过对我国碳排放核算体系进行分析，提出我国碳排放核算体系构建框架。

2.1.1 构建中国碳排放核算体系框架

2.1.1.1 碳排放核算现状与挑战

为满足应对气候变化国际履约要求，以及实现中国提出的控制温室气体排放目标，中国在区域、企业、项目和产品碳核算层面开展了大量的工作，也取得了积极成效。国家和各省都建立了应对气候变化统计指标体系，完善了与温室气体清单编制相匹配的基础统计制度；提交了国家温室气体清单，接受了《公约》秘书处组织的两轮国际评审，清单质量得到国际专家认可；印发了《省级温室气体清单编制指南（试行）》，开展了多轮地方清单能力建设，先后组织了 31 个省（自治区、直辖市）开展清单编制工作和全覆盖的联审，各地区还自发开展了温室气体清单编制；从"十二五"时期起开展国家及 31 个省（自治区、直辖市）年度碳强度下降率核算，支撑了国家碳强度下降约束性目标进展评估、省级碳强度考核以及形势分析等工作；分三批陆续发布了 24 个行业企业温室气体排放核算方法与报告指南，其中 11 个转化成了国家标准，印发和修订了发电设施核算方法和报告指南，组织了发电、石化、化工、建材、钢铁、有色、造纸、民航八大重点排放行业企业开展了年度碳排放数据报送，初步形成了企业按要求报告、技术服务机构开展核查、主管部门进行监督管理的工作机制；先后分 12 批共备案 200 个基于项目碳减排核算方法学，涵盖工业、电力、能源、农业等多个重点行业和领域，支持了 1 300 多个注册减排项目，签发减排量约为 7 700 万 t 二氧化碳当量；一些地区和机构发布了产品碳足迹核算的地方标准和团体标准，也有部分企业自发尝试开展了产品碳核算；培养了一批碳核算管理和技术人才队伍，初步建立了信息化的碳排放数据报送和分析管理系统。

虽然中国之前圆满完成了历次国际履约任务，也有力支撑了以碳强度下降目标为核心指标的控制温室气体排放工作，但在国内外新形势下，国内"双碳"和其他应对气候变化工作对碳核算数据准确性、及时性、一致性、可比性和透明性等提出更高需求。《巴黎协定》强化的透明度框架以及后续实施细则对发展中国家碳核算报告和审评提出强化要求，以欧盟碳边境调节机制为代表的碳关税对出口行业碳核算提出紧迫要求，大型跨国公司从供应链及生命周期角度对产品碳核算产生倒逼效应，国际碳数据库影响力扩大对中国官方数据形成更大压力，外加中国全球首位的排放量体量、复杂多样的能源品种、门类齐全的工业体系和千差万别的工艺水平等，使原有的碳核算工作面临一系列挑战。《中共中央 国务院关于完整准确全面贯彻新发展理念做好碳达峰碳中和工作的意见》和《2030 年前碳达峰行动方案》提出要建立统一规范的碳排放统计核算体系。为贯彻落实党中央、国务院部署，2022 年 4 月，国家发展改革委、国家统计局、生态环境部印发《关于加快建立统一规范的碳排放统计核算体系实施方案》（以下简称《实施方案》），系统部署了"十四五"时期全国及地方、行业企业、产品碳核算等重点任务，强化碳核算工作的统一领导、明确相关主体的分工和责任、规范方法标准、强化政府数据权威性将是未来中国碳核算工作的重点。

2.1.1.2 碳排放核算体系初步构建

为构建我国的碳排放核算体系，《实施方案》提出以下原则：①坚持从实际出发。立足于国情实际和工作基础，围绕我国碳达峰碳中和工作的阶段特征和目标任务，加快建立统一规范的碳排放统计核算体系。②坚持系统推进。加强碳达峰碳中和工作领导小组对碳排放统计核算工作的统一领导，理顺工作机制，优化工作流程，形成各司其职、协同高效的工作格局。③坚持问题导向。聚焦碳排放统计核算工作面临的突出困难挑战，深入分析、科学谋划，推动补齐短板弱项、强化支撑保障，筑牢工作基础。④坚持科学适用。借鉴国际成熟经验，充分结合我国国情特点，按照急用先行、先易后难的顺序，有序制定各级各类碳排放统计核算方法，做到体系完备、方法统一、形式规范。

为全面支持建立气候治理体系、实现碳达峰碳中和，结合碳核算国际经验以及国内基础，中国碳核算体系应主要包括区域、企业、项目和产品四个部分（图 2-1）。其中区域层面包括滞后两年、细化到部门行业的温室气体清单和时效性更强、口径稍窄以及方法学略粗的初步碳核算。国家碳核算数据要兼顾国内"双碳"工作需要与国际履约需求，要实现清单与初步碳核算数据可衔接、不同年份数据可衔接。区域、企业、项目和产品碳核算相辅相成、相互依托，清单可为其他类别碳核算提供缺省排放因子，企业和设施核算及报告可提供实测排放因子等基础参数，但由于各类碳核算的核算范围不同，四个类别间不是简单的加总关系。同时，完善核算方法标准、加强统计调查和监测、规范数据质量管理，以及健全碳核算相关法律法规和工作机制、研发和推广应用先进技术、强化人员和资金保障等贯穿全程。

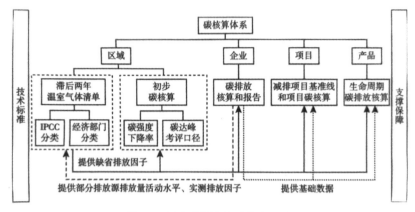

图 2-1 中国碳核算体系构建思路

根据《实施方案》要求，到 2023 年，基本建成职责清晰、分工明确、衔接顺畅的部门协作机制，各行业碳排放统计核算工作稳步开展，碳排放数据对碳达峰碳中和各项工作支撑能力显著增强，统一规范的碳排放统计核算体系初步建成。到 2025 年，统一规范的碳排放统计核算体系进一步完善，碳排放统计基础更加扎实，核算方法更加科学，技术手段更加先进，数据质量全面提高，可为碳达峰碳中和工作提供全面、科学、可靠的数据支持。

在碳排放统计核算体系中，温室气体监测也可发挥重要作用。部分排放源如井工煤矿的甲烷逃逸、硝酸生产过程的氧化亚氮排放量可通过在线连续监测得出，部分排放源的排放因子如油气设施的单位时间甲烷逃逸量可通过间歇监测得出。此外，随着大气温室气体浓度监测反演排放量方法的发展，其在排放监管数据校核等方面的应用潜力也会越来越大。

2.1.2 建立区域层面碳排放核算体系

区域碳核算根据核算边界不同又进一步划分为国家级和次国家级行政区域如省、地市和县等，核算的是一定时间一定行政区域内温室气体排放和吸收量。由于温室气体排放导致的气候变化是全球性问题，因此需要全球共同治理。

在《公约》体系下，有一套国际通行的国家温室气体排放和吸收核算方法。但不同于国家级碳核算，省级及以下碳核算主要服务于国内碳排放管理。

2.1.2.1　国家碳排放核算体系

中国作为《公约》非附件一缔约方，在全球环境基金的支持下，已经提交了三次国家信息通报和两次两年更新报告，其中包括 1994 年、2005 年、2010 年、2012 年和 2014 年共 5 个年度的国家温室气体清单，初步建立了国家温室气体清单编制的工作体系和技术方法体系。最新国家清单涵盖能源活动、工业生产过程、农业活动、LULUCF（土地利用、土地利用变化与林业）以及废弃物处理 5 个领域的温室气体排放和吸收情况，涉及二氧化碳、甲烷、氧化亚氮、氢氟碳化物、全氟化碳、六氟化硫 6 类气体。中国国家清单编制主要遵循 1996 年发布的《IPCC 国家温室气体清单指南》，部分排放源和排放因子参考了该指南，符合《公约》相关决议要求，基础参数主要来自官方统计以及专项调研和实测。中国履约报告接受了多次《公约》秘书处组织的国际磋商和分析，清单质量得到国际专家认可。此外，中国从自身实际出发向国际社会承诺的一个关键指标为单位国内生产总值二氧化碳排放（以下简称碳强度）下降目标。2009 年 11 月 25 日的国务院常务会议决定，到 2020 年，中国碳强度比 2005 年下降 40%~45%，自"十二五"时期起，碳强度降低率成为国民经济和社会发展规划纲要中的一项约束性指标。为了弥补国家清单时效性不足的问题，有效支撑目标进展评估、形势分析等工作，中国从"十二五"时期起，开展了碳强度下降的年度及季度核算，该核算范围目前仅包括能源活动的二氧化碳排放，相关核算结果自 2017 年起已被纳入国民经济和社会发展统计公报。

2018 年卡托维兹气候大会达成《巴黎协定》实施细则，对发展中国家温室气体清单的报告时效、内容、质量和频次等都提出了更加严苛的履约要求，实施时间不晚于 2024 年。这些要求包括清单编制应全面遵循《2006 年 IPCC 国家温室气体清单指南》，每两年提交一次连续年度的国家温室气体清单，且清单最新年份不能早于提交年前三年；应确保 2020 年后年度清单与基础年份清单数据可比，这对中国意味着每次均需对 2005 年清单进行回算；此外还对清单关键排放源分析、不确定性分析、完性分析等提出了细化要求。国内"双碳"工作也亟须时效性强、数据颗粒度细、准确性高、可比性好以及透明可获取的碳排放数据。参考发达国家经验和发展中国家好的做法，建议中国在国家碳核算方法、核算和报告要求、基础统计监测数据、数据质控、数据发布、工作机制、人员和资金保障、法律法规等方面进一步强化，从而为下一步的国际履约和国内"双碳"工作提供坚实基础。

2.1.2.2 省级碳排放核算体系

为落实国务院"十二五"和"十三五"控制温室气体排放工作方案中定期编制地方温室气体清单的要求，中国陆续开展了省级温室气体清单指南编写和发布、清单编制能力建设、省级关键年份清单编制、清单联审等一系列工作，基本形成常态化的地方温室气体清单编制工作机制，收集 31 个省（区、市）多个年份的省级温室气体排放和吸收数据，为支撑中央和地方政府制定温室气体排放控制政策奠定了初步基础。自"十二五"时期起碳强度降低率成为《国民经济和社会发展规划纲要》中的一项约束性指标，同时分解落实到省级人民政府。为了弥补我国省级温室气体清单时效性的不足，有效支撑地方碳强度控制目标进展评估、考核和形势分析等工作，我国从"十二五"时期开展了省级年度碳强度下降率核算。同国家层级碳强度核算一样，省级核算范围也仅包括能源活动的二氧化碳排放，核算结果运用于省级人民政府的控制温室气体排放目标责任考核。

虽然从"十一五"开始，中国已着手部署省级清单编制工作，"十二五"时期就已开展了常态化的省级碳强度统一核算，但"双碳"工作的深入推进，对省级碳核算数据的时效性、准确性、数据颗粒度等需求均有进一步提升。目前中国的省级碳核算还存在现行省级编制指南与国家清单以及新的 IPCC 清单指南不同步，缺少按经济部门划分的清单，缺少时间序列清单，省级清单时效性不强，2005 年、2010 年、2012 年和 2014 年四个年度外清单缺少统一联审等质量控制/质量保证手段，以及省级碳强度精确度有待提高等问题。建议下阶段中国省级碳核算可以从以下几个方面强化工作。

定期修订省级温室气体清单编制指南。为与最新国家温室气体清单方法学保持一致，建议尽快着手开展省级温室气体清单编制指南的修订工作。组织国家温室气体清单各领域牵头单位，根据国家温室气体清单编制经验，更新省级温室气体清单指南内容。之后，建议每年度开展省级温室气体清单指南更新评估，并视需及时修订。

　　强化省级温室气体清单编制要求和数据质量管理。明确省级清单编制频率以及报告要求。借鉴 2005 年、2010 年、2012 年和 2014 年四个年度省级温室气体清单编制技术指南、对各地区提交的年度温室气体清单数据开展质量评估，各地区根据国家反馈的修改意见进一步修改完善，对各地区清单做好数据管理、数据分析和应用。

　　加强省级碳核算法律法规、资金、人力以及信息平台等基础保障。为进一步规范省级碳核算工作，需在相关的法律法规等层面纳入省级碳核算内容。国家明确省级碳核算和报告机制、频率以及资金来源，组织开展对省级碳核算管理和技术人员的培训，建立省级碳核算系统和平台，提高省级碳核算数据管理的信息化水平以及同相关数据信息系统的互联互通。

2.1.3　建立企业、项目和产品碳排放核算体系

　　企业（组织）碳核算指对一定时间内不同行业企业或社会组织、机构等生产和经营活动产生的温室气体排放和吸收进行核算，与区域碳核算相比，核算的是微观主体的碳排放和吸收。另外，欧盟和中国等碳排放权交易市场下纳入配额管控的一般为设施排放，如火电企业的发电机组排放、水泥企业的水泥熟料生产线排放等，上述设施排放一般为企业排放的一部分，是企业中的主要排放环节，可以理解为企业（组织）级核算范畴，但与一般的企业碳核算相比，碳排放权交易市场下的设施排放数据监测、报告和质量控制要求更高。产品碳核算通常核算的是产品或服务所蕴含的碳排放量，包括从原材料获取、生产、使用、运输到废弃或回收利用等多个阶段产生的碳排放，通常也被称为产品的碳足迹，核算的是产品整个生命周期的碳排放。不同于上述 3 个类别的碳核算，对于项目碳核算来说，核算的是温室气体减排项目的碳减排量，即对因为开发了这个项目（如新建一个风电站、为一条硝酸生产线安装氧化亚氮催化销毁装置等）而导致的温室气体排放量的变化情况进行量化。减排项目的碳核算不仅需要核算项目运行后本身的碳排放，还需要计算假设没有开展减排项目时的基准线情景碳排放和因为开展减排项目导致的碳泄漏情况。将项目的碳排放情况与基准线情景下的碳排放情况进行比较，结合项目的碳泄漏情况，最终计算并确定减排项目的碳减排量。

2.1.3.1 企业

为支撑全国碳排放权交易市场建设，我国配套出台了 24 个行业企业温室气体核算与报告指南，其中 11 个指南被陆续转化成国家标准。从 2016 年起，我国发电、钢铁、水泥、石化和化工等八大行业的年度温室气体排放量达到 2.6 万 t 二氧化碳当量。7 个碳排放权交易试点地区根据需求，也陆续出台了试点地区企业温室气体排放核算方法与报告指南。此外，随着全国碳市场工作的推进以及重点行业企业碳监测试点工作的启动，我国还开展了设施层面的碳核算和企业层面的碳监测。然而，结合运行经验以及同国际比较，我国企业的碳核算还存在无法满足碳排放精细化管理需求、方法学较为单一以及数据质量有待提升等方面的问题和挑战。针对上述问题和挑战，我国企业层级碳核算可以从以下方面进一步的改进和完善。

不断完善技术规范。在生态环境部最新发布的发电行业数据报告要求中，结合前期的企业排放数据核算和报告经验，将《中国发电企业温室气体排放核算方法与报告指南》与"补充数据表"相结合，修订并发布了《企业温室气体排放核算方法与报告指南发电设施》，将核算和数据报告细化到设施层级；其他行业也亟须尽快细化报告层级及核算方法。此外，扎实做好碳监测试点工作，根据试点经验研究制定监测点位布置、运行维护、连续监测等一系列技术标准规范。

加强对企业排放数据质量的监管。对控排企业碳排放数据质量管理由过去的单纯依靠技术服务机构核查，转变为核查加日常抽查的模式，将碳排放数据质量纳入主管部门日常监督执法管理范畴。推动将核查技术服务机构、检测机构等纳入认可范围，开展多部门联合监管。通过智能化、信息化方式对排放数据开展校核，并通过同其他部门以及在线连续监测等多源数据比对等手段进一步识别潜在的数据质量问题。加快推进企业碳排放信息披露，充分发挥社会监督作用。另外，对发现的问题，要严格督促落实整改措施和加大处罚力度。

加强企业等相关主体的能力建设。依托行业协会、地方主管部门等力量，通过监督帮扶、政策标准解读培训等手段，帮助企业完善数据质量控制计划，健全完善与企业已有管理制度相衔接的碳排放数据质量管理体系。充实国家和地方主管部门企业碳排放监管人员队伍，强化相关人员的专业技术能力，为提升企业碳核算数据质量提供有力支撑。

2.1.3.2 项目

中国核自愿减排量（China Certified Emission Reduction, CCER）是中国于 2012 年建立的项目级减排机制。2012 年，国家发展改革委印发实施了《温室气体自愿减排交易管理暂行办法》和《温室气体自愿减排项目审定与核证指南》，对温室气体自愿减排项目、减排量方法学、审定与核证机构以及交易机构 5 个事项采取备案管理，对中国境内的温室气体自愿减排活动进行了规范，逐步建立了我国 CCER 制度体系和技术规范体系。2017 年 3 月，国家发展改革委发布公告，暂缓受理 CCER 备案申请。2018 年 4 月，应对气候变化职能划转至生态环境部，CCER 备案事项转由生态环境部管理。目前，生态环境部正在研究修订管理办法，完善自愿减排交易机制。截至 2021 年 12 月，我国共有 1 315 个 CCER 注册减排项目，签发的减排量约为 7 700 万 t 二氧化碳当量。

在 CCER 机制下，中国自 2013 年至今已发布了 200 个方法学，其中最为常用的是可再生能源、燃料/原料转换、温室气体销毁、能源效率、避免温室气体排放、碳汇等类型的方法学。上述方法学大部分是在 2013—2014 年从 CDM 方法学转化而来，在一定程度上不能完全贴合中国的现状。而且，从 CCER 方法学发布以来，中国的气候变化政策和减排技术已经有了长足的发展和较大的变化。因此，有必要进一步完善中国 CCER 中的减排项目碳核算方法学，以适应目前的新情况和新要求，更好地促进中国温室气体减排活动的发展。具体建议如下。

尽快梳理和修订 CCER 现有方法学。首先，CCER 方法学大部分是从 CDM 方法学转化而来，而 CDM 方法学已经更新了多次。其次，部分 CDM 转化而来的方法学可能不完全符合中国减排项目的实际情况。再次，随着全国碳市场的启动及扩容，管控设施上开发的减排活动就失去了额外性，相关行业的减排项目的碳核算方法学的适用性也需要持续调整。最后，完善碳汇相关方法学。在遇到火灾或者树木被砍伐时，碳汇项目吸收的二氧化碳可能会重新释放到大气中，碳汇项目的减排效果存在被逆转的可能性。

进一步完善管理架构、技术文件以及信息化公开等。完善 CCER 的管理体系，设立常设专家技术咨询委员会负责减排项目碳核算方法学的日常维护。设立技术管理机构，在主管部门的指导下，负责项目的申请和批准等具体日常事务。完善 CCER 技术文件体系，如制定项目标准文件、完善项目申请流程、完善审定与核证标准、制定方法学申请和修订流程等。提高项目申请的信息化，全流程公布，提高项目透明度，接受公众监督。

加强对第三方审定与核证机构的管理和监督。第三方审定与核证机构是确保减排项目质量的关键环节。可以借鉴 CDM 的经验，定期抽查和走访第三方审定与核证机构，查阅管理制度、人员能力、审定与核证项目存档，做好事后监督工作，发挥第三方审定与核证机构积极作用，以确保 CCER 减排项目的数据质量。

2.1.3.3 产品

中国的产品碳核算还停留在研究阶段，缺少官方认可的标准和规范，也缺乏统一、权威、完整、可操作的产品碳标签制度，仅有部分地方和行业协会开发了一些碳足迹评价地方标准和团体标准，如中国质量认证中心广州分中心等机构发布的《产品碳足迹评价技术通则》，上海市质量技术监督局发布的《产品碳足迹核算通则》，北京市市场监督管理局发布的《电子信息产品碳足迹核算指南》，中国电子节能技术协会发布的《电器电子产品碳足迹评价通则》和《LED 道路照明产品碳足迹评价规范》等。也有部分企业参考、使用国际标准或国内相关的地方、行业协会标准尝试自发开展产品碳核算。因此建议，一要尽快制定适合中国企业和国情的产品碳核算标准，充分参考国际上现有的标准、规范，针对中国企业和产品的特点进行本地化改进，并选择部分产品开始试算，通过试算经验不断修订完善标准；二要政府组织研究结构、专家学者针对欧盟可能施加碳关税的产品开展碳核算，提前做好数据储备，避免或降低碳关税贸易壁垒造成的经济损失；三要加强企业和设施层面的基础统计数据基础，建立企业、产品层面的基础统计数据库，加强对产品全生命周期流程（特别是回收、再利用环节）的跟踪和监控，为产品碳核算推广打下坚实的数据基础；四要建立和推广产品碳标签制度，提高公众的低碳意识，从消费端倒逼企业进行低碳生产和转型，助力中国早日实现碳达峰碳中和目标。

2.2 绿色低碳能源革命和转型

能源是人类文明进步的重要物质基础和动力，攸关国家安全和经济发展全局，也关乎生态环境保护与应对气候变化进程。为增强能源供应链的稳定和安全、推动构建清洁、低碳、安全、高效的能源体系，面对碳达峰碳中和要求，《"十四五"现代能源体系规划》和《"十四五"可再生能源发展规划》相继出台。本节结合国家能源革命和转型战略，重点分析能源碳排放现状和面临的挑战，探究了碳达峰碳中和战略下的非化石能源、化石能源绿色低碳转型路径和政策措施。

2.2.1 能源碳排放现状与趋势

2.2.1.1 全球能源体系的低碳化变革

1. 能源结构低碳化

21 世纪以来，全球能源结构调整的步伐不断加快，新能源技术水平和经济性大幅提升，风能和太阳能利用实现跃升发展，规模增长了数十倍。全球应对气候变化开启新征程，《巴黎协定》得到国际社会广泛支持和参与，近五年来可再生能源提供了全球新增发电量的约 60%。目前已有多个国家宣布，将在 21 世纪中叶实现碳中和目标，为实现这个目标，清洁低碳能源仍是未来的重要发展方向。

2. 能源系统多元化

能源系统形态加速变革，分散化、扁平化、去中心化的趋势特征日益明显，分布式能源快速发展，能源生产逐步向集中式与分散式并重转变，系统模式由大基地、大网络为主，逐步向与微电网、智能微网并行转变，推动新能源利用效率提升和经济成本下降。新型储能和氢能有望规模化发展，并带动能源系统形态发生根本性变革，构建新能源占比逐渐提高的新型电力系统蓄势待发，能源转型技术路线和发展模式趋于多元化。

2.2.1.2 我国能源体系的重大变革

我国能源探明储量中，煤炭占 94%、石油占 5.4%、天然气占 0.6%，这种"贫油、少气、富煤"的能源资源特点决定了我国能源生产以煤为主的格局长期不会改变。2021 年我国能源利用的现状是：一次能源比例巨大，替代能源较少，煤炭在我国一次能源的消费占 56%。

从"十一五"时期开始，我国政府高度重视能源转型与气候变化，通过能源强度和碳强度的双控约束性指标持续推动转型进程。2011 年，非化石能源在一次能源消费中的占比指标首次被提出，在"十二五"规划中，确定该指标 2015 年达到 11.4%，《能源发展战略行动计划（2014—2020 年）》中提出 2020 年达到 15%，《中美气候变化联合声明》中提出到 2030 年达到 20%。气候雄心峰会上，中国国家主席习近平在《继往开来，开启全球应对气候变化新征程》中提出，到 2030 年，非化石能源占一次能源消费比重将达到 25%左右，风电、太阳能发电总装机容量将达到 12 亿 kW 以上。该战略目标一直在有力地推动我国能源体系的变革。

1. 能源消费结构不断优化

近年来，我国能源消费不断攀升，特别是 2000 年后，中国的能源消费增长速度明显加快，2021 年中国能源消费总量为 52.4 亿 t 标准煤，是 2000 年的 3.6 倍。2021 年，中国能源消费总量稳居世界第一，占全世界消费总量的 26.5%，是世界能源消费第二位美国的 1.7 倍，如图 2-2 所示。

"十三五"期间，能源消费结构不断优化。2020 年，中国能源消费总量达 49.8 亿 t 标准煤，较 2015 年增加 6.4 亿 t 标准煤，年均增速达 2.8%，较"十二五"时期年均增速下降 0.7%。2020 年，煤炭在一次能源消费总量中的占比为 56.8%，比 2015 年下降 7%；石油占 18.9%，较 2015 年提高 0.5%；天然气占 8.4%，提高 2.6%；非化石能源约占 15.9%，提高了 3.9%。

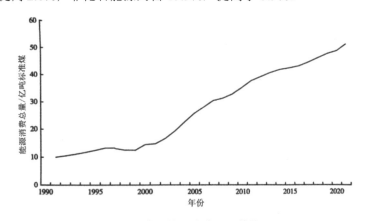

图 2-2 中国能源消费总量趋势

2. 非化石能源比例逐步上升

"十三五"时期,我国能源结构持续优化,低碳转型成效显著,非化石能源消费比重达到 15.9%,煤炭消费比重下降至 56.8%,常规水电、风电、太阳能发电、核电装机容量分别达到 3.4 亿 kW、2.8 亿 kW、2.5 亿 kW、0.5 亿 kW,非化石能源发电装机容量稳居世界第一。

2020 年,全国水、核、风、光等非化石电源装机容量 9.8 亿 kW,占总装机的 44.8%,比 2010 年提高 18%;发电量为 2.6 万亿 kW·h,占总发电量的比例由 2010 年的 19% 上升至 34%。其中,水电、核电、风电、太阳能发电装机容量分别为 3.7 亿 kW、0.5 亿 kW、2.8 亿 kW、2.5 亿 kW,发电量分别为 1.4 万亿 kW·h、0.4 万亿 kW·h、0.5 万亿 kW·h、0.3 万亿 kW·h。

3. 能源技术不断革新

中国积极推进分布式能源、储能、氢能等新能源技术创新,促使光伏发电、风电、动力电池等技术的经济性得到大幅提升,页岩油气、新能源汽车、"互联网+"、智慧能源等能源新业态快速成长,能源产业转型升级取得明显成效。

2.2.1.3 我国碳排放现状与趋势

中国自 2015 年起成为世界最大的二氧化碳排放国。2019 年,世界二氧化碳排放量排在前六位的国家分别是中国、美国、印度、俄罗斯、日本、德国。

2021 年,世界能源消费结构中,煤炭、石油、天然气、可再生能源和核电的比例分别为 26.9%、31.0%、24.4%、13.5%、4.3%。与世界平均水平或其他主要碳排放国家相比,在中国的能源消费结构中,煤炭消费比重较高,煤炭、石油、天然气、可再生能源和核电的比例分别为 54.7%、19.4%、8.6%、15.0%、2.3%。

根据中国二氧化碳排放路径模型,2020 年我国能源消费与工业过程二氧化碳排放合计为 115 亿 t。电力(包括热电联产供热)、钢铁、水泥、铝冶炼、石化化工、煤化工等重点行业,以及交通、建筑领域碳排放合计占我国总排放量(不含港澳台地区数据)的 90% 以上。

2.2.2 我国能源革命面临的挑战与机遇

到 2030 年,中国单位国内生产总值二氧化碳排放将比 2005 年下降 65% 以上，非化石能源占一次能源消费的比重将达到 25% 左右，森林蓄积量将比 2005 年增加 60 亿 m³，风电、太阳能发电总装机容量将达到 12 亿 kW 以上。碳达峰碳中和将给我国能源系统带来革命性变化，我国也将面临诸多挑战与机遇。

2.2.2.1 能源革命的基本内涵

能源转型通常是指能源供给侧的能源结构发生根本性的变化。人类历史上经历过两次重要的能源转型。第一次为 18 世纪后期至 19 世纪中期，以蒸汽机为代表的生产力变革引发了第一次工业革命，促使煤炭替代柴薪成为全球第一大能源。第二次为 19 世纪后期至 20 世纪中期，内燃机的发明和推广使得油气逐渐取代煤炭成为全球主导能源。目前，世界范围内正在经历第三次能源转型，即随着人类技术进步和环保意识的日益提高，从化石能源转向以风电、太阳能为主的新能源。本轮能源转型并非自发性的变革，而是一个受控过程，其转型的根本动力不仅在于生产力的进步，而且在于要解决经济增长与日益恶化的环境、气候和安全问题之间的矛盾。

从世界主要国家能源转型规律来看，第一类是以德国为代表的重视气候变化且油气资源匮乏的国家，这类国家往往会加速退煤进程，同时在一定程度上摆脱对石油的依赖，而天然气作为过渡能源受制于资源约束会稳定在一定区间内，大部分欧盟国家都属于此类范畴；第二类是以日本为代表的重视能源安全且油气资源匮乏的国家，这类国家会以天然气和煤炭共同作为过渡能源，同时致力于大规模削减既不安全又污染较为严重的石油，这也是日本长期大力发展氢能及燃料电池的原因；第三类是以美国为代表的重视能源安全且油气资源富集的国家，这类国家同样会加速退煤，但会形成以天然气为主、石油为辅的过渡能源体系，天然气消费呈上升趋势，石油消费短期稳定但长期会呈下降趋势；第四类是以挪威为代表的重视气候变化且油气资源富集的国家，其与第一类国家的区别在于能够在不增加进口风险的情况下支撑天然气的增长，对气候变化的重视使其在一定程度上削减石油的生产和消费，实现经济与石油的脱钩。

我国能源转型以应对气候变化为核心，兼顾能源安全。由于油气资源匮乏，我国路径可参考上述分类中的欧盟国家。从实践经验来看，要控制煤炭消费总量，削减石油消费，并以天然气作为过渡能源。我国居民的基础用气量并未达到饱和，因此天然气消费短期内仍会增长，但不会出现如美国一样天然气大规模代替煤炭的情况。我国转型的重点领域有两个，其一是供给侧能源结构的调整，特别是非化石能源在一次能源中的占比不断提高；其二是消费侧能源强度的降低，既包括能源利用效率的提高，也包括产业结构的调整。

2.2.2.2 能源革命面临的挑战

1. 经济处于增长期，能源消费仍将保持刚性增长

我国工业化、城镇化还在深入发展，发展经济和改善民生的任务还很重，能源消费仍将保持刚性增长。相比发达国家，我国工业化、城镇化等进程远未结束，将近一半以上的城市第二产业占比超过 50%，且主要以高耗能、高碳排放的建材、钢铁、石化、化工、有色金属冶炼等产业为主。在此条件下，我国提出 2030 年前实现碳达峰，一方面要通过政策手段遏制高耗能、高排放项目盲目发展，缩短达峰时间和降低达峰峰值；另一方面又要在这一过程中保持经济社会平稳健康发展，特别要保证能源安全、产业链供应链安全和粮食安全，这无疑是一场硬仗。

碳达峰分为自然达峰和政策驱动达峰。自然达峰与国家经济发展、产业结构及城镇化水平有着密切关系，一些发达国家达峰过程都是在经济发展过程中因产业结构变化、能源结构变化、城市化完成而自然形成的。欧盟承诺的碳中和时间与达峰时间的距离是 70~80 年，中国承诺的碳中和时间与达峰时间的距离是 30 年，达峰之后几乎没有平台期的缓冲是中国的最大挑战。

2. 非化石能源快速增长，能源系统变革面临困难

当前非化石能源发展总体比较顺利，但也存在一些阻碍，"弃水、弃风、弃光"问题虽有改善但仍有不足，水电、核电发展不及预期。水电开发受移民安置、生态环境保护等制约更加严峻，且大部分经济技术条件较好的水电已得到开发，未来发展空间受限；核电受先进核电新机组成本相对较高及因安全所致的公众接受性较低等因素影响，稳步发展难度增大。随着财政补贴退坡，风电、光伏发电产业整体进入平价时代，分布式能源实现高比例并网的成本不断增加，倒逼加速突破关键技术、进一步降低成本，在完善投融资渠道、理顺电价机制、多渠道解决并网消纳等方面的压力日益增大；加上调峰机制极不完善、灵活性电源建设不足和布局不合理，分布式能源发展已跟不上能源高质量发展要求的弊端日益凸显。

传统能源是集中式的、稳定的，而以风能、太阳能为主的新能源是分散波动的。这意味着现有的能源传输、调度体系都要系统地调整。我国新能源消纳问题与负荷规模、电源调节、电网互联等关键因素呈强相关性。目前支撑新能源未来持续高效消纳利用的基础还不牢固，具体体现在两个方面：一是系统调节能力建设总体处于滞后状态。"十三五"期间，火电灵活性改造、抽水蓄能、调峰气电的规划新增目标，仅分别完成了40%、50%、70%左右。新型储能的成本仍然较高，安全性还有待提升，当前总体规模仍然较小。二是新能源跨省区输送比例偏低。由于配套电源建设滞后或受电网安全稳定运行的限制，部分跨省跨区通道的新能源电量占比低于30%，跨省区消纳能力还有待提升。考虑到当前大电网特别是"三北"地区的新能源消纳空间裕度不大，如果出现新能源装机短期大幅增长、用电负荷增速明显下降等情况，新能源消纳的平衡状态极易被打破，弃风、弃光存在着发生反复的潜在风险。

3. 新能源体系尚未建立，技术发展存在短板

我国的能源体制机制改革与能源转型同时进行，而欧美一些发达国家的体制改革是先于能源转型的，并且会针对转型出现的新问题动态调整市场机制。能源体制机制的改革不仅增加了我国转型的难度，还抑制了市场驱动在转型初期的作用。目前我国能源体系存在四方面问题：一是能源安全基础仍不稳固；二是能源供应保障能力存在短板；三是能源消费结构有待优化；四是能源市场及价格形成机制不完善，市场在能源资源优化配置中发挥的作用仍不够充分。

我国能源消费体量过于庞大，受到资源、生产力、供应链等方面的制约，技术演化理论认为技术扩散呈现发展速度的有限性，这意味着我国需要更早采取行动来弥补转型速度上的劣势。现代能源体系建设需要技术驱动，目前我国在煤炭清洁利用技术、化石能源储备和调度技术等方面存在短板，这将是构建现代能源体系的一大瓶颈。

2.2.2.3 能源革命面临的机遇

1. 降低能源安全风险

"十四五"期间，能源行业要走上高质量发展新征程，化石能源要尽可能适应能源转型需要，如煤炭要实现清洁高效利用，石油行业仍要"稳油增气"，大力发展非化石能源。我国要以较低的能源弹性系数（小于0.4%），满足能源

消费2%的年增速，主要抓手为"非化石能源+天然气"。随着碳减排的不断深入，控制石油消费增长和减油也可能在"十四五"末提上日程。

受我国资源禀赋等多层因素影响，近年来国内原油的产量一直低于消费增长，对外依存度持续升高。除大力提升勘探开发、加快天然气产供储销体系建设、切实保障天然气的供应、加强国内管网的互联互通和储气能力的建设外，加大可再生能源投资也是降低化石能源对外依存度过高带来的能源安全风险的重要途径。

2. 促进产业结构升级

目前，我国能源科技创新能力显著提升，产业发展能力持续增强，新能源电力装备制造能力全球领先，低风速风力发电技术、光伏电池转换效率等不断获得新突破，全面掌握三代核电技术，煤制油气、中俄东线天然气管道、±500 kV柔性直流电网、±1 100 kV直流输电等重大项目投产，超大规模电网运行控制实践经验不断丰富，从总体看，我国能源技术装备形成了一定优势。围绕做好碳达峰碳中和工作，能源系统面临全新变革需要，迫切要求进一步增强科技创新引领和战略支撑作用，全面提高能源产业基础高级化和产业链现代化水平。

工业领域长期以来是我国能源消费和二氧化碳排放的第一大户，是影响全国整体碳达峰碳中和的关键。要在坚决遏制高耗能、高排放项目盲目发展的基础上，围绕产业结构调整和资源能源利用效率提升，推动互联网、大数据、人工智能、第五代移动通信等新兴技术与绿色低碳产业深度融合。交通领域要加快公转铁、公转水建设，优化调整交通运输结构，全面提速新能源车发展，推进绿色低碳出行方式转型，构建绿色低碳交通运输体系。城乡建筑领域要通过乡村振兴推进县城和农村绿色低碳发展，坚持能效提升与用能结构优化并举，推进既有建筑节能改造和新建建筑节能标准提升，逐步建设超低能耗、近零能耗和零碳建筑。

3. 推动能源消费方式变革

推动形成节能高效的新型能源消费模式。节能提效应列为我国能源战略之首，是保障国家能源供需安全和能源环境安全的要素。特别是在当前以化石能源为主的能源结构下，节能提效应是减排的主力，要构造节能高效的新型能源消费模式，深化能源体制的改革优化，有重点地开发能源关键核心技术，积极在培育可再生能源和可持续发展新动力等方面取得突破。

构建以建筑和交通部门为终端能源消费主体消费结构。以电气化、高效化、智能化为导向的能源消费方式升级进一步加快，电代煤、气代煤比例不断提高，煤炭消费大幅降低。随着人均生活水平的提升，建筑和交通部门耗能占比持续提高。居民生活、公共建筑和商业建筑需要大量的采暖、电器、烹饪、空调等用能服务，主要消耗电力、天然气、煤炭；居民出行和电子商务催生公路、铁路、水路和航空客运及货运的快速发展，主要消耗成品油、电力、天然气等能源。

2.2.3 化石能源清洁高效利用

煤电是二氧化碳排放最大的来源。碳中和背景下，煤电低碳化是碳中和的主力。未来一段时间内，煤电将与非化石能源并存，地位由"主体"向"兜底"转变。煤电发电小时数减少，占比逐年下降。面对高比例非化石能源发电时代，煤电未来面临清洁低碳化、深调灵活化等改造挑战，在碳中和时期为电力系统发挥电力平衡和调节作用。

1. 清洁低碳化技术

（1）超高参数超临界燃煤发电技术（超超临界发电技术）

超超临界发电技术是目前世界上的主要燃煤高效发电技术，其包括二次再热超超临界机组和超超临界循环流化床机组。不断提高火电机组参数，对提升发电效率、减少污染物排放具有重要意义。我国煤电的发展历程，是参数不断提升的过程，现代典型燃煤发电厂的发电效率一般为40%，若要进一步提升到50%以上，蒸汽参数需要向 700 ℃、35 MPa 的方向发展。

"十五"以来，我国持续支持超超临界发电技术研发与应用，相继在安源、泰州、莱芜、蚌埠、宿迁、句容投产运行 6 个二次再热机组，并在贵州威赫和陕西彬长开工建设超超临界 660 MW 循环流化床燃煤发电机组。2020 年，超超临界机组占全国现役煤电机组总装机容量的 26%，其中在役 1 000 MW 等级超超临界机组共 137 台，整体供电煤耗平均值为 283.59 g/kW·h。目前，我国已积累了超超临界发电机组设计、制造和运行等方面的丰富经验，相关技术实现了跨越式发展：整体上与国际先进水平同步，部分机组的供电煤耗和发电效率等技术指标实现世界领先，发展速度、装机容量和机组数量稳居世界首位。

（2）整体煤气化联合循环发电系统（integrated gasification combined cycle，IGCC）与煤气化燃料电池发电（integrated gasification fuel cell，IGFC）技术

IGCC 和 IGFC 是洁净煤发电技术中被认为最具有前途的发电方式之一，可实现煤的完全清洁利用，且联合循环效率高于传统燃煤机组。

IGCC 由煤气化、净化系统和燃气蒸汽联合发电系统联合组成，通常煤粉经气化系统气化后，经过净化系统除去主要污染物如硫化物、氮化物、粉尘等，变成清洁的气体燃料，然后进入燃气轮机燃烧，推动燃气透平做功，排汽经过余热锅炉加热给水，产生的高温高压蒸汽推动蒸汽透平做功。美国加利福尼亚州的冷水电站是世界上最早成功运行的 IGCC 电站。中国首座自主设计和建造的 IGCC 电站为华能天津 IGCC 电站。2016 年，国内首套燃烧前二氧化碳捕集装置在该电站试验成功，煤清洁利用程度进一步提高。目前，IGCC 电站投资费用较高，国内外研究机构针对大型煤气化技术、净化技术、空气分离技术、燃气轮机技术以及系统集成控制技术已展开联合攻关研究。

IGFC 是将 IGCC 的燃气蒸汽联合循环发电系统替换成为燃料电池发电系统，主要包括固体氧化物燃料电池和熔融碳酸盐燃料电池系统。IGFC 将煤气化后的氢气、一氧化碳通过燃料电池发电，实现了热力循环发电和电化学发电系统的耦合。一方面，燃料电池理论高温余热可通过余热系统回收利用，综合效率更高；另一方面，燃料电池系统终端排放物为纯水和高浓度二氧化碳，在布置碳捕捉收集系统后，完全实现清洁、低碳、高效循环和二氧化碳近零排放。中国于 2017 年 7 月启动 IGFC 国家重大专项项目资助，2020 年 10 月，国内首套 20 千瓦级联合煤气化燃料电池在宁夏煤业实验基地试车成功。目前，IGFC 处于起步阶段，气净化提纯技术、高温燃料电池技术、系统耦合控制技术等相关技术研究正逐步开展。

（3）生物质等非煤燃料掺烧技术

燃煤耦合生物质发电对于降低煤耗、促进能源结构调整和节能减排发挥了重要作用。燃气电厂按平均碳排放强度折算相当于供电煤耗 174 g/kW·h。按照安徽平山电厂煤电机组供电煤耗 251 g/kW·h 和现阶段新建机组要求设计供电

煤耗全面低于 270 g/kW·h 计，分别需要掺烧 30%和 36%比例的生物质燃料可达到单位供电量与燃气电厂一样的碳排放量。2021 年，中国生物质发电量占比仅为 2%，仍有较大的发展空间。除生物质外，中国煤电混氨发电技术实现突破，2022 年建立了世界首个 40MW 等级煤电混氨应用项目，按年利用小时数 4 000 小时计，每年可减少煤电机组碳排放 4.6 万 t。

2. 智能灵活深度调峰发电技术

燃气轮机发电机组的运行灵活性要远远高于燃煤发电机组。燃煤发电技术调峰灵活性主要受制于锅炉设备的变负荷运行能力和低负荷稳定燃烧水平，中国现役机组负荷调节速率普遍为 1%~2% Pe/min（Pe 为额定功率），不过通过技术改造，部分超临界机组已提升至 3.5%~4.05% Pe/min，达到国际领先水平，整体与国际先进水平的差距正逐步缩小；未改造的纯凝机组调峰能力约 50% Pe，供热机组约 20% Pe，而通过灵活性改造后，纯凝机组调峰能力可降至 25%~35% Pe，供热机组能提升至 30% Pe。目前来看，未改造机组的调峰能力仍低于国际先进燃煤机组 75%~80% Pe 的水平，但中国部分示范项目已通过技术突破达到这一标准。

《全国煤电机组改造升级实施方案》要求，"十四五"期间完成 2 亿千瓦的煤电机组灵活性改造，增加系统调节能力 3 000 万~4 000 万 kW。《"十四五"现代能源体系规划》要求，到 2025 年，灵活调节电源占比达到 24%左右，电力需求侧响应能力达到最大用电负荷的 3%~5%；"十四五"期间燃煤发电灵活性改造的重点是 300 MW 机组，调峰困难地区开展 600 MW 亚临界燃煤发电机组灵活性改造。

从灵活性技术改造试点项目的实践结果看，火力发电机组进行灵活性改造实现深度调峰仍然面临大量的技术难题，主要集中于机组运行的安全性、经济性以及污染物排放超标风险。

目前火力发电机组的运行设计值一般基于机组的额定负荷，没有考虑机组的灵活性调峰要求，由于机组频繁启停及大范围、快节奏的负荷变动，造成参与调峰机组需要承受大幅度的温度变化，使锅炉受热面、四大管道以及汽轮机转子、汽缸等厚壁部件产生交变热应力，形成疲劳损伤，减损机组寿命，从而影响机组的运行安全性。

燃煤机组频繁参与深度调峰，锅炉、汽轮机以及各类换热设备运行工况偏离设计值较大且维持时间长，造成锅炉和汽轮发电机组的协调能力下降，锅炉低荷稳定燃烧控制能力变差，污染物排放浓度上升，汽轮机振动值超标，且设备热膨胀差值增大，易发生汽水管道晃动、水击，机组紧急跳机，发电机短路故障以及锅炉污染物排放超标等安全性运行事故。

鉴于深度调峰工况大幅度偏离设计值，机组运行的经济性大打折扣，锅炉燃烧效率、汽轮机热耗和厂用电率指标恶化，燃料损耗增加，造成机组煤耗大幅抬升，降低了机组的发电热效率。

灵活性改造需要进行系统改造和设备投资，造成发电系统更加复杂、运行控制难度增加、设备可靠性下降，会进一步降低机组运行的安全性和经济性。火力发电固有的负荷特性限制了全负荷调峰灵活性，随着火电机组灵活性改造进入全系列全参数的深水区，尤其先进的超超临界燃煤发电机组注重燃料利用效率，其汽水换热流程和机组耦合控制技术更为复杂，且锅炉汽水系统干-湿态转换的动态特性具有突变性，其深度调峰水动力稳定性劣于亚临界锅炉，调峰灵活性技术的局限性将更加突出。可以预见，随着储能技术的快速发展和普及，储能技术特有的调峰灵活性将不断侵蚀火力发电技术。

3. 工业燃煤

工业领域煤炭燃烧利用形式以燃煤工业锅炉和工业炉窑为主。

燃煤工业锅炉目前在欧洲等发达国家和地区仍有应用，其中大多数为链条锅炉和煤粉锅炉，其燃料质量控制、燃烧技术及自动控制均已达到很高水平。德国是世界上工业煤粉锅炉技术水平最高的国家，其工业煤粉锅炉能够实现全密闭煤粉制备与配送、煤粉精确供料、煤粉浓相燃烧、全自动化无人值守等。国外燃煤工业锅炉由于数量少、燃用高品质煤炭且燃料特性稳定，锅炉热效率较高，但对污染物排放要求并不严格。在工业炉窑方面，技术领先的有法国的 Stein 和德国的 LOI 等，其炉窑热效率高、超低排放、智能运行，且多种煤质燃烧适应性技术先进。

截至 2017 年，我国工业锅炉约有 40.1 万台，总容量合计约 206 万蒸吨，由于能源结构的特殊性，燃煤工业锅炉约 30.7 万台，约占总量的 80%。在目前我国以煤炭为主的能源消费结构下，燃煤工业锅炉在相当长的一段时间内仍然是工业锅炉的主导产品。燃煤工业锅炉主要有链条炉排锅炉、循环流化床锅炉、水煤浆锅炉以及高效煤粉工业锅炉。

我国工业炉窑存量巨大，但因技术和工艺装备落后等原因而普遍存在系统热效率低、能耗高、燃料适应性差、污染物原始排放浓度高等问题。煤炭是冶金建材等基础工业的主要燃料和原料，以水泥为例，2020 年我国水泥熟料产量约 15.79 亿 t，水泥产量约 23.77 亿 t，水泥行业二氧化碳排放占全国排放总量的 14.3%，减排任务艰巨。2021 年全国采用干法水泥熟料生产线数量约 1 600 条，这些生产线工艺核心设备热效率普遍较低，节能潜力较大，绝大部分未实现常规污染物超低排放，且排出大量二氧化碳。因此，工业窑炉领域急需变革性技术以推动节能环保和有效提高资源利用率的方向发展。

4. 石油和天然气

石油和天然气逐步被可再生能源替代是发展趋势，但短期内中国社会经济仍处于快速发展期，对能源的需求仍保持刚性增长势头，特别在油气对外依存度依然很大的情况下，需要统筹考虑减碳和发展、减污降碳和能源安全的关系，推进油气增储上产依然是保障国家能源供给安全的主要任务。

天然气作为低碳清洁能源，将在能源绿色低碳转型过程中发挥重要的接续和桥梁作用，是保障国家能源供给安全和实现"双碳"目标的重要过渡能源。油气行业要全面贯彻增储上产发展定位，聚焦产业链高质量发展，统筹国内外资源和市场协同发展，为保障国家能源供给安全发挥重要作用。

2.3 碳达峰碳中和科学技术体系创新

2.3.1 钢铁行业清洁低碳转型

实现钢铁工业碳中和的根本途径在于清洁低碳技术，核心是技术创新、技术推广和技术突破。中国钢铁工业协会集行业专家智慧，制定了《钢铁行业碳中和愿景和低碳技术路线图》，并于 2022 年 8 月正式向社会发布。该技术路线的确定对钢铁全行业绿色低碳转型有着重要的导向意义和指导作用。本节重点介绍钢铁工业清洁低碳发展的技术路径。

钢铁工业实现"双碳"愿景规划需要多方面技术的有机组合。考虑到我国资源禀赋、能源结构和钢铁工业发展现状，我国钢铁工业低碳发展的技术路线主要包括系统能效提升、流程优化再造、资源循环利用、冶炼工艺突破、产品性能升级，以及二氧化碳捕集、利用与封存。

1. 系统能效提升

钢铁行业全流程系统能效提升是现阶段行业减少碳排放的首要选项，是指通过节能技术与装备的升级、能源精细化管理、余热余能资源应收尽收，做到全系统能效持续改进并实现能效的极致提升。

系统能效提升的重点是研究、推广、应用钢铁制造全流程节能降耗的先进技术和装备；通过数字化、智能化、网络化提升系统能源管控水平；提高能源转换效率，把焦化、烧结、球团、炼铁、炼钢、轧钢等全工序余热余压余能的回收利用发挥到极致；打通并缩短钢铁工序界面流程，创新关键界面技术，提高物质流能量流的运行效率，显著降低钢铁生产运行的能耗损失等。

2. 流程优化再造

流程优化再造是通过优化再造原料结构、工艺结构和能源结构等钢铁生产流程，使钢铁制造更加高效，实现较大幅度降低能耗和减少二氧化碳排放。

流程优化再造的重点是开发高炉大比例球团冶炼技术、微波烧结技术、节能环保型电炉炼钢短流程技术等，优化传统工艺流程，减少过程能源消耗，实现减碳；积极布局太阳能、风能、天然气等绿色能源和清洁能源对化石能源的替代，实现与企业自发电调峰自供结合，在加热、冶炼、运输等生产流程持续提高非化石类能源使用比例；打破传统工艺流程，采用近终形全连续制造、无头轧制、控温控轧等技术，进一步突破均质化凝固、高效轧制成型等核心制造技术，实现铁钢铸轧简约紧凑化，减少反复加热与反复成型。

3. 资源循环利用

资源循环利用是将钢铁生产全流程副产的含铁含碳资源、钢铁循环材料和其他一切可循环利用的固体废物、废水、废气等资源，通过再回钢铁或相关产业循环高效再利用，实现资源价值最大化，推动钢铁行业及全社会的减污降碳。

资源循环利用的重点是以钢铁生产为核心工业生态圈的有机链接，有序统筹钢铁与建材、化工等的产业链协同，构建产业间耦合发展的资源循环利用体系；加强废钢、废渣含铁含碳固体废物等再生资源回收和开发利用技术的研究、推广和应用，通过废钢判定、分选和加工技术，钢渣热焖回收技术等的科技创新，提升、稳定冶金固体废物资源化利用后成品的质量和性能；建立全流程废水资源的综合处理与回收利用技术框架，梯级利用水资源，加强废水高效循环利用；结合超低排放改造，加强烟气处理副产物高效循环利用，大力开展针对钢铁生产各类炉窑、工艺流程产生的废气资源的综合回收利用。

4. 冶炼工艺突破

冶炼工艺突破是通过工艺及装备颠覆性的科技创新，实现传统高炉、转炉冶炼向低碳、零碳冶炼的跨越性突破。

冶炼工艺突破的重点是围绕研究推进高炉富氢碳循环、富氢直接还原、生物质冶炼等炼铁技术，开发等离子冶炼、闪烁熔炼等熔融还原技术，实现低碳冶炼；探索全氢直接还原炼铁新技术，建立新型的 DRI-EAF 工艺路线，实现近零碳冶炼；积极跟踪碱性溶液电解、熔融氧化物电解法等"绿电代碳"冶炼新工艺，彻底突破炼铁—炼钢的工艺路线，实现零碳冶炼。通过冶炼工艺的突破研究，寻求更多减煤降焦、大幅减少使用化石资源的冶炼工艺，实现钢铁生产过程的大幅降碳。

5. 产品性能升级

产品性能升级是基于钢铁产品全生命周期，通过开发更高性能绿色钢铁产品，使钢铁材料具备更高效能、更高强度、更高寿命，实现下游产业、全社会二氧化碳综合排放最小化的目标。

产品性能升级的重点是从钢铁产品设计、使用和全生命周期碳排放评估等入手，开发更高效能的功能性钢铁材料，如更高磁感、更低铁损的硅钢，更具硬度、更加耐磨、更抗冲击的耐磨钢等；开发用于建筑、汽车、机械等的更高强度的钢材料，实现轻量化、减量化用钢；开发更加耐蚀、更加长寿的耐蚀钢、耐候钢、涂层钢等。通过产品性能升级，实现更少资源、更久使用，合力构建低碳产业生态圈。

6. 二氧化碳捕集、利用与封存

二氧化碳捕集、利用与封存是将二氧化碳从钢铁制造排放源中分离、回收和利用，实现钢铁行业碳中和的保障性技术。

二氧化碳捕集、利用与封存的重点是研究在低成本、高效率的前提下，将二氧化碳从钢铁制造各类排放源中富集、分离、提取的技术和工艺；开发将提取的富集二氧化碳在钢铁生产流程中资源性循环再利用的技术；通过跨行业合作，研究创新将二氧化碳在石油行业封存驱油的技术，将收集的二氧化碳通过生物发酵法制乙醇、化学催化法制甲醇、矿化固定法制建筑用材等技术，打造零排放冶金生态系统。

2.3.2　有色金属行业清洁低碳转型——我国"双碳"总体技术方向

有色金属行业涵盖有色金属资源采选、冶炼、加工、制造等环节，其生产过程中的能源消耗是二氧化碳等温室气体排放的主要来源。因此，有色金属行业"双碳"技术发展应从以下几方面考虑。

1. 针对制造流程开发节能降碳技术

（1）绿色低碳冶金技术。组建有色金属行业低碳技术创新联合体，研究有色金属行业低碳技术路线，制定标准体系。开展高电流密度、高电流效率大型铝电解槽技术、低电压低能耗铝电解节能技术、电解镁工艺、铜铅锌绿色冶炼及二次资源综合利用、大型高效节能稀土金属清洁生产等技术研究，加强生物冶金等绿色低碳湿法浸出工艺技术研究，扩大示范应用规模。重点围绕原铝低碳创新技术、铝电解槽余热回收技术、铜铅锌等火法冶炼中低位余热利用技术、海绵钛颠覆性制备技术等开展研究，实施共性技术、前沿技术、低碳技术示范。

（2）先进短流程技术。开发新型连续阳极电解槽、稀土氧化物熔盐体系电解生产镨钕合金等冶炼短流程技术；开发铝镁铜钛等合金板带、管材、线材等短流程工艺、材料设计与关键装备集成技术；加强短流程工艺推广应用，进一步提升铝水直接合金化比例，避免铝锭二次重熔能源损失，减少金属烧损，降低碳排放。集中推广高效低电耗铝电解工艺及装备、蓄热式竖罐炼镁等一批节能减排技术，实施低碳技术改造专项，探索二氧化碳和污染物协同控制模式，创新减污降碳治理方式。铜冶炼行业重点推广铜锍连续吹炼技术取代 PS 转炉，开发粗铜连续精炼技术，进一步降低铜冶炼能耗。

（3）再生与循环利用工程技术攻关和示范。围绕二次铝资源回收再利用，开展高杂质容限的变形铝合金材料成分设计及加工工艺等基础研究；开发绿色高效前处理技术及装备；开展有色金属合金回收料的熔体杂质元素高效提纯技术，低烧损熔炼技术，以及装备、废料重熔料的熔体纯净化技术等研究；开发按合金牌号的精准识别与分类技术；开展废旧锂离子电池极芯材料回收/梯次利用技术研究。开展含铜污泥、废线路板与原生矿协同冶炼技术研究，中高品位废杂铜与铜锍吹炼协同吹炼技术研究，高品位废杂铜强化富氧熔池熔炼技术研究。

（4）探索二氧化碳捕集、利用技术。积极探索二氧化碳资源化利用的途径、技术和方法，建设完整的二氧化碳捕集、利用一体化试点项目工程。开发针对硫化铅冶炼烟气、废铅膏高温熔炼烟气、铅锌冶炼渣高温熔炼烟气等燃烧后二氧化碳的捕集技术。引导镁冶炼、工业硅等企业实施二氧化碳捕集、利用技术的示范性应用，加快实现相关技术的规模化推广应用。

2. 探索先进绿色新材料制备技术和成形、连接、表面处理等应用技术

在考虑行业减排的同时，要积极开展高性能有色金属新材料新产品的开发，积极推进高性能有色金属材料、新能源特种有色金属材料的应用研究。有色金属材料是结构功能一体材料，是核电、风电、太阳能等新能源系统中的重要基础材料。以有色金属为主体的锂电材料等也是储能、绿色交通等领域的基础功能材料。因此，应加强有色金属材料领域技术突破和储备，支撑低碳技术发展。

3. 有色金属行业碳中和应立足于国家经济和社会实现"双碳"的高度，从产品全生命周期的角度来看待有色金属在使用过程中的碳减排贡献

基于产品全生命周期思想，开展产品绿色（生态）设计，引导交通、建筑、消费类电子产品、电池、电线电缆等重点领域选用有色金属绿色设计产品。加强铝、铜、镁、镍等产品全生命周期碳足迹研究，建立健全有色金属产品全生命周期碳排放数据库，组织开展产品的绿色低碳/净零碳评价工作和绩效评估。

根据有色金属行业"双碳"实施方案的总体要求：2030年前有色金属行业力争整体实现碳达峰；2060年有色金属行业实现碳中和，若仍保持现有技术发展水平，期望通过提高可再生能源发电降低有色金属行业电力消费的碳排放，有色金属行业可实现在2030年前二氧化碳排放达峰，峰值估计在7.5亿~8亿t，但到2060年仍有约4亿t吨碳排放，离2060年前实现碳中和目标有很大差

距。因此，现有技术发展水平不足以支撑有色金属行业碳中和目标的实现。"双碳"目标的实现从本质上必须依靠科技创新。结合有色金属产品供需关系以及铜、铝、铅、锌重点行业碳减排技术调研与分析，从源头控碳、过程降碳、资源循环利用、末端碳减排与捕集利用四大领域开展碳减排技术攻关，将有助于行业整体实现碳中和。

思考题

1. 简述我国绿色低碳循环经济体系发展现状。什么是发展绿色低碳循环经济体系的基本思路与重点任务？

2. 简述如何实现钢铁行业的流程优化再造与冶炼工艺突破。

3. 从哪些方向建立区域层面碳排放核算体系？

4. 我国钢铁行业清洁低碳发展技术路径有哪些？有色金属行业从哪些总体技术方向出发实现行业清洁低碳总目标？

第3章 金属材料冶金流程与创新

深刻理解金属材料的冶炼流程与技术创新,是冶金工程专业学生掌握前沿科技、引领未来产业发展的必由之路,也是其实现自身职业梦想和社会责任的关键一步。本章主要概括了金属冶炼原理、冶金技术发展与创新、金属铸造原理以及铸造技术与创新等内容,通过对冶金概念、方法分类、工艺流程和主要技术单元的深入探讨,帮助读者建立起全面的冶炼知识体系;回顾冶金技术的发展历程、探讨我国冶金产业现状,特别侧重钢铁冶炼技术与创新、有色金属冶炼技术的发展,为行业发展指明前进方向;金属铸造原理部分将解析金属熔体、凝固过程和铸态组织形成机理,揭示铸造工艺中的关键环节;而铸造技术与创新部分将探讨铸造技术的演进历程、近现代铸造技术的创新,尤其是特种铸造技术的前沿发展。本章内容旨在引领读者深入理解金属材料冶金的重要性,启迪思维,激发创新,为构建绿色低碳的现代工业体系贡献智慧和力量。

3.1 金属冶炼原理

3.1.1 冶金的概念

冶金是一门研究如何经济地从矿石或其他原料中提取金属或金属化合物,并用各种加工方法制成具有一定性能的金属材料的科学。

冶金学是研究从矿石或二次金属资源中提取金属或金属化合物,用各种加工方法制成具有一定性能的金属材料的学科。冶金学不断地吸收自然科学,特别是物理学、化学、力学等方面的新成就,指导冶金生产技术向更广和更深发展。同时，冶金生产又以丰富的实践经验，充实着冶金学的内容。冶金学发展成为两大领域：物理冶金学和提取冶金学。

研究通过加工成型制备有一定性能的金属或合金材料的学科，称为物理冶金学或称金属学。金属（包括合金）的性能（物理性能及力学性能）不但与其化学成分有关，而且由成型加工或金属热处理过程产生的组织结构所决定。成型加工包括金属铸造、粉末冶金（制粉、压制成形及烧结）及金属塑性加工（压、拔、轧、锻）。研究金属的塑性变形理论、塑性加工对金属力学性能的影响及金属在使用过程中的力学行为的科学，则称为力学冶金学。显然，力学冶金是物理冶金学的一个组成部分。

研究从矿石中提取金属或金属化合物的生产过程的科学称为提取冶金学。由于这些生产过程伴有化学反应，又称为化学冶金学。因为它的研究范围涉及火法冶炼、湿法提取或电化学沉积等各种过程及方法的原理、流程、工艺及设备，故又称其为过程冶金学。而提取冶金学根据国内冶金工作者的习惯简称为冶金学。也就是说，狭义的冶金学指的是提取冶金学，而广义的冶金学则包括提取冶金学及物理冶金学。提取冶金学的任务是研究各种冶炼及提取方法，以提高生产效率、节约能源、改进产品质量、降低成本、扩大品种并增加产量。

作为冶金原料的矿石或精矿，其中除含有所要提取的金属矿物外，还含有伴生金属矿物和大量无用的脉石矿物。冶金的目的就是把所要提取的金属从成分复杂的矿物集合体中分离出来并加以提纯。冶金分离和提纯过程常常不能一次完成，需要进行多次，通常包括预备处理、熔炼和精炼三个循序渐进的过程。

3.1.2　冶金方法分类

在现代冶金中，由于矿石（或精矿）性质和成分、能源、环境保护及技术条件等情况的不同，实现冶金作业的工艺流程和方法也多种多样。根据冶炼金属的不同，冶金工业通常分为黑色冶金工业（或钢铁冶金工业）和有色冶金工业。前者包括生铁、钢及铁合金（如铬铁、锭铁等）的生产；后者包括其余各种金属的生产。根据各种冶金方法的特点，大体上可将其归纳为火法冶金、湿法冶金和电冶金三类。

3.1.2.1 火法冶金

火法冶金是在高温条件下进行的冶金过程。矿石或精矿中的部分或全部矿物在高温下经过一系列物理化学变化，生成另一种形态的化合物或单质，分别富集在气体、液体或固体产物中，达到所要提取的金属与脉石及其他杂质分离的目的。实现火法冶金过程所需的热能，通常是依靠燃料燃烧来供给，也有依靠过程中的化学反应来供给的，例如，硫化矿的氧化焙烧和熔炼就无须由燃料供热；金属热还原过程也是自热进行的。火法冶金过程是一个高温没有水相参与的过程，是提取金属的主要方法之一。火法冶金反应快、设备少、处理量大、流程短、占地少、投资少、见效快，但污染不易控制，不能有效地提取复杂矿或贫矿中的金属，回收率低。

3.1.2.2 湿法冶金

湿法冶金是在常温（或低于 100 ℃）常压或高温（100~300 ℃）高压下，用溶剂处理矿石或精矿，使所要提取的金属溶解于溶液中，而其他杂质不溶解，然后再从溶液中将金属提取和分离出来的过程。它包括浸出、分离、富集和提取等工序。湿法冶金能处理复杂矿等伴生矿和贫矿，金属的回收率高、纯度高、污染少、易治理，流程连续，便于机械化和自动化控制，劳动条件较好，操作简单。缺点是反应慢、流程长、占地多、投资大。

3.1.2.3 电冶金

电冶金是利用电能提取和精炼金属的方法。根据利用电能效应的不同，电冶金又分为电热冶金和电化冶金。

电热冶金是将电能转变为热能进行冶炼的方法。在电热冶金过程中，按其物理化学变化的实质来说，与火法冶金过程差别不大，两者的主要区别只是冶炼时的热能来源不同。

电化冶金（电解和电积）是利用电化学反应将金属从含金属盐类的溶液或熔体中析出的冶金方法。前者称为溶液电解，如铜的电解精炼和锌的电积，可列入湿法冶金一类；后者称为熔盐电解。不仅利用电能的化学效应，而且也是将电能转变为热能，加热金属盐类使之成为熔体，故也可列入火法冶金一类。

从矿石或精矿中提取金属的生产工艺流程，常常是既有火法过程，又有湿法过程，即使是以火法为主的工艺流程，例如硫化铜精矿的火法冶炼，最后也需要经过湿法的电解精炼过程。在采用湿法炼锌时，还需要通过高温氧化焙烧对硫化锌精矿原料进行炼前处理。

采用哪种方法提取金属或按怎样的顺序进行，很大程度上取决于金属及其化合物的性质、所用的原料及要求的产品。冶金方法基本上是火法和湿法。钢铁冶金主要用火法，而有色金属冶金则是火法和湿法兼有。

冶金方法的发展，正面临着能源的节省、环境保护、矿物资源日趋贫乏和资源综合利用等紧迫问题。在一定程度上，冶金方法支配着冶炼厂的生产、设计、建厂和冶金技术的发展。节约能源依靠新技术和新方法，尤其是要改革电炉熔炼和有色金属电解生产过程的现有工艺，降低电耗。湿法冶金和无污染火法冶金能较好地满足日趋严格的环保要求，具有很大的发展前景。为了维持工业增长的需要，必须采取措施处理贫矿。一方面提高选矿技术，同时研究更有效的冶炼方法。矿物原料，尤其是多金属矿物原料的综合利用，是精简冶金过程、降低生产成本、提高经济效益的关键问题。近年来，有色金属提取冶金企业正在努力实现多产品经营，并把金属生产和材料加工结合起来，提高冶金产品销售的附加值，借以降低主金属的冶炼成本。

冶金学和其他学科领域一样，涉及的范围很广，它与化学、物理化学、热工、化工机械、仪表、计算机等有极其密切的关系。冶金学不断地吸收上述基础学科和相关学科的新成就，指导生产技术向更广和更深处发展，而冶金生产工艺的发展又会为冶金学的充实、更新和发展提供不尽的动力。

3.1.3　冶金工艺流程和主要冶金单元过程

任何一种金属的提取都不是一步完成的，需要分为若干个阶段进行，一种金属的提取往往是多步冶金过程联合作用的结果，但各个阶段的冶炼方法和使用的设备不尽相同。各阶段过程间的联系及其所获得的产品（包括中间产物）的流动线路图就称为某一种金属的冶炼工艺流程图。根据不同的内容，工艺流程图可分为设备连接图、原则流程图和数质量流程图。设备连接图是表示冶炼厂主要设备之间联系的图；原则流程图是表示各阶段作业间联系的图；数质量流程图则是表示各阶段作业所获产物的数量和质量情况的图。

图 3-1 为钢铁冶金（图 3-1a）和湿法冶锌（图 3-1b）的工艺流程简图。黑

色金属矿石的冶炼：一般情况下矿石的成分比较单一，通常采用火法冶金的方法进行处理，即使有的矿石较为复杂，经过火法冶金之后，其伴生的有价金属也能进入渣中，然后再进行处理，如用高炉冶炼钒钛磁铁矿就属于这种类型。有色金属矿石的冶炼：由于其矿石或精矿的矿物成分极其复杂，含有多种金属矿物，不仅要提取或提纯某种金属，还要考虑综合回收各种有价金属，以充分利用矿物资源和降低生产费用。因此，考虑冶金方法时，要用两种或两种以上的方法才能完成。

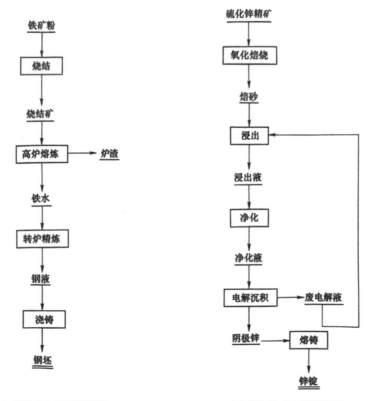

（a）钢铁冶金原则流程图 　　　　　　　　（b）湿法冶锌原则流程图

图 3-1 冶炼工艺流程图实例

一种金属的冶炼工艺流程包括多个冶炼阶段，而每一个冶炼阶段可能是火法、湿法或电化学冶金方法。因此，通常把每一个冶炼阶段称为冶金过程。如高炉炼铁是火法冶金过程，锌焙砂浸出是湿法冶金过程，而净化液电积则为电化学冶金过程。在生产实践中各种冶金方法往往包括如下冶金单元过程。

（1）干燥。除去原料中的水分。干燥温度一般为 400~600 ℃。

（2）焙烧。指将矿石或精矿置于适当的气氛下，加热至低于它们熔点的温度，发生氧化、还原或其他化学变化的冶金过程。其目的是改变原料中提取对象的化学组成，满足熔炼要求。按焙烧过程控制气氛的不同，可分为氧化焙烧、还原焙烧、硫酸化焙烧、氯化焙烧等。

（3）煅烧。指将碳酸盐或氢氧化物的矿物原料在空气中加热分解，除去二氧化碳或水变成氧化物的过程，也称焙解。如石灰石煅烧成石灰，成为炼钢熔剂。氢氧化铝煅烧成氧化铝，成为电解铝原料。

（4）烧结和球团。将不同粉矿混匀或造球后加热焙烧，固结成多孔块状或球状的物料，是粉矿造块的主要方法。例如，烧结是铁矿粉造块的主要方法。

（5）熔炼。指将处理好的矿石、精矿或其他原料置于高温下，通过氧化还原反应使矿石中的金属和杂质分离为两个液相层，即金属（或金属锍）液和熔渣的过程，也称冶炼。按熔炼条件可分为还原熔炼、造锍熔炼、氧化吹炼等。

（6）精炼。指进一步处理熔炼所得含有少量杂质的粗金属以提高其纯度的过程。如熔炼铁矿得到生铁，再经氧化精炼成钢。火法精炼的种类很多，如氧化精炼、硫化精炼、氯化精炼、熔析精炼、碱性精炼、区域精炼、真空冶金、蒸馏等。

（7）吹炼。吹炼的实质是氧化熔炼，就是将造锍熔炼所得到的锍熔体置于转炉中，通过鼓入空气中的氧（或富氧空气）使其中的铁、硫和其他杂质元素氧化、造渣或挥发，得到粗金属。

（8）蒸馏。指将冶炼的物料在间接加热的条件下，利用在某一温度下各种物质挥发度不同的特点，使冶炼物料中某些组分分离的方法。

（9）浸出。用适当的浸出剂（如酸、碱、盐等水溶液）选择性地与矿石、精矿、焙砂等矿物原料中的金属组分发生化学作用，使固体物料中的一种或几种有价金属溶解于溶液中，而脉石和某些非主体金属入渣而达到初步分离的过程。浸出又称浸取、溶出、湿法分解，如在重金属冶金中常称浸出、浸取等，在轻金属冶金中常称溶出，而在稀有金属冶金中常称湿法分解。

（10）液固分离。该过程是将矿物原料经过酸、碱等溶液处理后的残渣与浸出液组成的悬浮液分离成液相与固相的湿法冶金单元过程。在该过程的固液之间一般很少再有化学反应发生,主要是用物理方法和机械方法进行分离,如重力沉降、离心分离、过滤等。

(11)净化。该过程是将矿物原料中与欲提取的金属一道溶解进入浸出液的杂质金属除去的湿法冶金单元过程。净化的目的是使杂质不至于危害下一工序中对主金属的提取,也是综合利用资源、提高经济效益,防止污染环境的有效办法。其方法多种多样,主要有结晶、蒸馏、沉淀、置换、溶剂萃取、离子交换、电渗析和膜分离等。

(12)水溶液电解。利用电能转化的化学能使溶液中的金属离子还原为金属而析出,或使粗金属阳极经由溶液精炼沉积于阴极。前者从浸出净化液中提取金属,故又称电解提取或电解沉积(简称电积),也称不溶阳极电解,如铜电积、锌电积;后者以粗金属为原料进行精炼,常称电解精炼或可溶阳极电解,如粗铜、粗铅的电解精炼。

(13)熔盐电解。用熔盐作为电解质的电解过程,即利用电热维持熔盐所要求的高温,又利用直流电转换的化学能自熔盐中还原金属。熔盐电解主要用于提取轻金属,如铝、镁等。这是由于这些金属的化学活性大,电解这些金属的水溶液得不到金属。

在考虑某种金属的冶炼工艺流程及确定冶金单元过程时,应注意分析原料条件(包括化学组成、颗粒大小、脉石和有害杂质等)、冶炼原理、冶炼设备、冶炼技术条件、产品质量和技术经济指标等。另外,还应考虑水电供应、交通运输等辅助条件。其总的要求(或原则)是过程越少越好,工艺流程越短越好。需要提及的是,冶炼金属的工业流程,除了提取提纯金属外,还要同时回收伴生有价金属,重视"三废"(废气、废渣、废液)治理和综合利用等方面的问题。因此,完整的工艺流程是很复杂的,所包含的冶金过程也是很多的。可见,冶金过程是应用各种化学和物理的方法,使原料中的主要金属与其他金属或非金属元素分离,以获得纯度较高的金属的过程。

冶金学是一门多学科的综合应用科学,一方面,冶金学不断吸收其他学科特别是物理学、化学、力学、物理化学、流体力学等方面的新成就,指导冶金生产技术向新的广度和深度发展;另一方面,冶金生产又以丰富的实践经验充实冶金学的内容，也为其他学科提供新的金属材料和新的研究课题。电子技术和电子计算机的发展和应用，对冶金生产产生了深刻的影响，促进了新金属和新合金材料不断产出，进一步适应了高精尖科学技术发展的需要。

3.2 冶炼技术发展与创新

3.2.1 冶炼技术的发展历程

人类进入青铜时代以来，同金属材料及其制品的关系日益密切。冶金生产技术虽历史悠久，但直到 18 世纪末才从近代自然科学中汲取营养，逐渐形成一门近代科学——冶金学。在现代社会中，金属不仅是重要的战略物资和生产资料，也是人类生活中不可缺少的消费资料，不仅衣、食、住、行离不开金属材料，人们从事生产或其他活动场所用的工具和设施也都使用金属材料，因此可以说，没有金属材料便没有人类的物质文明。

3.2.1.1 古代冶金技术

据冶金史研究，人类使用天然金属（主要是天然铜）距今大约 8 000 年，但天然铜资源稀少，要使用更多的铜必须从矿石中提取。据目前所知，世界上最早炼铜的是美索不达尼亚地区，大约是在前 38—前 36 世纪。最早的青铜大约出现在前 30 世纪，人类文明中大量使用青铜的年代称青铜时代。人类最初使用的铁是陨铁，如埃及金字塔中发现的和我国出土的商代铜钺铁刃，它们在前 1500—前 1400 年被人们所利用。目前发现的最早炼铁的地区是黑海南岸山区，大约在前 14—前 13 世纪，人类社会进入铁器时代。在不同地区，铁的使用和生产发展水平有很大差异，中国古代的冶金在明代中叶以前一直居于世界先进水平，如使用木风箱，焦炭炼铁，生铁炼钢，锌、镍、白钢的冶炼，永乐大钟的制造等都标志着我国古代冶金技术的卓越水平。

3.2.1.2 近代冶金发展

近代冶金出现于资本主义发展初期，特别是在 1640 年以后的 200 多年里，以高炉炼铁、炼钢为主的冶金生产技术的发展及变革主要发生在英国，一系列重要的技术发展创新使英国的炼铁、炼钢工业得到了蓬勃发展。1709 年，达比用焦炭代替木炭炼铁成功，使冶金摆脱了木炭资源的限制；1735年，蒸汽机的发明改善了鼓风，强化了冶炼过程；1828年，尼尔森采用蓄热式热风炉鼓风炼铁，使焦比降低、生产率提高；1856年，贝塞麦发明酸性转炉炼钢法，扩大了炼钢的原料来源；1879年，托马斯成功用碱性转炉炼钢法，解决了高磷铁水冶炼优质钢的问题；1866年，德国发明了发电机，1869年使电解法提铜工业得以实现，也开创了电冶金新领域；1899年，出现了电弧炉炼钢；1927年，高频感应炉的使用成为合金钢生产的普遍方法，并使真空冶炼成为可能。第二世界大战后，特别是1952年奥地利研究成功的氧气顶吹转炉，成为冶金史上发展最快的新技术。随着高炉大型化、自动化，20世纪50年代以来，钢铁生产得到了突飞猛进的发展。

有色金属继钨钢（1882年）之后相继出现了锰钢（1889年）、镍钢（1889年）和耐蚀铬钢。自19世纪初开创熔盐电解法，铝成为用量仅次于铁的第二大金属。第二次世界大战后，有色金属的发展也十分迅速。20世纪50—80年代，有色金属在世界金属总量中占5%（钢铁占95%），但其产值几乎与钢铁相当。工业、农业、国防、科技都离不开有色金属，由于它的应用面宽、经济价值高、发展迅速，它和黑色金属相辅相成，共同构成现代金属材料体系。

3.2.2 我国冶金的发展

新中国成立以前，我国的冶金工业非常落后，产量很低。虽然我国有相当丰富的煤、铁、有色金属和水力资源，但由于长期受封建主义的束缚与帝国主义的侵略，冶金工业远远落后于资本主义国家。中国近代冶金工业的兴起以1890年湖北汉阳铁厂和大冶铁矿的兴建为标志。1915年后，本溪、鞍山、石景山等地相继建立铁厂，它们都具有典型的殖民与半殖民性质。1895—1913年，全国最高年产铁量未超过50万t，年产钢量未超过10万t。这一时期，我国的冶金技术落后，产品比例不平衡。1949年，我国钢产量仅15.8万t，居世界第26位。自20世纪以来，我国有色金属逐步采用新技术，但是能生产的品种仅限于铜、铅、锌、金、银、汞等传统金属，而且主要冶炼粗金属，甚至以矿砂形式出口。

新中国成立后，经过短短3年的恢复期，钢产量就达到135万t。从1953年起，我国开始了大规模的基本建设，到 1978 年，我国钢产量达到 3 178 万 t，居世界第 5 位，占当年世界钢铁产量的 4.42%。据统计，1952—1978 年，钢铁工业的钢产量平均每年递增 12.9%，年产值递增 11.8%；到 1983 年，钢产量达 4 002 万 t，增长了 28.6 倍；1988 年，全年钢产量已超过 5 900 万 t；至 1995 年，钢的年生产能力已达 1 亿 t。

技术设备水平有了较大提高，通过技术改造、技术引进，我国已有 4 000 m³ 的大型高炉，300 t 顶吹转炉，80 t 电炉和大型板坯连铸机等。

我国有色金属资源丰富，品种齐全。据目前所知，我国的钨和稀土等 7 种金属的储量居世界第一，铝、镍、铌等储量也相当丰富。自 1949 年以来，我国有色金属工业发展很快，1982 年，铜、铅、锌 3 种有色金属的产量较 1952 年分别增长了 12 倍、23 倍、28 倍，这在世界有色金属史上是少见的。1992 年我国 10 种有色金属总产量居世界第 5 位，达到 300 万 t。近年来，我国稀有金属资源综合利用、有色金属加工业都得到了迅速发展。

3.2.3 钢铁冶炼技术与创新

钢铁工业发展的高效化、连续化、自动化要求采用新流程、新技术、新装备代替传统的全流程生产方式，以获得优质产品、高效率、高生产率。

节约资源、能源，降低制造成本，以增加钢铁生产在市场经济中的竞争力。同时，还要紧密对接钢材性能及质量持续提升的市场需求，开发高新技术所需的新材料。新材料是高新技术的基础，优质合金钢及超级合金钢在新材料中占相当比重。可以通过改进钢的冶炼工艺、冶金质量、合金化、微合金化及凝固控制，进一步改善钢的性能。连铸技术特别是高效连铸及终形连铸，可显著提高钢材生产效率、质量和效益，对现代高效炼钢与高速连轧起衔接作用，使工业流程更紧凑，速度趋向临界值，实现产品专业化、系列化、优化和高附加值。

近终成型金属毛坯制备新技术是将金属合成、精炼、凝固、成型集中于一道工序，是物性转变的最佳短流程，能有效控制污染，使金属性能显著提高。其特点是一次成形、不再进行热加工、大量减少切削加工，可以达到提高金属利用率、节约工时、缩短生产周期的效果。

21 世纪是智能和信息的时代，钢铁企业将实现计算机集成系统管理及流程的人工智能控制。以电子学为基础的自动控制及信息网络技术渗入冶金领域，推动了钢铁工业的重大革新。

钢铁工业是我国国民经济的基础性支柱产业，一直是政策部门防治"重复建设"或"产能过剩"的重点行业，在钢铁工业实施的投资规制政策也一直是我国防治"产能过剩"的主要政策。钢铁业是碳排放最大的行业之一，绿色低碳发展将是钢铁行业未来必须持续推进的重点工作。中国钢铁行业近几年的发展趋势为：

（1）在碳达峰 2030 年总体目标下，钢铁行业要在 2025 年提前达峰。

（2）产能产量双达峰并开始下降。

（3）电炉炼钢的比例不断提升，主要在城市边缘的电炉钢厂生产螺纹等钢材，大钢厂长流程生产板材和品种钢。

（4）以氢炼钢为代表的低碳或无碳炼铁加电炉炼钢技术开始应用，逐渐替代高炉转炉炼钢方式。

（5）以满足国内需求为目标，钢材出口将会减少，进口有所增加；出口价格将会有所上涨，与日韩钢厂价格的价差收窄，不再以价格作为主要竞争手段。

（6）钢材价格受供需紧平衡而总体处于高位，但短期供应紧张的同时面临经济增长放缓、需求回落的风险；长期来看，碳减排相关的高额投资将会提高后期钢材价格位置。

（7）东南亚地区、"一带一路"沿线国家及其他地区和国家，成为中国钢铁投资主要市场，在当地建设钢铁生产线生产钢材。

（8）考虑全生命周期碳减排。钢铁作为材料老大的地位短期内仍然无法撼动，矿石需求在钢铁碳减排要求下遇到挑战。

3.2.4 有色金属冶炼技术与创新

20 世纪 90 年代以来，世界有色金属工业总体形势有以下特点：有色金属产量供大于求；国际铜工业复苏，铜资源国家大力开发铜矿，不仅对老矿进行扩建，还新建了几座特大型富铜矿；湿法炼铜进展神速，铜产量迅猛增长，超过消费增长速度，国际铜市场出现供大于求的局面；与此同时，世界电解铝厂的开工率保持在 90%以上，产量持续增加，但世界铝的消费量未见明显增加，已出现原铝生产大于消费、供过于求的倾向。铅、锌也有类似情况。总的来看，随着世界经济的增长，世界有色金属需求量将稳步上升，但有色金属市场供大于求的总体趋势估计近期不会改变，市场竞争将更加激烈。

世界有色金属工业发展日趋国际化、集团化。资本运营和生产经营紧密结合是全球有色金属发展的一大特征。近年来，为了适应市场竞争，实现规模化运营、垄断市场，国外大型有色金属企业集团和跨国公司通过不断收购、兼并、联合等手段，组建起了更大规模的跨国企业集团（其中多数为采、选、冶、加工联合企业）和跨行业（含金融、商业、贸易服务业）的联合企业，不断增强实力以期占领更大的市场份额。

初级产品向低成本地区转移。高新技术的采用促使冶炼、加工产品向低成本和高、精、尖方向发展。世界有色金属工业属于开发资源性产业，随着有色金属市场竞争的加剧，基于对资源条件、能源供应、劳动力价格等综合生产成本要素的考量，世界上有色金属的初级产品生产正向资源条件好、生产成本低的国家和地区转移。

随着冶炼技术的进步，有色金属生产成本不断下降。湿法炼铜产量的比重不断增加，产品成本下降到仅为传统火法冶炼成本的 30%~50%；氧化铝生产装置实现了大型化、规模化改进；大型预焙槽电解技术的广泛采用，使氧化铝、电解铝成本逐步降低。

适应世界高新技术发展要求，有色金属新材料发展迅速。大直径半导体硅材料、磁性材料、复合材料、智能材料生产技术的开发，使得结构材料复合化及功能化、功能材料集成化及智能化得以不断实现，既开拓了新的有色金属消费领域，又反过来促进了高新技术的发展。国际上大型企业和跨国公司十分重视通过高新技术和材料的产品开发，保持其技术、产品优势，不断扩大高附加值产品的市场占有率，以提高企业经济效益，增强企业的竞争力。这是今后相当长时间内有色金属向高层次发展的重要途径。

3.3　金属铸造原理

铸造技术是将熔融金属浇入预先制备好的铸型中，通过冷却、凝固等过程而获得金属零部件毛坯的成形方法。铸造过程实质上是利用液态金属的流动性实现成形的工艺过程。铸造技术是人类比较早就已掌握的一种金属热处理工艺，已经有约 6 000 年的历史。

3.3.1 铸件的凝固

合金从液态转变为固态的状态变化称为凝固，从液态转变为固态的过程称为凝固过程。铸件在凝固过程中，如果条件控制不当，就容易产生缩孔、缩松、热裂、气孔、夹杂等铸造缺陷。

3.3.1.1 铸件凝固方式

1. 凝固区域

铸件在凝固过程中，除纯金属和共晶合金之外，其断面上一般存在三个区域：固相区、凝固区和液相区。铸件的质量与凝固区域的大小和结构有密切关系。图 3-2 是铸件在凝固过程中某一瞬间的凝固区域示意图。

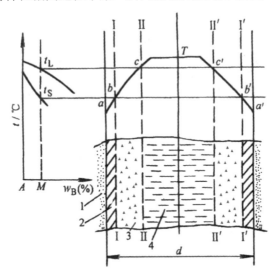

d—铸件壁厚 T—铸件瞬间温度曲线 t_L—液相线温度 t_S—固相线温度

1—铸型 2—固相区 3—凝固区 4—液相区

图 3-2 铸件某一瞬间的凝固区域

图 3-2 左侧是合金相图的一部分，成分为 M 的合金结晶温度范围为 $t_L \sim t_S$，右侧是铸件中正在凝固的铸件断面，铸件壁厚为 d，该瞬时的温度场为 T（温

度场指铸件断面上某瞬时温度分布曲线）。在此瞬时，铸件断面上的 b 和 b' 点的温度已降到固相线温度 t_S，因此，Ⅰ-Ⅰ 和 Ⅰ'-Ⅰ' 等温面为"固相等温面"。同时 c 和 c' 点温度已降到液相线温度 t_L，Ⅱ-Ⅱ 和 Ⅱ'-Ⅱ' 为"液相等温面"。由于从铸件表面到Ⅰ和Ⅰ'之间的合金温度低于 t_S，所以这个区的合金已凝固成固相，称为固相区；液相等温面Ⅱ和Ⅱ'之间的合金温度高于 t_L，尚未开始凝固，称为液相区；在Ⅰ和Ⅱ之间、Ⅰ'和Ⅱ'之间的合金温度低于 t_L 而高于 t_S，正处于凝固状态或液固相并存状态，称为凝固区。

随着铸件的冷却，液相等温面和固相等温面向铸件中心推进，当铸件全部凝固后，凝固区域消失。

2. 凝固方式

铸件的凝固方式是根据铸件凝固时其断面上的凝固区域的大小来划分的。一般分为逐层凝固、糊状凝固（体积凝固）、中间凝固 3 种方式。

（1）图 3-3 是逐层凝固方式示意图。图 3-3（a）为恒温下结晶的纯金属或共晶成分合金某瞬间的凝固情况。t_C 为结晶温度，T_1 和 T_2 是铸件断面上两个不同时刻的温度场。

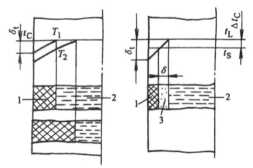

（a）纯金属或共晶成分合金　（b）窄结晶温度范围合金

d—铸件壁厚　T—铸件瞬间温度曲线　t_L—液相线温度　t_S—固相线温度

1—固相区　2—液相区　3—凝固区

图 3-3 逐层凝固方式示意图

从图 3-3 中可以看出，恒温下结晶的合金，在凝固过程中其铸件断面上的凝固区宽度等于零，断面上的固体和液体由一条界线清楚地分开。随着温度的下降，凝固层逐渐加厚直至凝固结束。这种凝固方式称为逐层凝固方式。

如果合金的结晶温度范围Δt_C很小或断面上温度梯度δ_t很大时，铸件断面上的凝固区域也很窄，如图 3-3（b）所示，这种情况也属于逐层凝固方式。

由于逐层凝固合金的铸件在凝固过程中发生的体积收缩可以不断得到液态合金的补充，因此铸件产生缩松的倾向极小，只是在铸件最后凝固的地方留下较大的集中缩孔。由于集中缩孔可从工艺上采取措施（如设置冒口等）来消除，因此这类合金的补缩性良好。另外，铸件在凝固过程中因收缩受阻而产生的晶间裂纹处，也很容易得到未凝固液态合金的填补而弥合起来，所以，铸件的热裂倾向较小。因铸件在凝固过程中凝固前沿较平滑，对液体金属的流动阻力较小，所以这类合金有较好的流动能力。这类合金包括低碳钢、高合金钢、铝青铜和某些结晶温度范围窄的黄铜等。

（2）图 3-4 是糊状凝固方式示意图。当合金的结晶温度范围Δt_C很宽或因铸件断面温度场较平坦时，在铸件凝固过程中，铸件断面上的凝固区域很宽，在某一段时间内，凝固区域甚至会贯穿于铸件的整个断面，铸件表面尚未出现固相区，这种凝固方式称为糊状凝固方式或体积凝固方式。

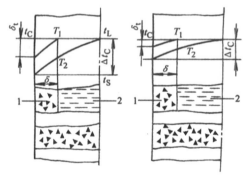

（a）合金的结晶温度范围较宽　（b）铸件断面温度场较平坦

d—铸件壁厚　T—铸件瞬间温度曲线　t_L—液相线温度　t_S—固相线温度

1—凝固区　2—液相区

图 3-4　糊状凝固方式示意图

呈糊状凝固方式的合金铸件，在凝固初期尚可得到金属液的补缩，但当凝固区中的固相所占的比例较大时，尚未凝固的液体被分割成若干个互不相通的小熔池。这些小熔池在凝固时因得不到补缩而形成许多小的缩孔、缩松。这类合金铸件的补缩性差、热裂倾向较大、流动能力较差。这类合金包括高碳钢、球墨铸铁、锡青铜、铝镁合金和某些结晶温度范围宽的黄铜等。

（3）图 3-5 是中间凝固方式示意图。如果合金的结晶温度范围 Δt_C 较窄，或者铸件断面上的温度梯度 δ_t 较大，铸件断面上的凝固区域宽度介于逐层凝固和糊状凝固之间时，则属于中间凝固方式。属于中间凝固方式的合金包括中碳钢、高锰钢、白口铸铁等。这类合金铸件的补缩能力、产生热裂的倾向和流动能力也都介于以上两类合金之间。

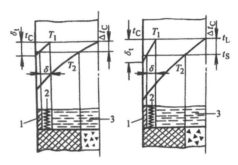

（a）合金的结晶温度范围较窄　（b）铸件断面上的温度梯度较大

d—铸件壁厚　T—铸件瞬间温度曲线　t_L—液相线温度　t_S—固相线温度

1—固相区　2—凝固区　3—液相区

图 3-5　中间凝固方式示意图

铸件断面凝固区域的宽度是由合金的结晶温度范围和铸件断面上的温度梯度决定的。在温度梯度相同时，凝固区域的宽度取决于合金的结晶温度范围；而当合金成分一定时，铸件断面上凝固区域的宽度则取决于铸件断面上的温度梯度。梯度较大时，可以使凝固区域变窄。所以铸件断面上的温度梯度是调节凝固方式的重要因素。

3.3.1.2 灰铸铁和球墨铸铁的凝固特点

生产中常用的灰铸铁和球墨铸铁都是接近共晶成分的合金，但是它们的凝固方式和铸造性能却与一般逐层凝固的合金不同，其铸造性能和产生缺陷的倾向也有明显的区别。

灰铸铁和球墨铸铁的凝固过程可以分为两个阶段：第一阶段是从液相线温度到共晶转变开始温度，析出奥氏体枝晶，称为枝晶凝固阶段；第二阶段是从共晶转变开始温度到共晶转变终了温度，发生奥氏体+石墨的共晶转变，称为共晶转变阶段。

实验表明，灰铸铁和球墨铸铁在枝晶凝固阶段的凝固过程十分相似，但在共晶凝固阶段却表现出明显不同。图 3-6 为从直径为 50.8 mm 的圆柱体试样上测得的共晶凝固过程曲线。由图可知，共晶转变开始后，经过 5.5 min，灰铸铁表层已完全凝固的厚度达 10 mm 左右，其余部分皆在凝固中。10 min后，灰铸铁已完全凝固至中心。球墨铸铁在 5.5 min 后表面只凝固了 80%，与此同时，中心部分已开始凝固，即铸件整个断面都处于凝固状态，表面尚未结壳。在 11.5 min 时全部凝固结束。球墨铸铁的共晶凝固是典型的糊状凝固方式。

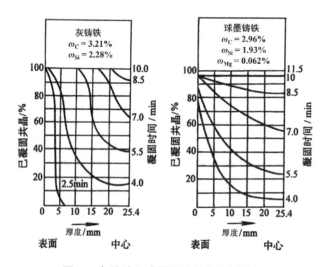

图 3-6 灰铸铁和球墨铸铁的共晶凝固曲线

3.3.1.3 铸件的凝固原则

1. 顺序凝固原则

顺序凝固（也称定向凝固）原则是通过采取工艺措施，使铸件各部分能按照"远离冒口的部分先凝固，然后是靠近冒口部分凝固，最后才是冒口本身凝固"的顺序进行凝固。即在铸件上远离冒口的部分到冒口之间建立一个递增的温度梯度，如图 3-7 所示。

顺序凝固的铸件冒口补缩作用好，铸件内部组织致密。但铸件不同位置温差较大，故热应力较大，易使铸件变形或产生热裂。另外，顺序凝固一般需要加冒口补缩，增加了金属的消耗和切割冒口的工作量。

逐层凝固是指铸件某一断面上的凝固顺序，即铸件的表面先形成硬壳，然后逐渐向铸件中心推进，铸件断面中心最后凝固。所以，顺序凝固与逐层凝固二者的概念不同。逐层凝固有利于实现顺序凝固，糊状凝固易使补缩通道阻塞，不利于实现顺序凝固。因此，采用顺序凝固原则时，应考虑合金本身的凝固特性。

2. 同时凝固原则

同时凝固原则是采取工艺措施保证铸件结构各部分之间没有温差或温差很小，使铸件 I、II、III 厚度不同的各部分同时凝固，如图 3-8 所示。采用同时凝固原则，铸件不易产生热裂，且应力和变形小。由于不用冒口或冒口很小，从而节省金属，简化工艺和减少工作量，但铸件中心区域可能会产生缩松缺陷，导致铸件组织不够致密。

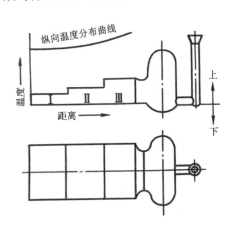

图 3-7 定向凝固原则示意图

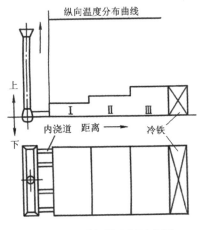

图 3-8 同时凝固原则示意图

3.3.1.4 铸件凝固原则的选择

顺序凝固和同时凝固两者各有其优缺点，如何选择凝固原则，应根据铸件的合金特点、铸件的工作条件和结构特点以及可能出现的缺陷等综合考虑。

（1）除承受静载荷外还受到动载荷作用的铸件，承受压力而不允许渗漏的铸件或要求表面粗糙度值低的铸件（如气缸套、高压阀门或齿轮等）宜选择定向凝固或局部（指铸件重要部位）顺序凝固原则。

（2）厚实的或壁厚不均匀的铸件，当其材质是无凝固膨胀且倾向于逐层凝固的铸造合金（如低碳钢）时，宜采用顺序凝固原则。

（3）碳硅含量较高的灰铸铁，其铸件凝固时有石墨化膨胀，不易出现缩孔和缩松，宜采用同时凝固原则。

（4）球墨铸铁铸件利用凝固时的石墨化膨胀力实现自补缩（即实现无冒口铸造）时，应选择同时凝固原则。

（5）非厚实的、壁厚均匀的铸件，尤其是各类合金的薄壁铸件，宜采用同时凝固原则。

（6）当铸件易出现热裂、变形或冷裂缺陷时，宜采用同时凝固原则。

对于结晶温度范围大、倾向于糊状凝固的合金铸件，对其气密性要求不高时，一般宜采用同时凝固原则。当其重要部位不允许出现缩松时，可用覆砂金属型铸造或加放冷铁，使该处提前凝固以避免缩松。由此可见，凝固原则是可以通过采取一定的工艺措施来控制的。

图 3-9 是水泵缸体在不同凝固原则下所采用的两种工艺方案。图 3-9（a）为采用同时凝固原则的工艺方案，在铸件壁厚较大的部位安放冷铁，使铸件各部分的冷却速度趋于一致。当该铸件工作压力要求不高时，使用此种工艺方案，不但可以满足铸件的使用要求还可以简化铸造工艺。如果该件的致密度有较高要求时，则应采用顺序凝固原则，如图 3-9（b）所示，在铸件下面厚实部位安放厚大的冷铁，在铸件顶面厚实部位安放冒口，保证铸件以自下而上的顺序凝固，以消除缩松和缩孔缺陷。

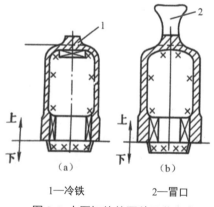

1—冷铁　　　2—冒口

图 3-9 水泵缸体的两种工艺方案

3.3.1.5　控制铸件凝固原则的措施

在生产中,控制铸件凝固原则的工艺措施有很多,包括正确设置浇口位置、确定合理的浇注工艺、采用冒口补缩、在铸件上增加补贴、采用冷铁或不同蓄热系数的铸型材料、浇注后改变铸件位置等。其中冒口、补贴及冷铁将在后面详细讨论,这里只介绍其他控制铸件凝固原则的措施。

1. 合理地确定浇口开设位置及浇注工艺

改变浇口的开设位置可以调节铸件的凝固顺序。当浇口从铸件厚大处(或通过冒口)或顶注式引入时,有利于顺序凝固,若在浇注时采用高温慢浇,则更能增大铸件的纵向温度梯度,提高补缩效果;当浇口从铸件的薄壁处均匀分散引入时,采用低温快浇有利于减小温差,实现同时凝固。

2. 采用不同蓄热系数的铸型材料

凡比硅砂蓄热系数大的材料(如石墨、镁砂、锆砂、刚玉等)均可用来加快铸件局部的冷却速度。可以根据需要,用不同的铸型材料来控制铸件不同部位的凝固速度,实现对凝固过程的控制。

3. 卧浇立冷法

若铸件属于易氧化合金,不能采用顶注式,而铸件又有补缩冒口时,可采用卧浇立冷的方法,以提高冒口的补缩效果,如图 3-10 所示。

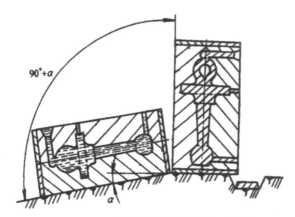

图 3-10　铸件的卧浇立冷方法示意图

3.3.2 铸造缺陷

铸件在凝固过程中，由于合金的液态收缩和凝固收缩，容易在铸件最后凝固的部位出现孔洞。容积大而集中的孔洞称为集中缩孔，简称缩孔；细小而分散的孔洞称为分散缩孔，简称缩松。缩孔的形状不规则，表面不光滑，可以看到发达的枝晶末梢，故可以和气孔区别开来。

铸件中的缩孔或缩松不但使铸件的承载有效面积减小，而且在缩孔、缩松处会产生应力集中，使铸件的力学性能下降，同时使铸件的气密性等性能降低。对于有耐压要求的铸件，如果内部有缩松，则容易产生渗漏或不能保证气密性，从而导致铸件报废。所以，缩孔、缩松是铸件的主要缺陷之一，必须加以防止。

3.3.2.1 缩孔和缩松的形成机理

缩孔和缩松是因为型内的金属在凝固过程中产生收缩而引起的，但是不同种类的金属缩孔和缩松产生的机理是不同的。

1. 缩孔产生的机理

由于合金的性质不同，产生缩孔的机理也不同。

（1）在凝固过程中不产生体积膨胀的合金产生缩孔的机理。这类合金包括铸钢、白口铸铁、铝青铜等结晶温度范围窄的合金。当金属液充满铸型后，型壁的传热作用使其温度下降，金属液在铸型内由表及里逐层凝固。如果在冷却和凝固过程中合金的收缩得不到补偿，则会在铸件最后凝固的部位出现缩孔。图 3-11（a）~（e）为铸件中缩孔形成过程示意图。

在浇注刚结束时，铸型内的金属液随着温度的下降而收缩，此时可以从内浇道得到液体补充，所以，在此期间铸型内一直充满了液体，如图 3-11（a）所示。当型壁表面的金属液下降到液相线温度时开始凝固，形成一层硬壳，如果此时内浇道凝固，则硬壳内的金属液处于封闭状态，如图 3-11（b）所示。随着温度的降低，金属液继续发生液态和凝固收缩，而硬壳也将发生固态收缩。在大多数情况下铸件的液态收缩和凝固收缩大于固态收缩，因此在金属液自身重力作用下，液面将脱离硬壳的顶层而下降，如图 3-11（c）所示。金属液凝固收缩继续进行，随着硬壳的增厚，液面不断下降。全部凝固后，铸件上部就形成带有一定真空度的漏斗形缩孔，如图 3-11（d）所示。在大气压力的作用下，处于高温状态的强度很低的顶部硬皮，将可能向缩孔方向缩凹进去，如图 3-11（d）和图 3-11（e）所示。在实际生产中，铸件顶部硬皮往往太薄或不完整，因而缩孔的顶部通常和大气相通。

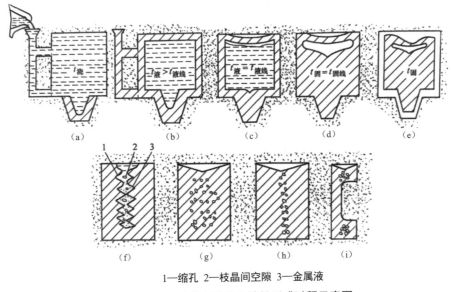

1—缩孔　2—枝晶间空隙　3—金属液

图 3-11　铸件中缩孔和缩松形成过程示意图

（2）灰铸铁和球墨铸铁缩孔产生的机理。在灰铸铁共晶凝固过程中，石墨以片状析出，其尖端在共晶液中优先长大，所产生的体积膨胀绝大多数直接作用在初生奥氏体枝晶或共晶团的液体上，并推动液体通过枝晶间的通道去补缩由于液态和固态收缩所形成的小孔洞，如图 3-12（a）所示。这就是灰铸铁所谓的"自补缩能力"。另外，片状石墨长大所产生的膨胀压力通过奥氏体或共晶团最终作用在铸型表面，而使型腔扩大，这种现象称为"缩前膨胀"。但是由于灰铸铁的共晶凝固倾向于中间凝固方式，其凝固中期已有完全凝固的外壳能够承受一定的石墨化膨胀压力，所以灰铸铁的"缩前膨胀"可忽略不计。由此可见，灰铸铁的"自补缩能力"使其产生缩孔的倾向减少。因此，只有当灰铸铁的液态收缩和凝固收缩的总和大于石墨析出所产生的膨胀和固态收缩的总和时，铸件才会产生缩孔，否则铸件不会产生缩孔。

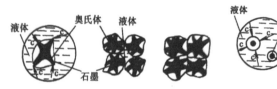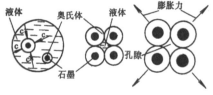

（a）片状石墨长大　　　　　　（b）球状石墨长大

图 3-12　灰铸铁和球墨铸铁石墨长大特点

球墨铸铁共晶团中的石墨呈球状，如图 3-12（b）所示。在共晶凝固时，石墨核心析出后立即被一层奥氏体壳所包围，共晶液体中的碳原子是通过奥氏体扩散到石墨核心使其长大。当共晶团长大到一定大小后，石墨化膨胀所产生的膨胀力只有一小部分作用到枝晶间的液体上，而大部分通过共晶团或初生奥氏体骨架作用在铸型型壁上。由于球墨铸铁的共晶凝固呈糊状凝固方式，在凝固期间没有坚固的外壳，如果铸型刚度不够，就会使型腔扩大，即球墨铸铁的缩前膨胀比灰铸铁大得多。因此，球墨铸铁缩孔的形成不仅与液态收缩、凝固收缩、石墨化膨胀、固态收缩有关，而且与铸型刚度有关。当球墨铸铁的液态收缩凝固收缩和型腔扩大的总和大于石墨化膨胀和固体收缩的总和时，铸件将产生缩孔，否则就不产生缩孔。球墨铸铁的"缩前膨胀"有时会产生比铸钢和白口铸铁更大的缩孔，如表 3-1 所示。

表 3-1　钢和铸铁的缩孔体积

种类	浇注温度/℃	化学成分（质量分数/%）						缩孔体积/%	基体组织
		C	Si	Mn	P	S	Mg		
碳钢	1 540	0.24	0.10	0.05	0.05	0.04	—	6.45	铁素体-珠光体
白口铸铁	1 250	2.65	1.10	0.48	0.16	0.09	—	5.70	莱氏体-珠光体
灰铸铁	1 270	3.23	2.93	0.45	0.11	0.032	—	2.57	铁素体-珠光体
灰铸铁	1 290	3.40	4.12	0.60	0.90	0.025	—	1.65	铁素体
球墨铸铁	1 290	3.15	2.27	0.47	0.12	0.008	0.05	8.40	珠光体（60%）-铁素体（40%）
球墨铸铁	1 290	3.22	3.27	0.51	0.09	0.010	0.06	5.50	珠光体（50%）-铁素体（50%）

（3）缩孔位置的确定。缩孔的位置一般都是在铸件最后凝固的部位。确定缩孔位置是合理设置冒口与冷铁的重要步骤。在生产中，常用等固相线法或内

切圆法来确定。

①等固相线法。一般用于形状比较简单的铸件。此法假定铸件各方向的冷却速度相等，按逐层凝固方式进行凝固，凝固层始终与冷却表面平行且铸件顶部不凝固。这时可将凝固前沿视为固液相的分界线，称为等固相线或等温线。等固相线法就是在铸件截面上从冷却表面开始，按凝固前沿逐层向内绘制相互平行的等固相线，直至铸件截面上的等固相线接触为止，此时等固相线尚未连接的部位，就是铸件最后凝固的区域，即缩孔产生的部位。

图 3-13（a）为用等固相线法确定工字型铸件中缩孔位置示意图，图 3-13（b）为铸件内缩孔的实际位置和形状。图 3-13（c）表示铸件的底部设置外冷铁使缩孔位置上移的情况。图 3-13（d）表示冷铁尺寸适当，并在铸件顶部设置冒口，使缩孔移至冒口的情况。

在同一铸件中，如果各部分散热条件不同，则等固相线的位置也会改变。如图 3-13（e）所示，铸件外角散热快，则等固相线的距离应加宽；而内角散热比正常平壁慢，则等固相线的距离变窄。

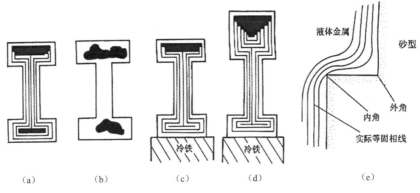

（a）　　（b）　　（c）　　（d）　　（e）

图 3-13　用等固相线法确定铸件中缩孔的位置

②内切圆法。此法常用来确定铸件相交壁处的缩孔位置，如图 3-14 所示。铸件两壁相交处的内切圆直径大于相交壁的任一壁厚，故把此内切圆称为热节。由于内角处散热慢，实际热节应以图中细实线圆表示。根据经验，内切圆直径放大值可取 10~30 mm。内切圆的中心往往就是缩孔的位置。

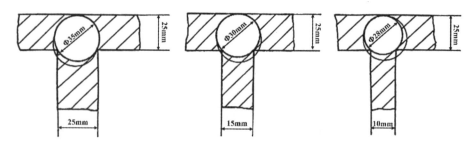

图 3-14 用内切圆法确定铸件中缩孔的位置

2. 缩松产生的机理

铸件凝固后期，在其最后凝固部分的残余金属液中，由于温度梯度小，按同时凝固原则凝固，即在金属液中出现许多细小的晶粒，当晶粒长大互相连接后，将剩余的金属液分割成互不相通的小熔池。这些小熔池在进一步冷却和凝固时得不到液体的补缩，会产生许多细小的孔洞，即缩松，其形成过程如图 3-11（f）所示。

缩孔和缩松是因为液态金属在冷却和凝固过程中，得不到液体金属的充分补充而形成的。因此在实际生产中，几乎所有的铸造合金都可能产生缩孔或缩松，或缩孔与缩松并存。在一般情况下，结晶温度范围窄的合金易产生缩孔，结晶温度范围宽的合金易产生缩松。

缩松按其分布状态可分为下列三种：

（1）弥散缩松。细小的孔洞均匀分布在铸件大部分体积内，容易在结晶温度范围宽的合金铸件冷却缓慢的厚大部位产生，如图 3-11（g）所示。

（2）轴线缩松。常在截面均匀的板状及柱状铸件的中心产生，故称为轴线缩松，如图 3-11（h）所示。

（3）局部缩松。常产生于铸件的某些不能补缩的部位，如局部厚大、浇口和缩孔的附近等，如图 3-11（i）所示。

3.3.2.2 缩孔和缩松的转化规律

一般情况下，对于大多数铸造合金而言，在未经补缩的情况下，常是缩孔、缩松并存。而缩孔和缩松体积将随铸造条件的改变而变化。

下面以 Fe-C 合金为例来进行分析，如图 3-15 所示。

采用干型浇铸时，收缩总体积 $V_{缩总}$ 与缩孔 $V_{孔}$ 和缩松 $V_{松}$ 所占比例如图

3-15 所示。（$V_{缩总} = V_{孔} + V_{松}$）。

提高浇铸温度，因液态收缩增大，使 $V_{孔}$ 增大，$V_{松}$ 基本不变，故 $V_{缩总}$ 将增大，如图 3-15（a）中的点画线部分。

当采用湿型浇铸时，由于冷却速度比干型大，铸件截面上的温度梯度变陡，凝固区域变窄，而 $V_{孔}$ 使增大，$V_{松}$ 减少，如图 3-15（b）所示。

若采用金属型浇铸，则由于激冷能力的增强不但使 $V_{松}$ 减少，还可以使后续的铁液补偿在金属浇注过程中的液态收缩，故 $V_{缩总}$ 也有所减少，如图 3-15（c）所示。

当采用绝热铸型时，因冷却速度极慢，除纯金属和共晶合金产生集中缩孔外，其他合金的收缩几乎全部以缩松的形式出现，如图 3-15（d）所示。

如果浇注速度很慢，使得浇注时间接近于铸件的凝固时间，或向明冒口不断地补充金属液，则可使 $V_{孔}$ 为零，而也将显著减少并全部以 $V_{松}$ 的形式存在，如图 3-15（e）所示。连续铸造接近于这种条件。

图 3-15（f）表示在凝固过程中增大补缩压力，可增大 $V_{孔}$ 减小 $V_{松}$。结晶温度范围较宽的合金，这种效果较明显。当金属液在高压下浇注和凝固时，可使 $V_{缩总}$ 接近为零，如图 3-15（g）所示。

通过以上分析可知，只要根据铸件的使用要求来正确选择合金的成分，并采用合理的铸造工艺，实施相应的工艺措施，控制铸件的凝固原则，就可以避免或减少缩孔、缩松的产生。

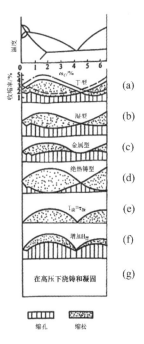

图 3-15　在不同铸造条件下 Fe-C 合金中缩孔和缩松的变化

3.4　铸造技术与创新

铸造方法虽然很多，但习惯上一般把铸造分成砂型铸造和特种铸造两大类。

3.4.1 砂型铸造

铸造生产是复杂、多工序的组合过程，基本上由铸型制备，合金熔炼以及浇注、落砂和清理等三个相对独立的工艺过程组成。砂型铸造生产的工艺流程如图 3-16 所示。一般铸造车间常设模样、熔炼、配砂、造型、造芯、合型及清理等工部组织生产。

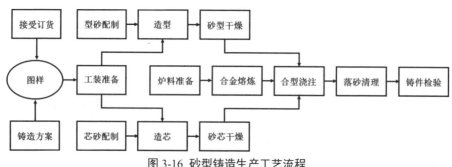

图 3-16 砂型铸造生产工艺流程

在砂型中生产铸件的方法称为砂型铸造。图 3-17 为齿轮毛坯的砂型铸造简图。砂型铸造按其铸型性质不同，分为湿型铸造、干型铸造和表面烘干型铸造三种。

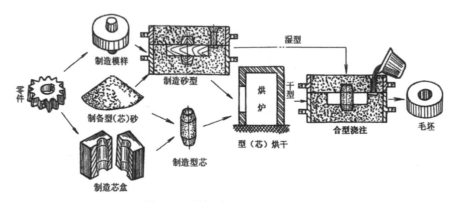

图 3-17 齿轮毛坯的砂型铸造简图

3.4.2　特种铸造

3.4.2.1　概念及特点

1. 概念

特种铸造是指在铸造模型、铸型材料、造型方法、金属液充型和铸型中的凝固条件等方面与普通砂型铸造有明显差别的各种新型铸造方法的统称。它是在新材料、新能源、信息技术、自动化技术等多学科高新技术成果的基础上，改造了传统的毛坯成形技术，使之由粗糙成形变为优质、高效、高精度、轻量化、低成本、无公害的成形技术。它使成形的机械构件具有精确的外形、高的尺寸精度、低的表面粗糙度。特种铸造技术是先进制造技术中十分重要的组成部分，对提高一个国家的工业竞争力有重大影响，国内外都十分重视其发展。因此，特种铸造技术的应用日益广泛，特别是在航空航天等高端领域具有广阔的应用前景。

2. 特点

现代常见的特种铸造方法主要有熔模铸造、石膏型铸造、陶瓷型铸造、消失模铸造、半固态铸造、金属型铸造、压力铸造、低压铸造、差压铸造、真空吸铸、调压铸造、挤压铸造、离心铸造、连续铸造、V 法铸造、壳型铸造、石墨型铸造、电渣熔铸等。特种铸造方法已得到日益广泛的应用，从 20 世纪 80 年代占铸件产量的 10%~20%，发展到今天的 20%~30%。其中一些特种铸造方法属于近净形成形的先进工艺，近年来发展速度极快。

同时，随着科学技术和工业的高速发展，新的特种铸造方法仍在不断出现。如 20 世纪末出现的快速铸造，它是快速成形技术和传统铸造技术的结合产物。快速成形技术则是计算机技术、CAD、CAE、高能束技术、微滴技术和材料科学等多领域高科技的集成。快速铸造使铸件能迅速地被生产出来，极大提高了铸造企业对市场快速反应的能力。未来，新的特种铸造方法还将不断涌现。

与砂型铸造相比，特种铸造的特点可概括为以下几点：

（1）模样不同。砂型铸造使用的模样是木模或金属模，造型后必须取出，因而铸型为两开箱或多开箱的。熔模铸造及部分石膏型铸造则采用容易熔失的易熔（蜡）模，而消失模铸造则使用泡沫模，此模在浇注时能被金属液熔失。

所以，这些方法的铸型均做成整体的，不用开箱起模，从而提高了铸件的尺寸精度。

（2）铸型材料和制造工艺不同。石膏型铸造、陶瓷型铸造分别使用了石膏浆料和陶瓷浆料作铸型材料，制作的铸型比砂型尺寸精度高、表面粗糙度值低。当然，其制造工艺也不同。例如，熔模铸造工艺通过在易熔（蜡）模组上涂料、撒砂、干燥等工序制成一个薄壳铸型。另一类铸型材料为金属材料，如金属型铸造、压力铸造、挤压铸造等。金属铸型材料的尺寸比砂型更精确，而且可一型多铸。

（3）改善液体金属充填性和随后的冷凝条件。在一些特种铸造方法中，金属液是在离心力（离心铸造）或压力（压力铸造、低压铸造、差压铸造、挤压铸造等）作用下完成充型和凝固的，因而铸件质量好。又如金属型铸造虽然仍是在重力下充型，但金属型使铸件冷却速度加快，使所得铸件晶粒细化，力学性能有所提高。由于离心铸造、挤压铸造等特种铸造方法是在较大压力下完成充型和凝固的，有利于减少或消除铸件缩孔、缩松，凝固时铸件冷却快、结晶细化、组织致密，从而使铸件的力学性能可以与锻件相媲美。

并不是每一种特种铸造方法都具备以上三种特点，有些特种铸造方法可能只具有其中的一种或两种，有些特种铸造方法可能同时具有以上三种特点。

特种铸造的优点归纳如下：

（1）铸件尺寸精确，表面粗糙度值低，更接近零件最后尺寸，从而易于实现少切削或无切削加工。

（2）铸件内部质量好，力学性能高，壁厚可以更薄，以降低自重。

（3）降低金属消耗量和铸件废品率。

（4）简化铸造生产工序（除熔模铸造外），便于实现生产过程的机械化、自动化。

（5）改善劳动条件，提高劳动生产率。

由于具备以上优点，特种铸造方法的应用日益广泛。虽然其中一些方法属于近净形成形的先进工艺，但每种特种铸造方法都存在着一些缺点，其应用范围也有一定的局限性。

3.4.2.2 特种铸造的类型

1. 压力铸造

压力铸造（简称压铸）的实质是使熔融金属在高压力的作用下，以极高的速度充填压型并在压力作用下凝固的一种方法。

高压力和高速度是压铸时熔融金属充填压型并成形的两大特点，也是压铸与其他铸造方法最根本的区别。

压铸常用的压射比压范围较大，一般为 5~30 MPa，甚至更高；充填速度为 0.5~120 m/s；充填时间很短，一般为 0.01~0.2 s。此外，压型具有很高的尺寸精度和很低的表面粗糙度值。压铸具有的这些特点使得压铸的工艺和生产过程，压铸件的结构、质量和有关性能等都独具特征。

与其他铸造方法相比较，压力铸造有如下优点。

（1）铸件的尺寸精度高且表面粗糙度值很低。一般压铸件可不经机械加工或只需个别部位加工就可使用。

（2）铸件的强度和表面硬度较高。由于压型的激冷作用，加上在压力下结晶，压铸件表面层晶粒较细，组织致密，所以表面层的硬度和强度都比较高。压铸件的抗拉强度一般比砂型铸件高 25%~30%，但伸长率较低。表 3-2 所列为使用不同方法铸造铝、镁合金的力学性能。

表 3-2 不同方法铸造铝、镁合金的力学性能

合金种类	压力铸造			金属型铸造			砂型铸造		
	抗拉强度 /MPa	伸长率 /%	硬度 /HBW	抗拉强度 /MPa	伸长率 /%	硬度 /HBW	抗拉强度 /MPa	伸长率 /%	硬度 /HBW
铝硅合金	2~2.5	1~2	84	1.8~2.2	2~6	65	1.7~1.9	4~7	60
铝硅合金（w_{Cu}=0.8%）	2~2.3	0.5~1.0	85	1.8~2.2	2~3	60~70	1.7~1.9	1~2	65
铝合金	2~2.2	1.5~2.2	86	1.4~1.7	0.5~1.0	65	1.2~1.5	1~2	60
镁合金（w_{Al}=10%）	1.9	1.5	—	—	—	—	1.5~1.7	1~2	—

（3）可以压铸形状复杂的薄壁铸件。铸件的最小壁厚，锌合金为 0.3 mm；铝合金为 0.5 mm。最小铸孔直径为 0.7 mm。可铸螺纹最小螺距为 0.75 mm。

（4）生产率极高。在所有铸造方法中，压铸是一种生产率最高的方法，这

主要是由压铸过程的特点决定的。随着生产工艺过程机械化和自动化程度提高，压铸生产率还会进一步提高。一般冷压室压铸机平均每班可压铸 600~700 次，热压室压铸机平均每班可压铸 3 000~7 000 次。

（5）由于压铸件的精度高，尺寸稳定，故互换性好，可简化机器零件的装配操作。

（6）在压铸时可嵌铸其他金属或非金属材料零件，这样既可获得形状复杂的零件，又可改善其工作性能。有时镶嵌压铸件还可代替某些部件的装配。

压力铸造也存在以下缺点：

（1）由于液态金属充型速度极快，型腔中的气体很难完全排除，常以气孔形式留在铸件中。因此，一般压铸件不能进行热处理，也不宜在高温条件下工作。同样，也不希望进行机械加工，以免铸件表面显出气孔。

（2）由于钢铁材料熔点高，压铸型的使用寿命较短，故目前压铸钢铁材料件在实际生产中的应用不多。

（3）由于压力铸造所用压铸型的加工周期长、成本高，且压铸机生产率高，故压力铸造只适用于大批量生产。

压力铸造的应用范围很广，在非铁合金中以铝合金压铸件比例最高（30%~50%），锌合金次之。在国外，锌合金铸件绝大部分为压铸件。铜合金（黄铜）比例仅占压铸件总量的 1%~2%。镁合金铸件易产生裂纹，且工艺复杂，使用较少。我国镁资源十分丰富，随着汽车等工业的发展，预计镁合金的压铸件会逐渐增多。

目前，用压铸生产的最大铝合金铸件质量达 50 kg，而最小的只有几克。压铸件最大的直径可达 2 m。

压力铸造产品应用的工业部门有：汽车、仪表、电工与电子仪器、农业机械、航空、兵器、电子计算机、照相机及医疗器械等。

2. 消失模铸造

消失模铸造也称实型铸造，是把涂有耐火涂料涂层的泡沫塑料模样放入砂箱，在模样四周用干砂充填紧实，浇注时高温金属液使模样热解"消失"，并占据模样所退出的空间而最终获得铸件的铸造工艺，如图 3-18 所示。

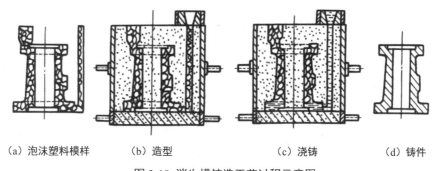

（a）泡沫塑料模样　　　（b）造型　　　　　（c）浇铸　　　　（d）铸件

图 3-18　消失模铸造工艺过程示意图

消失模铸造技术的发明至今已有半个世纪，但是其真正在世界范围铸造生产中应用是从 20 世纪 80 年代开始。消失模铸造工艺具有铸件的尺寸精度高、表面光洁、少污染等突出优点，较之传统的砂型铸造工艺具有强大的竞争力，为广大铸造工作者和铸造企业所关注，被誉为"21 世纪的铸造技术""绿色铸造技术"。

人们习惯上把消失模铸造工艺的过程分为"白区"和"黑区"两部分。白区指的是白色泡沫塑料模样的制作过程，即从预发泡、发泡成型，到模样的烘干、粘接（包括模片和浇注系统）。黑区指的是上涂料及再烘干、将模样放入砂箱、填砂、金属熔炼、浇注、旧砂再生处理，直到铸件落砂、清理、退火等工序。

与黏土砂铸造相比较，消失模铸造主要有以下优点。

（1）铸件尺寸精度高。消失模铸造是一种近无余量、精确成形的新工艺，该工艺无须取模、无分型面、无砂芯，因而铸件没有飞边、毛刺和起模斜度，并减少了由于型芯组合而造成的尺寸误差。

（2）设计灵活。为铸件结构设计提供了充分的自由度。原先分为几个零件装配而成的结构，可以通过由几个泡沫塑料模片黏合后铸造而成；原先需要加工形成的孔、洞可以不用砂芯而直接铸造出来，大大节约了机械加工和制芯成本，同时也不会出现因砂芯尺寸不准确或下芯位置不准确造成铸件壁厚不均。

（3）简化了造型工序，缩短了生产周期，提高了劳动生产率。消失模铸造造型时不起模、不修型、不下芯和合箱等，造型效率有很大提高。

（4）清洁生产。型砂中无化学黏结剂，低温下泡沫塑料对环境无害，浇注时排放的有机物很少，而且排放时间短、地点集中，便于集中收集处理。由于采用干砂造型，可大大减少铸件落砂、清理的工作量，减少车间的噪声和粉尘，旧砂的回收率达 95% 以上。加砂时的粉尘可集中收集、除尘，对工人健康危害小。

（5）降低生产成本。砂回收系统可以大大简化。由于铸件尺寸精度高，加工余量减小，可以降低成本（如某汽车发动机箱体铸件用湿型砂生产质量为 51 kg，而用消失模生产质量只有 35 kg）。需要的生产工人数量少，生产模样和铸件都容易实现自动化，降低了工人劳动强度。

消失模铸造工艺的优点是明显的，但与其他铸造工艺一样，也有一定的缺点和局限性，并非所有的铸件都适合采用消失模铸造工艺来生产，要进行具体分析。主要根据以下因素来考虑是否采用这种工艺。

（1）铸件的批量。铸件生产批量的实用性是从经济效益这个角度提出的。消失模铸造每浇注一个铸件就要消耗一个泡沫塑料模样。制造泡沫塑料模样的模具成本昂贵，特别是一些复杂铸件。泡沫塑料模具的结构很复杂，精度也很高，而且往往一个铸件的模样需要分成好几个模片制作，然后粘接，因此需要好几套模具，模具的制造周期长。所以，铸件的生产批量原则上越多越好，一般每年的产量应不少于几千件。对于单件或小批量铸件，则可采用泡沫塑料板材通过切割、加工、粘接制作模样，这样可以减少模具制作的费用，但所生产的铸件的尺寸精度和外观质量不如用发泡成型模具制作的模样生产的铸件。

（2）铸件材质。消失模铸造技术适用于各种合金材质，从铸铁、铸钢、合金钢到各种非铁合金。但从消失模铸造技术实际应用的情况看，其实用性从好到差的顺序大致是：灰铸铁＞非铁合金＞普通碳素钢＞球墨铸铁＞低碳钢＞合金钢。消失模铸造对各种材质的适应性不同，主要是因为泡沫塑料在浇注过程中的燃烧分解物对合金熔液的影响作用不同。例如，由于分解物中固态碳的存在，球墨铸铁内部容易产生黑渣，铸件表面容易产生皱皮缺陷。对于含碳量低的铸钢件，可能使铸件表皮出现增碳。当然，这些问题可以通过泡沫塑料模样材质的选择、涂料的选择及抽真空等许多工艺参数的调整，不同程度地加以解决。在决定生产之前必须慎重考虑到这些因素，并进行必要的试验。

（3）铸件大小。对于采用干砂造型的消失模铸造企业，一般铸件的生产批量较大，使用统一尺寸的砂箱来造型和浇注，生产流水线可以是封闭式自动化运转，也可以是半封闭式开放式、半自动化或机械化的运转模式。在开始投产时所要生产的铸件尺寸一旦确定后，砂箱的尺寸也就确定了，以后承接新的铸件任务，就必须根据已有砂箱尺寸来决定所能生产的铸件最大尺寸。国内外大多数干砂消失模铸造的砂箱尺寸大致为 800 mm×800 mm×1000 mm（高），一般高度方向的尺寸大于长度和宽度方向的尺寸。当然也可以为大尺寸的铸件设计专门的砂箱和造型流水线，但必须考虑相应设备的配套，例如振动台和金属的熔化能力。

对于采用树脂砂造型的消失模铸造，一般用于生产中等和大型铸件，铸件质量可以从几十千克到几十吨。模样的制作采用泡沫塑料板材经切割、粘接而成。上海地区的机床行业曾经用消失模铸造方法生产重达 32.5 t 的机床床身灰铁铸件。

（4）铸件结构。一般来讲，对于结构复杂的铸件，采用消失模铸造工艺比采用传统的砂型铸造具有明显的优越性，甚至一些原来采用传统砂型铸造难以生产的结构复杂的铸件，恰恰可以用消失模铸造的方法来生产。对于传统的砂型铸造，铸件的结构越复杂需要的砂芯越多，而采用消失模铸造则能体现出它的优越性和经济效益。消失模铸造不存在与分型和起模有关的铸造结构工艺性问题。因此，它相对于用木模造型的铸造方法来说，扩大了可铸造的铸件的形状结构范围，减少了在设计铸件时所受到的限制。消失模铸造对铸件结构的适应性非常强，特别是对于用普通砂型铸造不好分型、不好起模、不好下芯的铸件，例如套筒、缸体螺旋桨、水泵叶轮、壳体等，以及结构特别复杂、型芯特别多的铸件，采用真空消失模铸造生产最能发挥其技术经济效益。当然，对于一些形状简单的、用砂型铸造方法也可生产出高质量的铸件，在其铸件成本低于消失模铸造方法的情况下，就不一定要采用消失模铸造方法。另外，当一些铸件结构上有狭窄的内腔、通道和夹层等情况时，采用消失模铸造时必须慎重，至少需要预先进行试验，才能投入正式生产。

3. 离心铸造

离心铸造是将金属液浇入旋转的铸型中，使之在离心力的作用下，完成充填和凝固成形的一种铸造方法。

（1）离心铸造机

为了实现离心铸造工艺过程，必须采用专门的设备——离心铸造机（简称离心机）。根据铸型旋转轴在空间位置的不同，离心机可分为立式离心铸造机和卧式离心铸造机两种。

① 立式离心铸造机的铸型是绕垂直轴旋转的，如图 3-19 所示。在立式离心铸造机上的铸造过程称为立式离心铸造。它主要用于生产高度小于直径的圆环类铸件。由于在立式离心铸造机上安装及稳固铸型比较方便，因此，不仅可采用金属型，也可采用砂型、熔模型壳等非金属型。

② 卧式离心铸造机的铸型是绕水平轴旋转的，如图 3-20 所示。在卧式离心铸造机上的铸造过程称为卧式离心铸造。它主要用来生产长度大于直径的套筒类或管类铸件。

离心铸造采用的铸型有金属型、砂型、石膏型、石墨型、陶瓷型及熔模型壳等。

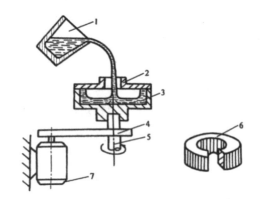

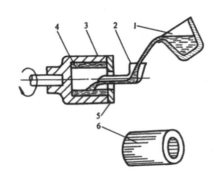

1—浇包 2—铸型 3—金属液 4—带轮和传动带

5—旋转轴 6—铸件 7—电动包

图 3-19 立式离心铸造示意图

1—浇包 2—浇铸槽 3—铸型

4—金属液 5—端盖 6—铸件

图 3-20 卧式离心铸造示意图

（2）离心铸造的特点

由于金属液是在旋转状态离心力的作用下完成充填、凝固成形过程的，所以离心铸造具有以下特点。

① 铸型中的金属液能形成中空圆柱形自由表面，不用型芯就可形成中空的套筒和管类铸件，因此可简化这类铸件的生产工艺过程。

② 显著提高金属液的充填能力，改善充型条件，可用于浇注流动性较差

的合金和铸件壁较薄的铸件。

③ 有利于铸件内金属液中的气体和夹杂物的排除，并能改善铸件凝固的补缩条件。因此，铸件的缩松及夹杂等缺陷较少，铸件的组织致密、力学性能良好。

④ 可以减少甚至不用冒口补缩，降低了金属消耗。

⑤ 可生产双金属圆柱形铸件，如轴承套、铸管等。

⑥ 对于某些合金（如铅青铜等）容易产生比重偏析。此外，在浇注中空铸件时，其内表面较粗糙，尺寸难以准确控制。这是离心铸造的缺点。

目前，离心铸造已是一种应用广泛的铸造方法，常用于生产铸管、铜套、缸套、双金属背铜套等，双金属轧辊、加热炉滚道、造纸机干燥滚筒及异形铸件（如叶轮等），也比较适合采用离心铸造。目前，已有高度机械化、自动化的离心铸造机，有年产量达数十万吨的机械化离心铸管厂。

在离心铸造中，铸造合金的种类几乎不受限制。对于中空铸件，其内径最小为 8 mm，最大为 3 000 mm；铸件长度最长为 8 000 mm。铸件质量最小为几克，最大可达十几吨。

（3）几种离心铸造铸件的铸造工艺

下面介绍几种较典型的离心铸造工艺。

① 铁管的水冷金属型离心铸造。在城市和其他工程建设中，需要大量的输送水、气和泥浆等的铸铁管道，其中，输送水和煤气的管道需经受一定的水压试验，并具有较好的耐蚀性，才能长期埋在地下不损坏。铁管的形状如图 3-21 所示，其内径为 50~2 600 mm。

水冷金属型离心球墨铸铁管的离心铸造过程是：金属型浸在一个封闭水套内，用循环水冷却并调节金属型温度来控制铁液冷却速度。浇注前需向管型内表面均匀喷入一定量的管型粉，并安装好承口砂芯，刷好涂料。浇注时在铁液流槽中连续加入孕育剂。最后，铁液在离心力的作用下成形凝固。

每制造一个铸管需要消耗一个承口砂芯，承口砂芯要求表面光洁、尺寸精确，大多使用热芯盒呋喃 I 型树脂砂造芯，还要求承口砂芯在保证强度性能的情况下尽量减少发气量。

② 大型气缸套的离心铸造。柴油机发动机上的大型气缸套，其内径一般大

于 200 mm，用卧式离心铸造机进行浇注。铸型为黏土硅砂型，即在金属型内安放用芯砂（可以是油砂黏土砂或树脂砂）做成的砂套。砂套厚度为 10~40 mm，内表面涂刷石墨粉涂料，并在 250~300 ℃下进行烘干。

为了使铁液在型内轴向流动距离缩短和温度分布均匀，用长度与铸件相近的 U 形断面浇注槽。浇注槽的底部每隔一定距离开浇注孔，如图 3-22 所示。

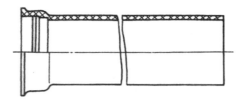

图 3-21 铁管的示意图

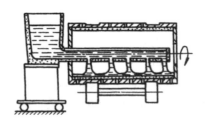

图 3-22 大型气缸套离心铸造

4. 低压铸造

低压铸造是金属液在压力的作用下，完成充型及凝固过程而获得铸件的一种铸造方法。由于铸造时压力较低（一般为 20~60 kPa），故称之为低压铸造。

（1）低压铸造工艺过程

低压铸造工艺原理如图 3-23 所示。铸型由件 5、6、7、8 组成，并安放在密封的保温坩埚炉的上方。当干燥的压缩空气或惰性气体通入坩埚时，合金液 3 在气体压力的作用下，沿升液管 1 自下而上上升，经铸型下方的浇道 4 缓慢而平稳地充填型腔，随后在压力作用下凝固。待型腔中的合金液凝固成形后，即可解除坩埚内合金液表面的气体压力，使升液管和浇道中尚未凝固的合金液靠自重流回坩埚内，打开铸型即可取出铸件。低压铸造所用的铸型可以是金属型、干砂型、湿砂型、石膏型、石墨型、熔模型壳和陶瓷型等。

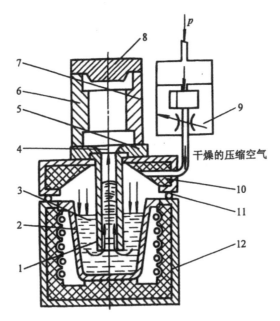

1—升液管　2—坩埚　3—合金液　4—浇道　5—底型　6—左半型　7—右半型　8—上半型

9—气压控制装置　10—炉盖　11—密封圈　12—保温炉体

图 3-23　低压铸造工艺原理图

（2）浇注温度、铸型温度及涂料

低压铸造时，因金属液的充填条件得到改善，且金属液直接自密封保温坩埚进入铸型，故浇注温度一般比重力铸造浇注温度低 10~20 ℃。

当采用非金属铸型时，若无特殊要求，铸型的工作温度一般为室温。采用金属型铸造铝合金铸件时，铸型的工作温度为 200~250 ℃；铸造复杂的薄壁铸件时，铸型的工作温度可提高到 300~350 ℃

关于涂料的使用，不论是金属型还是砂型，均与重力铸造法涂料的使用相同。此外，保温坩埚也应喷涂涂料。因升液管长期浸在金属液中，增加了铝合金液的含铁量，降低了铸件的力学性能。所以，应先将升液管的内、外表面预热至 200 ℃左右，再涂刷一层较厚的涂料（一般为 1~3 mm）。

（3）低压铸造的特点

因为液态金属是在压力推动下进入型腔，并在压力作用下结晶凝固和进行补缩，其充型过程既与重力铸造法不同，也与高压高速充型的压力铸造不同。

低压铸造形成了某些独特的优点，主要表现在以下几个方面。

① 液态金属充型比较平稳。这是由于低压铸造采用底注式充型，且充型速度容易控制，相对减少了液态金属浇注时的飞溅、对型壁和型芯的冲刷及氧化夹杂等铸造缺陷。同时，型腔内液流与气流方向一致，减小了产生气孔缺陷的可能性。

② 铸件成形性好。低压铸造时液态金属是在外界压力作用下强迫流动的，提高了液态金属的充填性，有利于形成轮廓清晰、表面光洁的铸件，这对于薄壁叶片和大型复杂薄壁铸件的成形更为有利。

③ 铸件组织致密、力学性能好。因为铸件在压力作用下结晶凝固，大幅度提高了补缩效果，从而提高了铸件的力学性能。如铸件的抗拉强度和硬度比重力铸造时提高约10%。由于铸件组织致密，铸件的气密性、耐压性都得到提高，这对于要求耐压和防渗漏的铸件具有明显效果。

④ 提高了液态金属的工艺出品率。由于低压铸造利用压力充型和补缩，简化了浇冒口系统的结构，使工艺出品率可提高到90%左右。

低压铸造的主要缺点是坩埚和升液管长时间被液态金属侵蚀，使用寿命较短；铝合金液容易增铁。

（4）低压铸造的应用范围及新发展

低压铸造已成为大量生产高质量铝合金铸件的重要方法之一。目前不少厂家用此法生产气缸盖、气缸体、活塞和车轮轮毂等铸件，取代了重力铸造。生产的铝、镁合金铸件最大直径为1 200 mm，高度为10~1 200 mm，壁厚为0.7~150 mm，铸件质量小于200 kg。除此之外，用低压铸造还能生产出大型电动机转子、重达22 t的铜合金船用螺旋桨、长度达3 000 mm的内燃机车用的大型球墨铸铁曲轴等。一些非铁合金的大型压铸件也有改用低压铸造生产的趋势，其质量不亚于压铸铸件，而生产费用却低于压铸铸件的费用。

近年来开发的差压法低压铸造新工艺，实质是金属液在低压下充型和在高压下结晶凝固两种工艺相结合，这种工艺能铸造组织致密的铸件，使铸件的力学性能进一步提高。国内外已成功地生产了不少重要的铝合金、锌合金铸件，铸铁和铸钢件，其中以生产铝合金铸件居多。

5. 挤压铸造

挤压铸造是对定量浇入铸型中的液态金属施加较大的机械压力，使其成形、结晶凝固而获得铸件的一种铸造方法。这种铸造方法也称为"液态金属模锻""液态金属冲压""液态金属锻造"等。

（1）挤压铸造的工艺流程

挤压铸造的工艺流程如图 3-24 所示。首先是准备好铸型，将下型安装在压力机的砧座上，上型固定在压力机的冲头上；向型内浇入定量的液态金属；压力机冲头（上型）向下移动，将下型中的液态金属挤满型腔，在压力作用下结晶凝固，然后卸压开型，顶出铸件。

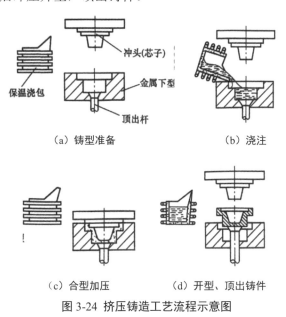

　　　（a）铸型准备　　　　　　　　　（b）浇注

　　　（c）合型加压　　　　　　　　　（d）开型、顶出铸件

图 3-24 挤压铸造工艺流程示意图

（2）挤压铸造的分类及适用范围

挤压铸造的工艺形式有多种，按成形时液态金属充填的特性和受力情况，可分为柱塞挤压、直接冲头挤压、间接冲头挤压和型板挤压四种形式。

① 柱塞挤压铸造是用柱塞作为加压冲头，施压于凹型里的液态金属，保压至铸件完全凝固，如图 3-25（a）所示。加压时，液态金属基本上没有充型运动。这种工艺方法主要适用于形状简单的厚壁铸件、铸锭。

② 直接冲头挤压铸造是利用成形压头，在合型时将其插入液态金属中，

使部分金属液向上流动充填全部型腔，继续升压和保压至铸件全部凝固，如图3-25（b）所示。加压时，液态金属进行充型运动。这种工艺方法没有浇注系统，浇入的液态金属全部成为铸件，铸件的高度取决于液态金属的浇入量。这种工艺方法适用于壁较薄、形状较复杂的铸件。

③ 间接冲头挤压铸造是采用成形的冲头，将浇入凹型底槽中的部分液态金属挤入型腔中，同时通过由冲头和凹型组成的内浇道，将压力传到铸件上，如图 3-25（c）所示。铸件是在已合型闭锁的型腔中成形，不受浇注金属量的影响，因而铸件尺寸精度高。但冲头不是直接而是部分加压于铸件上，因此，加压效果较差，而且铸件上会留有料饼及内浇道，金属利用率较低。这种工艺方法适用于产量较大，形状较复杂的中、小型铸件。

④ 型板挤压铸造是一种特殊的挤压铸造形式，其工艺过程是：向半开的楔形型腔中浇注液态金属，开动动型向静型合拢，液态金属被挤压上升并充填型腔，多余的液态金属外溢，在压力的作用下结晶凝固。这种工艺的特点是：合型时，上升的液态金属与型壁接触后结晶成一层很薄的硬壳，随着液态金属的上升，结晶层沿型壁不断生长。最后，结晶硬壳中间多余的液态金属被挤出型外，两硬壳层被挤压成为整体的铸件。这种工艺方法适用于大型整体薄壁铸件。

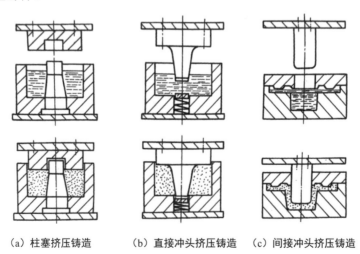

（a）柱塞挤压铸造　　（b）直接冲头挤压铸造　　（c）间接冲头挤压铸造

图 3-25　挤压铸造的几种挤压方法示意图

（3）挤压铸造的特点

挤压铸造是介于铸造与锻造之间的一种工艺方法，兼有二者的一些优点。

① 与压力铸造相比，挤压铸造的特点是：

第一，压力铸造时，金属液在高压作用下以极快的速度充填铸型，易卷入气体，型腔里的空气也难以全部排出，铸件中气体的含量较多，不能热处理；而挤压铸造时金属液直接浇入型腔中，不经过浇注系统，吸气少，铸件可进行热处理。

第二，压力铸造时，金属液的流程长，冷却凝固快，而且浇道中的金属液比铸件先凝固，压力不可能维持到铸件结晶凝固终了，铸件得不到补缩，因此，铸件厚壁处组织不够致密。挤压铸造时没有浇注系统，金属液在压力作用下充型、结晶凝固，补缩效果好，晶粒较细，组织致密、均匀。

第三，压力铸造的模具结构复杂，加工工时和加工费用高，金属的利用率低。挤压铸造的模具结构较简单，加工费用较低，寿命较长，金属的利用率较高。

② 与锻造相比，挤压铸造有如下特点：

第一，锻件的力学性能一般比挤压铸件高，但通常存在各向异性，尤其是塑性指标在纵向与横向之间的差别很大，使锻件的应用受到一定限制。挤压铸件的力学性能虽稍低于锻件，但只要工艺正确，其力学性能可接近或达到锻件的水平，且各方向的性能一致。

第二，挤压铸造是靠压力作用在封闭型腔里的液态金属上，使其在压力作用下凝固成形。而锻造是压力作用在固态金属上成形。前者所需的压力比后者小得多，所需设备的功率比锻造小 65%~75%。

第三，挤压铸件为一次成形，生产率高，劳动强度较低，能源消耗低。

第四，挤压铸件的尺寸精度比锻件和熔模铸件的高，表面粗糙度值较低，加工余量小，加工余量一般为 0.5~2 mm，因此，所用的金属料少，成本较低。锻件要达到挤压铸造铸件的尺寸精度和表面粗糙度值是相当困难的。

第五，挤压铸造适用于多种合金材料，包括铝合金、锌合金、铜合金、铸铁、铸钢等，而适用于锻造的材质却很有限。

总之，挤压铸件的尺寸精度高，表面粗糙度值低，铸件的加工余量小，无须设置冒口，金属的利用率高；铸件组织致密，晶粒细化，力学性能较高；可用于各种铸造合金，适应性广；工艺过程较简单，节省能源及劳力，容易实现机械化和自动化，生产率高。

挤压铸造工艺存在的主要缺点是：由于没有浇冒口系统，浇入铸型型腔的金属液中的氧化夹杂物无法排除，因此对金属液的质量要求比普通铸造严格。挤压铸造时，在大多数情况下，定量浇注的精确性决定了铸件高度方向的尺寸精度，因此，要求定量浇注装置必须准确。

3.5 冶金工业中的创新方法

冶金工业属于典型的流程制造业，与机电制造业的区别在于上一工序的输出（产出）是下一工序的输入（原料），从原料到成品的工序是串联式的。任何一个工序出现的问题都会反映到最终产品上。

制造流程对冶金工业具有决定性的作用，既影响企业产品的质量、成本和效率等市场竞争力因素，又影响企业的资源、能源等可供性因素，更影响企业的排放、环境负荷等与工业生态、可持续发展有关的因素。

冶金工业要走新型工业化道路应对目前面临的挑战，必须首先从制造流程上下功夫，把构建新一代制造流程作为 21 世纪钢铁工业科学技术发展的战略问题来对待。新一代冶金制造流程要做到：（1）用较低的单位 GDP 钢产量来支撑我国完成工业化过程，必须提高产品的质量，增加新品种，并提高其使用效能；（2）用较低的能源、资源消耗实现我国工业化所需的最低金属材料产量，就必须提高能源、资源的使用效率，使我国冶金制造流程实现由粗放型向集约型的转变；（3）在我国工业化进程中，冶金工业的环境负荷不应因产量增加而加大，必须努力实现冶金厂排放无害化、排放物的再资源化、循环利用和减少排放量，并向构建工业生态链方向发展。

新一代冶金制造流程不是脱离现有的科学技术成就另起炉灶，而是在现有先进工艺流程的基础上优化，并与新工艺集成的产物。新一代冶金制造流程是在已有的先进制造流程的基础上产生的，开发新的工艺技术和更为先进的界面技术，通过工序与装备的优化组合集成，使新构筑的流程实现新的功能，即创新思维中的切割-组合法。

切割可以理解为"减去"，即在创造发明过程中，为追求新的技术性能或扩大某个功能范围、降低成本、简化操作，将原有技术中的某些部分删去，然后将剩余部分重新组织起来。组合可以理解为"加上"，即在创造发明过程中，为了实现某种需要，既可以将几个组成部分联结起来，构成一种具有特定功能的整体；也可以将几个组成部分协调起来，产生各部分都没有的新功能。切割-组合对于创造过程具有普遍意义。切割-组合原理可分为以组合为主、切割为辅的重组和切割与组合均等的重组。

以组合为主、切割为辅的重组是对现有的技术稍加修正，将原有功能用于新的目的。例如"铸铁套接管"就是据此发明的。

城市卫生设施中常用的压力管道是用法兰或承口连接的铸铁管连接而成的。这种管道的铸造工艺复杂，只能采取单件铸造，最多是半连铸方式。铸造每一根管子都要有一个承口芯，铸成后还需切头，生产效率低，消耗较大。而半连铸方式的质量又无法保证，常常导致铸铁管的承口以及承口附近有残缺，使整个铸铁管报废。承口及承口附近之所以产生残缺，是因为这里的应力分布复杂。如何解决这一问题呢？按常规，工程技术人员会设法改造工艺，或增加新的程序，或改变添加剂；发明者运用切割-组合原理，干脆将影响铸铁管的承口、法兰减去，变成了直筒状铸铁管。那么，这种没有承口和法兰的铁管如何连接呢？人们发明了"铸铁套接管"这种新型的连接方式。这种连接方式相当简便、有效：一则不管铸铁管何处损坏，只要将损坏处切除，其余部分仍可使用；二则更换密封圈时不需移动管子，只要拆下螺栓，退开压盘，将旧密封圈取出，然后推开连接套，取下隔环，便可以从管端套上新密封圈；三则当管子因破损需维修时，也不要移动任何管子，甚至连接头也不需拆开，更不必整根更换，只要切除破损处，换上一小段新管子，再加一个套接管就行了；四则这种结构比原承插式连接的可靠度提高了 2 倍；五则铸铁管可实现连续生产。这个技术发明过程以保留为主，切割为辅，只是加上一个套管就实现了某种功能。

切割与组合均等的重组是指从现有的多种技术中切制出各种所需的要素，然后把这些结构要素所具有的功能组织起来，用于新的目的。从 CSD 热风炉的发明中，可以看到这一原理的真谛。

热风炉是冶炼厂中必不可少的设备，它的工作质量和热风效率直接影响高炉炼铁的质量和产量。热风炉有多种，内燃式热风炉是其中的一种。这种炉的特点是结构简单、布置紧凑、投资少、见效快。但它的燃烧室隔墙在高温环境下长期工作容易开裂、掉砖、穿孔，造成热风短路、蓄热面积小、风温低、热效率低、气流分布不均匀等弊病。顶燃式热风炉也是常用的一种热风炉，它的主要特点是：由于不存在燃烧室，蓄热面积大、热效率高，加上它的拱顶开口太大，使得这个本来就薄弱的环节更加薄弱；它的热风阀位置太高，需要高压水才能进行冷却；再者，它的热风阀位置基本上与燃烧器处于同一水平面上，因受到火焰的直接冲击而降低了使用寿命。发明者考虑到内燃式热风炉虽然不及顶燃式热效率高，但却有结构紧凑易与高炉配套的优点；顶燃式虽不具有这个优点，但却没有内燃式容易造成热风短路的致命缺陷。于是，他运用"切割-组合"原理，保留了内燃式热风炉结构简单、布置紧凑、投资少的优点以及热风出口位置合理的长处，切除了它的燃烧室。这样它的燃烧室隔墙容易掉砖穿孔而造成的热风短路现象就不复存在。顶燃式热风炉燃烧位置设计合理，保留了下来，切割掉的是其不合理的热风出口位置。将两种热风炉保留的部分重组起来，就形成了一种似内燃式又非内燃式，似顶燃式又非顶燃式的 CSD 热风炉。这种炉从蓄热面积上看，介于内燃式与顶燃式之间，却克服了热风短路的缺陷，提高了拱顶的结构强度，改善了热风阀的工作条件。它既保留了两种热风炉的优点，又克服了两种热风炉的缺点，把热风炉的最高温度从 1 169~1 250 ℃，提高到 1 250~1 350 ℃。

思考题

1. 简述金属冶炼的概念与方法分类。冶金工艺流程和主要冶金单元过程有哪些？简述近年来钢铁冶炼技术和有色金属冶炼技术方面的创新。

2. 简述铸造技术的发展历程。

3. 近现代铸造技术有哪些发展与创新？特种铸造包括哪些铸造技术，与传统铸造技术相比有哪些优势？

第4章 金属材料塑性加工技术与创新

金属材料的塑性加工在现代制造业中扮演着至关重要的角色，对于提高产品质量、降低成本、增强竞争力具有重要意义。本章将深入探讨金属材料塑性加工原理及技术创新，涵盖了塑性加工的物理本质、组织性能变化和力学基础等方面。通过系统学习本章内容，读者将深入了解金属材料塑性加工领域的重要性和创新动态，为掌握先进制造技术、推动工业转型升级提供坚实支撑。

4.1 金属材料塑性加工原理

塑性成型方法多种多样，且具有各自的个性特点，但它们都涉及一些共同性的问题，主要有：塑性变形的物理本质和机理，塑性变形过程中金属的塑性行为、组织性能的变化规律，变形体内部的应力、应变分布和质点流动规律，所需变形力和变形功的合理评估等。研究和掌握这些共性问题，对于保证塑性加工的顺利进行和推动工艺的进步均具有重要的理论指导意义，可以为学习各种塑性成型技术奠定理论基础。

4.1.1 金属塑性加工的物理本质

塑性成型所用的金属材料绝大部分是多晶体，其变形过程较单晶体的复杂得多，这主要是与多晶体的结构特点有关。

实际金属晶体如图 4-1 所示，是由许多处于不同位向的晶粒通过晶界结成的多晶体结构，每个晶粒可看成是一个单晶体，相邻晶粒彼此位向不同，但晶体结构相同，化学组成也基本一样。就每个晶粒来说，其内部的结晶学取向并不完全严格一致，而是有亚结构存在，即每个晶粒又是由一些更小的亚晶粒组成。

晶粒之间存在着厚度相当小的晶界，如图 4-2 所示，晶界实际上是原子排列从一种位向过渡到另一种位向的过渡层，在空间上呈网状，原子排列的规则性较差。晶界的结构与相邻两晶粒之间的位向差有关，一般可分为小角度晶界和大角度晶界。小角度晶界由位错组成，最简单的情况是由刃型位错垂直堆叠而构成的倾斜晶界。实际多晶体金属通常都是大角度晶界，其晶界结构很难用位错模型来描述，可以笼统地把它看成是原子排列混乱的区域。该区域内存在较多的空位、位错及杂质等。正因为如此，晶界表现出许多不同于晶粒内部的性质：室温时晶界的强度和硬度高于晶内，而高温时则相反；晶界中原子的扩散速度比晶内原子快得多；晶界的熔点低于晶内；晶界易被腐蚀等。

图 4-1 多晶体结构

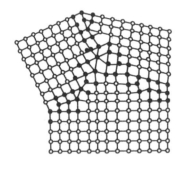

图 4-2 多晶体的晶间原子排列

4.1.2　金属塑性加工的组织性能变化

4.1.2.1　冷塑性变形对金属组织和性能的影响

1. 塑性变形对组织结构的影响

（1）显微组织的变化。金属经冷加工变形后，其晶粒形状发生变化，变化趋势大体与金属宏观变形一致。例如，轧制变形时，原来等轴的晶粒沿延伸变形方向伸长，如图 4-3 所示。若变形程度很大，则晶粒呈现为一片如纤维状的条纹，称为纤维组织。晶体金属经冷态塑性变形后，晶粒内部还出现滑移带、孪生带和吕德斯带等组织特征。

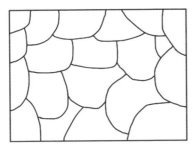 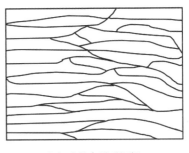

（a）变形前的退火状态组织　　　　　（b）冷轧变形后组织

图 4-3　冷轧前后晶粒形状变化

（2）结构缺陷增加和产生形变亚晶。已知金属的塑性变形主要是借位错的运动而进行的。在塑性变形过程中，晶体内的位错不断增殖，经很大的冷变形后，位错密度可从原先退火状态的 $10^6 \sim 10^7 \, cm^2$ 增加到 $10^{11} \sim 10^{12} \, cm^2$。由于位错运动及位错交互作用的结果，金属变形后的位错分布是不均匀的。它们先是比较纷乱地纠缠成群，形成"位错缠结"。如果变形量增大就形成胞状亚结构。这时变形的晶粒是由许多称为"胞"的小单元组成，各个胞之间有微小的取向差。高密度的缠结位错主要集中在胞的周围，构成胞壁，而胞内体积中的位错密度甚低。随着变形量进一步增大，胞的数量会增多、尺寸会减小，胞壁的位错更加稠密，胞间的取向差增大，胞的形状甚至还会随着晶粒外形的改变而改变，形成排列甚密的呈长条状的形变胞。

需要指出，对于奥氏体钢、铜及铜合金等所谓低层错能的金属，由于位错交滑移困难，这类金属变形后位错的分布会比较均匀和分散，构成复杂的网络，尽管位错密度增加了，但不倾向于形成胞状亚结构。

（3）变形织构出现。多晶体塑性变形时伴随晶粒的转动，当变形量很大时，多晶体中原为任意取向的各个晶粒，会逐渐调整其取向而彼此趋于一致，这种由于塑性变形的结果而使晶粒具有择优取向的组织，称为"变形织构"。如图 4-4 所示，金属或合金经对称拉拔或挤压变形后，所有晶粒的某一晶向趋于与最大主应变方向平行，形成丝织构，经轧制变形后，各个晶粒的某一晶向趋于与轧制方向平行，而某一晶面趋于与轧制平面平行，形成板织构。由于变形织构的形成，金属的性能将显示各向异性，经退火后，织构和各向异性仍然存在。用具有织构的板材冲出的拉深件，壁厚不均、沿口不齐，会出现所谓的"制耳"。

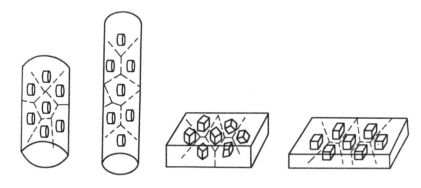

（a）丝织构拉拔前 （b）丝织构拉拔后 （c）板织构轧制前 　　（d）板织构轧制后

图 4-4 变形织构示意图

2. 塑性变形对性能的影响

（1）加工硬化。由于上述组织的变化，必然导致金属性能的变化，其中变化最显著的是金属的力学性能（图 4-5），即随着变形程度的增加，金属的强度、硬度增加，而塑性、韧性降低，这种现象称为加工硬化。加工硬化的实质和机理就是结构缺陷的增加增大了位错运动的阻力。加工硬化具有重要意义，首先是强化材料的一种手段，其次对加工工艺具有重要作用。加工硬化还有安全保护作用。

（2）各向异性。如前所述，多晶体在宏观上表现为各向同性，称之为"伪各向同性"。变形之后，又会出现各向异性。其原因：一是变形织构所造成，这是结构的方向性导致性能的方向性；二是晶粒、夹杂、偏析区沿变形方向的伸展，由组织的方向性导致性能的方向性。结构的方向性是主要因素，变形量越大，各向异性越显著，而各向异性有利有弊。

（3）残余应力及物理性能变化。变形总功的百分之几到十几，作为残余畸变能存在于晶体之中，表现为各种类型的残余应力，即变形的不均匀而造成的内部牵扯之力。显然内应力的存在会使材料逐渐产生变形，严重者会造成裂纹或断裂。

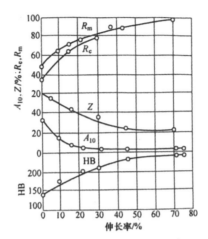

图 4-5　碳钢拉拔时力学性能的变化

　　变形之后，除力学性能之外的物理性能，凡属结构敏感者，均发生明显变化，如电阻及磁矫顽力上升，而电导率、磁导率、磁饱和度下降。对结构不敏感的性能也有一定影响，如密度、导热系数、抗蚀性能有一定下降，化学活性有了一定增加。

4.1.2.2　冷变形金属在加热时的组织与性能变化

　　金属经冷塑性变形后，其组织、结构和性能都发生了复杂的变化。引起金属内能增加，当加热时原子具有大的扩散能力，变形后的金属会自发地向自由能低的方向转变，这个转变过程称为回复和再结晶。

　　（1）静态回复。图 4-6 体现了冷变形金属加热时组织和性能的变化。在回复阶段，点缺陷减少。原先变形晶粒内位错密度有所下降，位错分布形态经过重新调整和组合而处于低能态、胞壁的缠结位错变薄、网络更清晰。亚晶增大，但晶粒形状没有发生变化。所有这些，使金属晶格畸变程度大为减小，其性能也发生了相应的变化，主要表现为强度、硬度有所降低，塑性、韧性有所提高。

　　（2）静态再结晶。冷变形金属加热到更高的温度后，金属原子获得更大的活动能力，原来变形的金属会重新形成新的无畸变的等轴晶，直至完全取代金属的冷变形组织，这个过程称为金属的再结晶。与前述的回复不同，再结晶是一个显微组织彻底重新改组的过程，通过再结晶形核和生长来完成。再结晶形核机理比较复杂，不同的金属和不同的变形条件，其形核的方式也不同。实验表明，回复阶段的多边形化是再结晶形核的必要准备阶段，再结晶的核心是在多边形化所产生的无畸变亚晶的基础上形成的。多边形化产生的由小角度晶界所包围的某些无畸变的较大亚晶，可以通过两种不同方式生长：一种是通过亚晶界的移动，吞并相邻的亚晶而生长；另一种是两个亚晶之间亚晶界的消失使两个相邻亚晶合并而生长。随着亚晶的生长，包围着它的亚晶界位向差必然越来越大，最后构成了大角度晶界。由大角度晶界包围的无畸变晶体就成为再结晶的核心。当各个再结晶核心生长到相互接触时，就形成了完全以大角度晶界分界的无畸变的晶粒组织。此时，金属在性能方面也发生了根本性的变化，表现为金属的强度、硬度显著下降，塑性大为提高，加工硬化和内应力完全消除，物理性能也得到恢复，金属大体上恢复到冷变形前的状态。但是再结晶并不只是一个简单地恢复到变形前组织的过程，通过控制变形和再结晶条件可以调整再结晶晶粒的大小和再结晶的体积分数，以达到改善和控制金属性能的目的。

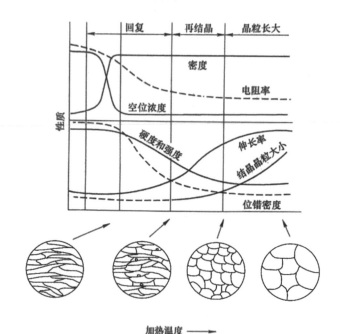

图 4-6 冷变形加热组织和性能变化

4.1.2.3 金属热态下的塑性变形

从金属学的角度看，在再结晶温度以上进行的塑性变形，称为热塑性变形或热塑性加工。在热塑性变形过程中，回复、再结晶与加工硬化同时发生，加工硬化不断被回复或再结晶所抵消，使金属处于高塑性、低变形抗力的软化状态。

1. 热塑性变形时的软化过程

热塑性变形时的软化过程比较复杂，它与变形温度、应变速率、变形程度以及金属本身的性质等因素密切相关。按其性质可分为以下几种：动态回复，动态再结晶，静态回复，静态再结晶，亚动态再结晶等。动态回复和动态再结晶是在热塑性变形过程中发生的，而静态回复、静态再结晶和亚动态再结晶则是在热变形的间歇期间或热变形后，利用金属的高温余热进行的。图 4-7 是热轧和热挤压时，动、静态回复和再结晶的示意图。图 4-7（a）表示高层错能金属（如铝及铝合金、铁素体钢及密排六方结构的金属等）在热轧变形程度较小（50%）时，发生动态回复，随后发生静态回复；图 4-7（b）表示低层错能金属（如奥氏体钢、铜等）在热轧变形程度较小（50%）时，发生动态回复，随后发生静态回复和静态再结晶；图 4-7（c）表示高层错能金属在热挤压变形程度很大（99%）时，发生动态回复，出模孔后发生静态回复和静态再结晶；图 4-7（d）表示低层错能金属在热挤压变形程度很大（90%）时，发生动态再结晶，出模孔后发生亚动态再结晶。

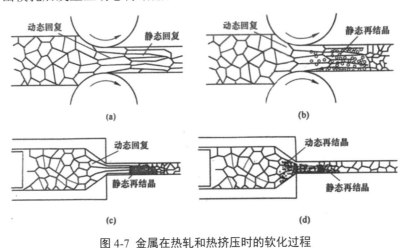

图 4-7 金属在热轧和热挤压时的软化过程

（1）动态回复

动态回复是在热变形过程中发生的回复，在它未被人们认识之前，一直错误地认为再结晶是热变形过程中唯一的软化机制；而事实上，金属即使在远高于静态再结晶温度下塑性变形时，一般也只发生动态回复，且对于有些金属（如铝及铝合金、铁素体钢以及密排六方结构的金属锌、镁等），由于它们的层错能高、扩展位错的宽度小、集束容易，有利于位错的交滑移和攀移，位错容易在滑移面间转移，结果使异号位错互相抵消，位错密度下降，畸变能降低，不足以达到动态再结晶所需的能量水平，因此对于这类高层错能的金属，即使变形程度很大，也只能发生动态回复，而不发生动态再结晶。至于如奥氏体钢、铜及铜合金一类的低层错能金属的热变形，实验表明，如果变形程度较小，通常也只发生动态回复。因此可以说，动态回复在热塑性变形的软化过程中占有很重要的地位。

金属经动态回复后，其显微组织仍为沿变形方向拉长的晶粒，而其亚晶仍保持等轴状；金属的位错密度一般高于相应的冷变形后经静态回复的位错密度，而亚晶的尺寸一般小于相应的冷变形后经静态回复的亚晶尺寸。

（2）动态再结晶

动态再结晶是在热变形过程中发生的再结晶，动态再结晶和静态再结晶基本一样，也是通过形核和生长来完成。动态再结晶容易在热变形程度很大且层错能较低的金属中发生。这是因为层错能低，其扩展位错宽度就大、集束就困难，不易进行位错的交滑移和攀移；而已知动态回复主要是通过位错的交滑移和攀移来完成的，这就意味着这类金属动态回复的速率和程度都很低，金属中的一些局部区域会积累足够高的位错密度差（即畸变能差），且由于动态回复很不充分，所形成的胞状亚组织的尺寸较小，边界较不规整，胞壁还有较多的位错缠结，这种不完整的亚组织正好有利于再结晶形核，所有这些都有利于动态再结晶的发生。至于为什么需要更大的变形程度，是因为动态再结晶需要一定的驱动力（畸变能差）。这类金属在热变形过程中，动态回复尽管很不充分，但毕竟随时在进行，畸变能也随时在释放。因此，只有当变形程度远高于静态再结晶所需的临界变形程度时，畸变能差才能积累到再结晶所需的水平，动态再结晶才能启动，否则也只能发生动态回复。

在动态再结晶过程中，由于塑性变形还在进行，生长中的再结晶晶粒随即发生变形，而静态再结晶的晶粒却是无应变的。因此，动态再结晶晶粒与同等大小的静态再结晶晶粒相比，具有更高的强度和硬度。

（3）热变形后的软化过程

在热变形的间歇时间或者热变形完成之后，由于金属仍处于高温状态，一般会发生以下三种软化过程：静态回复、静态再结晶和亚动态再结晶。

已经知道，金属热变形时除少数发生动态再结晶情况外，会形成亚晶组织，使内能提高，处于热力学不稳定状态。因此在变形停止后，若热变形程度不大，将发生静态回复；若热变形程度较大，且变形后金属仍保持在再结晶温度以上时，则将发生静态再结晶。静态再结晶进行得比较缓慢，需要有一定的孕育期才能完成，在孕育期内发生静态回复。再结晶完成后，重新形成无畸变的等轴晶。

对于在热变形时发生动态再结晶的金属，热变形后迅即发生亚动态再结晶。所谓亚动态再结晶，是指热变形过程中已经形成的但尚未长大的动态再结晶晶核，以及长大到中途的再结晶晶粒被遗留下来，当变形停止后而温度又足够高时，这些晶核和晶粒会继续长大，此软化过程即称为亚动态再结晶。由于这类再结晶不需要形核时间，没有孕育期，所以热变形后结晶进行得很迅速。

2. 热塑性变形对金属组织和性能的影响

（1）改善晶粒组织

对于铸态金属，粗大的树枝状晶经塑性变形及再结晶而变成等轴（细）晶粒组织；对于经轧制、锻造或挤压的钢坯或型材，在以后的热加工中通过塑性变形与再结晶，其晶粒组织一般也可得到改善。

（2）锻合内部缺陷

铸态金属中的疏松、空隙和微裂纹等内部缺陷被压实，从而提高了金属的致密度。内部缺陷的锻合效果与变形温度、变形程度、应力状态及缺陷表面的纯洁度等因素有关。宏观缺陷的锻合通常经历两个阶段：首先是缺陷区发生塑性变形，使空隙变形、两壁靠合，此称闭合阶段；其次是在三向压应力作用下，加上高温条件，使空隙两壁金属焊合成一体，此称焊合阶段。如果没有足够大的变形程度，不能实现空隙的闭合，虽有三向压应力作用，也很难达到宏观缺陷的焊合。对于微观缺陷，则只要有足够大的三向压应力，就能实现锻合。

（3）破碎并改善碳化物和非金属夹杂物在钢中的分布

对于高速钢、高铬钢、高碳工具钢等，其内部含有大量的碳化物。这些碳化物有的呈粗大的鱼骨状，有的呈网状包围在晶粒周围。通过锻造或轧制，可将这些碳化物打碎并使其均匀分布，从而改善了它们对金属基体的削弱作用，并使由这类钢锻制的工件在以后的热处理时硬度分布均匀，提高了工件的使用性能和寿命。为了使碳化物能被充分击碎并均匀分布，通常采用"变向锻造"，即沿毛坯的三个方向反复进行镦拔。

（4）形成纤维组织

在热塑性变形过程中，随着变形程度的增加，钢锭内部粗大的树枝状晶逐渐沿主变形方向伸长，与此同时，晶间富集的杂质和非金属夹杂物的走向也逐渐与主变形方向一致。其中脆性夹杂物被破碎呈链状分布；而塑性夹杂物（如硫化物和多数硅酸盐等）则被拉成条带状、线状或薄片状。于是在磨面腐蚀的试样上便可以看到沿主变形方向的一条条断断续续的细线，它们被称为"流线"，而具有流线的组织就称为"纤维组织"。需要指出的是，在热变形过程中，由于再结晶的结果，被拉长的晶粒变成细小的等轴晶，而流线却很稳定地保留下来直至室温。因此，这种纤维组织与冷变形时由于晶粒被拉长而形成的纤维组织是不同的。图4-8为锻造过程中纤维组织的形成示意图。纤维组织的形成，使金属的力学性能呈现各向异性，沿流线方向比垂直于流线方向具有较高的力学性能，其中尤以塑性、韧性指标最为显著。

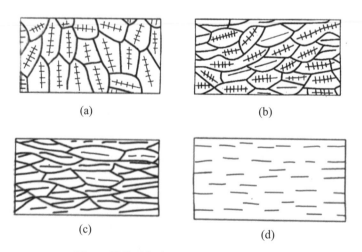

(a)　　　　　　　　　　(b)

(c)　　　　　　　　　　(d)

图 4-8 锻造过程中纤维组织的形成示意图

4.1.2.4 金属塑性的影响因素

所谓塑性，是指金属在外力作用下，能稳定地发生永久变形而不破坏其完整性的能力。它是金属的一种重要的加工性能。塑性越好，预示着金属塑性成型的适应能力越强，允许产生的塑性变形量越大；反之，如果金属一受力即断裂，则塑性加工也就无从进行。因此，从工艺角度出发，人们总是希望变形金属具有良好的塑性。特别是随着生产与科技的发展，有越来越多的低塑性、高强度的难变形材料需要进行塑性加工，如何改善其塑性就更具有重要的意义。

金属的塑性不是固定不变的。它既与材料的内在因素，如晶格类型、化学成分、组织状态等有关，又与外部的变形条件，如变形温度、应变速率、变形的力学状态等有关。研究不同变形条件下金属的塑性行为，是塑性成型理论与实践的一个重要课题。其目的在于选择合适的变形方法和确定最好的变形条件，以保证塑性加工的顺利进行，并推动成型技术的发展。

1. 化学成分对塑性的影响

纯金属及呈固溶体状的合金塑性最好，而呈化合物或机械混合物状态的合金塑性差。例如纯铁有很好的塑性，碳在铁中的固溶体（奥氏体）的塑性也很好，而当铁中存在大量化合物 Fe_3C（渗碳体）时，金属变脆。钢中含碳量增加时，钢的强度极限升高，而塑性指数下降，延伸性能降低。

合金钢、高合金钢的合金成分中所含的铬、镍、锰、钼、钨、钒等，对塑性的影响是多样性的。例如钢中锰含量增加，塑性降低，但降低程度不大，当钢中含铬量大于 30%时，即失去塑性加工能力。

在钢中的一些与铁不形成固溶体而形成化合物的元素，例如硫、磷或不溶于铁的铅、锡、砷、锑、铋存于晶界，加热时熔化，削弱了晶间联系，使金属塑性降低或完全失掉塑性。再如硫和铁形成易熔的低熔点的物质，其熔点约为 950 ℃，这些硫化物在初次结晶的晶粒周围，以网状物存在，当加热温度升高时，它们熔化而破坏了晶间联系，导致塑性降低。

当气体（氢、氧）及非金属夹杂物（氮化物、氧化物）在晶界上分布时，同样会降低金属的塑性。氢气是铜中产生"白点"缺陷的主要原因，也是造成钢材产生裂纹的原因之一，因此现代炼钢均采用真空脱气处理，以净化钢水。

2. 金属组织结构对塑性的影响

晶粒界面强度、金属密度越大，晶粒大小、晶粒形状、化学成分、杂质分布越均匀；金属可能的滑移面与滑移方向越多时，金属的塑性越高。例如铸造组织是最不均匀的，塑性较低。因此，生产上用热变形法将铸造组织摧毁，并借助再结晶和扩散作用使其组织均匀化。在变形前用高温均匀化方法也是使合金成分均匀一致，塑性提高的措施。例如 Cr25Ni20 合金钢在 1 250 ℃经过扩散退火，1 小时后可消除铸造中的枝状偏析，然后以适当的温度热轧时其允许压缩率可达 60%~65%。

多相合金的塑性大小取决于强化相的性质、析出的形状和分散度，还取决于强化相在基体中分布的特点、溶解度以及强化相的熔点。一般认为强化相硬度和强度越高，熔点越低，分散度越小，在晶内呈片状析出及呈网状分布于晶界时，皆使合金塑性降低。

3. 变形温度对金属塑性的影响

变形温度对金属的塑性有重大影响，生产中由于变形温度控制不当而造成工件开裂是不乏其例的。确定最佳变形温度范围是制定工艺规范的主要内容之一，特别是对于高强度、低塑性材料以及新钢种的塑性加工尤为重要。

就大多数金属而言，其总的趋势是：随着温度的升高，塑性增加，但是这种增加并非简单的线性上升；在加热过程的某些温度区间，往往由于相变或晶粒边界状态的变化而出现脆性区，使金属的塑性降低。在一般情况下，温度由绝对零度上升到金属熔点时，可能出现几个脆区，包括低温的、中温的和高温的脆区。下面以碳钢为例，说明温度对塑性的影响（图 4-9）。在超低温度（区域）时，金属的塑性极低，在−200 ℃时，塑性几乎已完全丧失。这可能是原子热振动能力极低所致，也可能与晶界组成物脆化有关。之后，随着温度的升高，塑性增加；在 200~400 ℃温度范围（区域Ⅱ）出现相反情况，塑性有很大的降低，此温度区间称为蓝脆区（金属断口呈蓝色）。其形成的原因说法不一，一般认为是氮化物、氧化物以沉淀形式在晶界滑移面上析出所致，类似于时效硬化。随后，塑性又继续随温度的升高而增加，直至 800~950 ℃时，再一次出现塑性稍有下降的相反情形（区域Ⅲ），此温度区间称为热脆区。这和珠光体转变为奥氏体且形成铁素体和奥氏体两相共存有关，可能还与晶界处出现 FeS-

FeO 低熔点共晶体（熔点为 910 ℃）有关。过了热脆区塑性又继续增加，一般当温度超过 1 250 ℃时，由于发生过热、过烧（晶粒粗大化，继而晶界出现氧化物和低熔物质的局部熔化等），塑性又会急剧下降，此区域称为高温脆区（区域Ⅳ）。由于金属和合金的种类繁多，温度变化所引起的物理—化学状态的变化各不相同，所以温度对塑性的影响相当复杂。

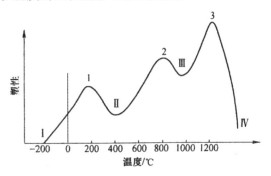

图 4-9　碳钢塑性随温度变化曲线

4. 变形速度对塑性的影响

变形速度对金属塑性的影响较为复杂。一方面，当增加变形速度时，由于变形的加工硬化及滑移面的封闭，金属的塑性降低；另一方面，随着变形速度的增加，消耗于金属变形的能量大部分转变为热能，来不及散失在空间，因而使变形金属的温度升高，使加工硬化部分或全部得到恢复而使金属的塑性增加。

根据实验结果得出，关于变形速度对金属塑性状态的影响，可综合为下述结论：

（1）变形速度增加时，在下述情况下会降低金属的塑性：在变形过程中加工硬化发生的速度超过硬化解除的速度时（考虑变形热效应所发生的加工硬化解除）或金属处于脆性区域时，由于变形热效应的影响，变形物体的温度不断升高。在上述情况下，因为增加变形速度会使金属由高塑性的温度区域转变为低塑性的温度区，产生塑性降低的有害影响。

（2）变形速度增加时，在下述情况下会使金属的塑性增加：在变形时期金属的软化过程比加工硬化过程进行得快时，或金属处于塑性区域时，变形速度的增加产生了热效应，从而使金属的温度升高。在上述情况下，金属由脆性温度区转变为塑性温度区，而使金属的塑性提高。关于变形速度对塑性的影响，可用图 4-10 描述。

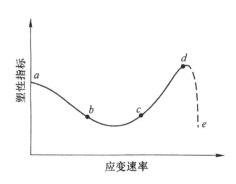

图 4-10 应变速率对塑性的影响

5. 变形力学图示对金属塑性的影响

应力状态图示的改变，将会在很大程度上改变金属的塑性，甚至会使脆性物体产生塑性变形，或使塑性很好的物体产生脆性破坏。当应力增强，特别是在显著的三向压应力状态下，由于三向压应力妨碍了晶间变形的产生，减小了晶间破坏的可能性。反之，当拉应力数值增大，数目增多，特别是在显著的三向拉应力状态下，由于增加了晶间破坏的可能性，而使塑性降低。

变形图示对塑性影响，如图 4-11 所示，以一个拉伸方向、两个压缩方向为有利于发挥物体塑性的条件。这是由于物体内的缺陷暴露面缩小，而降低了对塑性的危害作用。反之，两个拉伸方向、一个压缩方向是发挥物体塑性最差的变形图示。因为物体内部缺陷暴露面增大，而增加了对塑性的危害性。

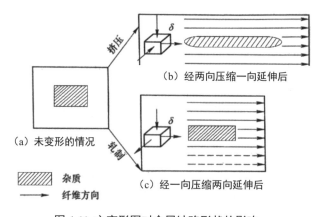

图 4-11 主变形图对金属缺陷形状的影响

6. 变形程度对塑性的影响

冷变形时，变形程度越大，加工硬化越严重，则金属塑性降低；热变形时，随着变形程度增加，晶粒细化且分散均匀，故使金属塑性提高。

4.2 塑性加工技术的原型

4.2.1 轧制成型

4.2.1.1 轧制的基本概念

轧制过程是指被轧制的金属体（轧件）受到旋转轧辊与其接触时的摩擦力作用，被曳入轧辊的缝隙间，再在轧辊压力作用下，在长、宽、高三个方向上完成塑性变形的过程。简而言之，轧制是指轧件由摩擦力拉入旋转轧辊之间，受到压缩进行塑性变形的过程。轧制使轧件具有一定的形状、尺寸和性能。

4.2.1.2 轧制设备

以钢材来说，轧制钢材的设备称为轧钢机（图 4-12）。轧钢机主要由三大核心部分组成：一是工作机座，这是直接参与钢材轧制的核心部件，由轧辊、轧辊轴承以及用于调整轧辊间距的压下装置等组成，是实现钢材塑形轧制的关键结构；二是机架，其作用是承受金属作用在轧辊上的全部压力；三是导卫装置，是一种用于引导、保护金属带材或棒材在轧制过程中稳定传输的装置，这三部分相互配合，共同完成钢材的轧制作业（图 4-13）。

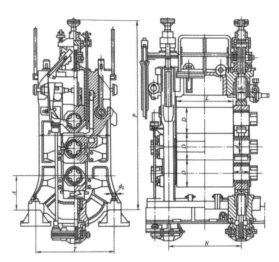

图 4-12 三辊式轧钢机工作机座结构图

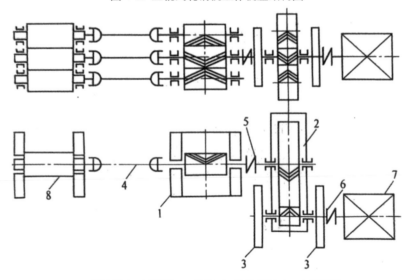

1—齿轮座 2—减速箱 3—飞轮 4—万向接轴 5—主连轴节

6—电动机联轴节 7—主电动机 8—工作机座

图 4-13 三辊式轧钢机主机列简图

（1）工作机座。在轧制加工中，轧辊是压缩成型的最重要部件，它直接与被加工的金属接触使其产生塑性变形。轧辊由辊身、辊颈和辊头三部分组成，如图 4-14 所示。辊身是轧制轧件的部位。根据轧制产品的断面形状，板材用圆柱形的平辊轧制，型材用带有特定孔型的型辊轧制。辊颈位于辊身两侧，是轧辊的支承部位。辊头是轧辊与联接轴相接，用以传递扭转力矩使轧辊旋转的部分。

（2）机架。机架是由组装轧辊用的两个铸铁或铸钢的牌坊所组成。它承受金属作用在轧辊上的全部压力，因此在强度和刚度上都对其有较高的要求。机架有闭口式和开口式两种（图 4-15）。闭口式机架主要用在轧制负荷大的初轧机和板材轧机上，而开口机架多用于像型钢、线材等那些经常换辊的轧机上。在机架上安装有支承辊颈部分的轧辊轴承、调整轧辊的压下装置和用来保持空载辊缝的平衡装置，以及把轧件正确导入孔型或者从孔型中导出的导卫装置等。

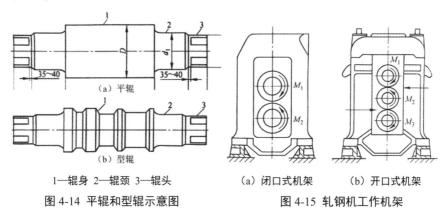

1—辊身　2—辊颈　3—辊头　　　　（a）闭口式机架　　（b）开口式机架

图 4-14　平辊和型辊示意图　　　　　图 4-15　轧钢机工作机架

（3）导卫装置。导卫装置是型钢轧机不可缺少的诱导装置。导卫装置的主要作用是把轧件正确地送入轧辊和引导轧件顺利地出轧辊，防止轧件扭转、旁弯和缠辊，在个别情况下有使金属变形和翻钢的作用。导卫装置按其作用分为入口导卫及出口导卫。构成导卫装置的主要零件有横梁、导板、夹板及夹板盒、卫板、导管、扭转导板、扭转辊及围盘。

导板的种类有很多，形状和结构最简单的要属平面导板。导板被固定在横梁上，作为轧件进入孔型或离开轧辊导向之用。卫板安装在轧件出口侧的横梁上，以使轧件能顺利地离开轧辊，使轧件不下弯也不上翘。简单卫板的形状与安装方法，如图 4-16 所示。

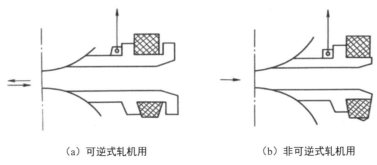

（a）可逆式轧机用　　　　　　　（b）非可逆式轧机用

图 4-16　卫板的形状与安装方式

轧制某些较大的简单断面型钢，仅需安装一块下卫板即可保证轧机安全工作；在很多轧制情况下，需同时安装上下卫板。轧制某些异形断面型钢，卫板的作用就更为突出和重要，此时为简化卫板的形状与安装，通常是将其做成若干小块分卫板，分别装在上、下轧槽的不同部位。这些部位应该是轧件脱槽有困难而容易引起缠辊的地方，如孔型的闭口部分等。

近代，有些小型轧机的使用结构比较紧凑，设计了比较合理的滚动导板盒，使用效果很好。图 4-17 为一种轧制圆钢使用的滚动导板盒。在由水平机座组成的连轧上，轧件由一架轧机进入另一架轧机时，在其间有时需要进行 90° 或 45° 翻钢，就在前一架轧机轧件的出口处采用扭转辊（轧件断面大时）或扭转管（断面小或速度低时）将轧件扭转某一角度使轧件在前进过程中陆续进行翻转，直至进入下一架轧机时正好翻转成所需角度。大的扭转辊须安装在轧机前面的专门框架上，如图 4-18 所示。

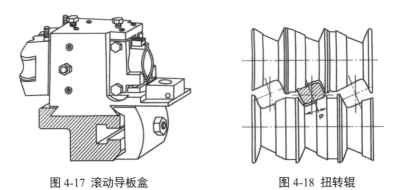

图 4-17　滚动导板盒　　　　　　　图 4-18　扭转辊

（4）齿轮机座。齿轮机座是把电动机的动力传递分配到各个轧辊上，使轧辊互相朝着相反方向旋转的装置。二辊或四辊式轧机的齿轮机座有两个齿轮，而三辊式轧机的齿轮机座有三个齿轮。通常是由直径相等的人字齿轮所组成，这些人字齿轮传动比为 $i=1$。二辊或四辊式轧机的齿轮机座下齿轮是主动的，三辊式轧机的齿轮机座中齿轮或下齿轮是主动的。

（5）联接轴和联轴节。联接轴用于将转动从电动机或齿轮机座传递给轧辊，或从一个工作机座的轧辊传递给另一工作机座的轧辊。联轴节的用途是将主机列中的传动轴连接起来，有连接电动机轴与减速箱轴的电动机联轴节和连接减速箱轴与齿轮机座轴的主联轴节之分。

（6）轧钢机用主电机。轧钢机动力逐步地由水力—蒸汽—电力发展起来。现代轧钢机上所使用的电动机一般分为感应电动机、同步电动机和直流电动机三大类，无论在电动控制上还是在机械控制上均备有完全耐用的大容量特殊控制装置。根据轧制的运转状态，电动机还可分为不变速、变速可逆和变速不可逆等。

4.2.2　挤压成型

4.2.2.1　挤压的基本概念和适用范围

挤压是由挤压杆（又称挤压轴）对放在挤压筒中的锭坯施加压力，使锭坯通过挤压模孔成型的一种压力加工方法。整个挤压过程包括以下工序：清理筒、装模、落锁键、送锭、放垫片、挤压、抬锁键、切压余及冷却（润滑）工具。

用挤压方法生产，可以得到品种繁多的制品，如断面形状比较简单的管、棒、型、线产品，以及断面形状变化的（沿制品全长断面形状发生阶段性变化）极其复杂的型材和管材。它早已用于生产有色金属的管材和型材，尤其是在轻合金（特别是铝合金）工业体系中占有特殊地位。并且由于成功地使用了玻璃润滑剂而开始用于黑色金属（钢铁）产品。这些制品广泛地应用在国民经济的各个部门中，如电力、机械制造、造船、电讯仪表、建筑、航空和航天以及国防工业等。

4.2.2.2　挤压成型的基本方法

挤压方法有许多，并且可以根据不同的特征进行分类。根据变形温度分为热挤压、冷挤压、温挤压和等温挤压；根据变形特征分为正（向）挤压、反（向）

挤压，这是挤压最基本的方法，如图 4-19 所示。此外，还包括侧向挤压、连续挤压及特殊挤压。

正挤压是铝合金材料压力加工中最广泛使用的方法之一。在正挤压时，金属的流动方向与挤压杆的运动方向相同，如图 4-19（a）所示，其最主要的特征是：挤压过程中挤压筒固定不动，锭坯在挤压杆作用下沿挤压筒内壁移动，因此锭坯与挤压筒内壁间有相对滑动，所以二者间存在着很大的外摩擦力。一般，摩擦阻力占挤压力的 30%~40%，导致能耗大；正挤压时在挤压筒壁和锭坯之间存在很大摩擦力，使金属流动不均匀，因此产生组织和性能的不均匀性，使得缩尾增长，几何废料多；挤压力比反挤压高 30%~40%。正挤压具有以下优点：灵活性大，在设备结构、工具装配和生产操作等方面相对简单，制品表面质量好等。

在反挤压时，金属的流动方向与挤压杆的运动方向相反，如图 4-19（b）所示。前挤压杆 3 是固定不动的空心挤压杆，它的前端由挤压机的前梁支承，空心挤压杆的后端与模具相接。模具 2 放在挤压筒 1 的里面，锭坯 4 放在挤压筒 1 中。后挤压杆推动锭坯和挤压筒前进，使锭坯 4 通过模具 2，可挤成制品 5。所以，实现反挤压的最基本要求是：挤筒可动，也就是说在挤压过程中，锭坯和挤压筒间没有相对滑动。因此，具有挤压力小（通常挤压力比正挤压力小 30%~40%）、挤压速度高、金属流动均匀、制品组织性能匀、几何废料少等特点。但是，反挤压具有制品表面质量欠佳（常产生分层缺陷）的缺点。反向挤压主要用于铝及铝合金管材与型材、无粗晶环材的挤压成型。

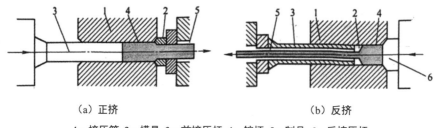

（a）正挤　　　　　　　　　　　　（b）反挤

1—挤压筒　2—模具　3—前挤压杆　4—锭坯　5—制品　6—后挤压杆

图 4-19 挤压的基本方法

其他的一些挤压方法，如侧向挤压主要用于电线、电缆等各种行业复合导线的成型，以及一些特殊包覆材料成型。连续挤压时坯料与工具表面的摩擦发热较为显著，因此，对于低熔点的铝及铝合金，不需要进行外部加热即可使变形区的温度上升至 400~500 ℃而实现热挤压。连续挤压适合铝包钢电线等包覆材料，小断面尺寸的铝及铝合金线材、管材、型材的成型。

采用不同的挤压方法对挤压过程、产品质量和生产效率等都有着极大的影响。各种挤压方法在生产铝及铝合金管、棒、线材中的应用如表 4-1 所示。

表 4-1　各种挤压方法在生产铝及铝合金管、棒、线材中的应用情况

挤压方法	制品种类	所需设备特点	对挤压工具的要求
正挤压法	棒材	不带有穿孔系统的棒材挤压机	普通挤压工具
	管材、棒材	不带有穿孔系统的棒材挤压机	舌形模、组合模或随动针
		带有穿孔系统的管、棒材挤压机	固定针
		带有穿孔系统的管、棒材挤压机	专用工具
		带有长行程挤压筒的棒材挤压机	专用工具
		带有长行程挤压筒、有穿孔系统的管、棒材挤压机	专用工具
反挤压法	管材、棒材	专用反挤压机	专用工具
正反向联合挤压法	管材、棒材	带有穿孔系统的管、棒材挤压机	专用工具
连续挤压	管材	连续挤压机	专用工具
冷挤压	高精度管材	冷挤压机	专用工具

4.2.2.3 挤压成型的特点

随着科学技术的不断进步和国民经济的飞速发展，使用部门对轻合金产品的尺寸、精度、形状、表面粗糙度等质量指标提出了新的要求，采用挤压生产轻合金产品比用轧制、锻造等其他压力加工方法有更好的优越性和可靠性。对于重有色金属材料（特别是铜合金）来说，挤压也是生产管材、棒材的主要方法。此外，由于成功地使用玻璃润滑剂，挤压方法也用于生产钢铁制品。尤其在生产薄壁和超薄壁的复杂断面管材、型材以及脆性材料方面，有时候挤压是唯一可行的方法。

作为生产管、棒、型材以及线坯的挤压法与其他加工方法（如型材轧制和斜轧穿孔）相比具有以下优点：

（1）具有比轧制更为强烈的三向压应力状态，金属可以发挥其最大塑性。因此可以加工用轧制或锻造加工有困难甚至无法加工的金属材料。对于要进行轧制或锻造的脆性材料，如钨和钼等，为了改善其组织和性能，也可采用挤压

法先对锭坯进行开坯。

（2）挤压法不只可以在一台设备上生产形状简单的管、棒和型材，而且还可以生产断面极其复杂的，以及变断面的管材和型材。这些产品一般用轧制法生产非常困难，甚至是不可能的，或者虽可用滚压成型、焊接和铣削等加工方法生产，但是很不经济。

用挤压法生产的典型挤压材的横截面形状如图 4-20 所示。

图 4-20 典型挤压材的横截面形状

（3）具有极大的灵活性。在同一台设备上能够生产出很多的产品品种和规格。当从一种产品或规格改换成另一种产品或规格的制品时，操作极为方便、简单，只需要更换相应的模具即可。挤压法除了可生产实体金属制品外，还可以生产金属粉末、颗粒挤压型材，及生产双金属、多层金属以及复合材料等制品。

（4）产品尺寸精确，表面质量高。热挤压制品的精确度和粗糙度介于热轧与冷轧、冷拔与机械加工之间。

（5）实现生产过程自动化和封闭化比较容易。目前建筑铝型材的挤压生产线已实现完全自动化操作，在生产一些具有放射性的材料时，挤压生产线比轧制生产线更容易实现封闭化。

挤压法在具有上述优点的同时，还存在以下缺点：

（1）金属的固定废料损失较大。在挤压终了时要留压余且有挤压缩尾，在挤压管子时还有穿孔料头的损失。压余量一般可占锭坯重量的 10%~15%；此外，正挤压时锭坯长度受到一定限制，一般锭长与直径之比不超过 4；不能通过增大锭坯长度来减少固定的压余损失，故成品率较低。而用轧制法生产时没有此种固定废料，轧件的切头尾损失仅为锭重的 1%~3%。

（2）加工速率低。挤压时的一次变形量和金属与工具间的摩擦力都很大，且塑性变形区又完全为挤压筒所封闭，使金属在变形区内的温度升高，从而有可能达到某些合金的脆性区温度，会引起挤压制品表面出现裂纹或开裂而成为废品。因此，金属流出速度受到一定限制。而在轧制时，由于道次变形量和摩擦都比较小，因此生成的变形热和摩擦热均不大。在此条件下，金属由塑性区温度升高到脆性区温度的可能性非常小，所以一般金属的轧制速度实际上不受限制。此外，在一个挤压周期中，由于有较多的辅助工序，占用时间较长，生产率比轧制低。

（3）沿长度和断面上制品的组织和性能不够均一，这是由于挤压时锭坯内外层和前后端变形不均匀所致。

（4）工具消耗较大。挤压法的突出特点就是工作应力高，可达到金属变形抗力的 10 倍、挤压垫上的压力平均为 400~800 MPa，甚至更高。此外，在高温和高摩擦力的作用下，挤压工具的使用寿命比轧辊低很多。同时，由于加工制造挤压工具的材料皆为价格昂贵的高级耐热合金钢、钨，所以对挤压制品的成本有较大影响。

4.2.2.4 挤压成型工艺

现代化挤压成型技术在铝及铝合金的研制生产中得到了极其广泛的应用。由于铝及铝合金棒、线材为实心制品，沿其纵向全长为等横断面形状，且尺寸精度较低，可通过挤压方式直接获得，其工艺流程较简单，如图 4-21 所示。具体工艺流程还应根据合金状态品种、规格、质量要求、工艺方法及设备条件等因素，按具体条件合理选择、制定。

铝及铝合金管材的生产方法很多，但使用的范围相差较大。如采用分流模生产的有缝管材，只能应用于对焊缝没有要求的民用管材；而对焊缝有要求的需要承受一定压力的管材，则需要采用穿孔挤压方式生产无缝管材。对尺寸精度要求高的管材，需采用轧制或拉伸的方式生产。应用最广泛的仍是挤压。

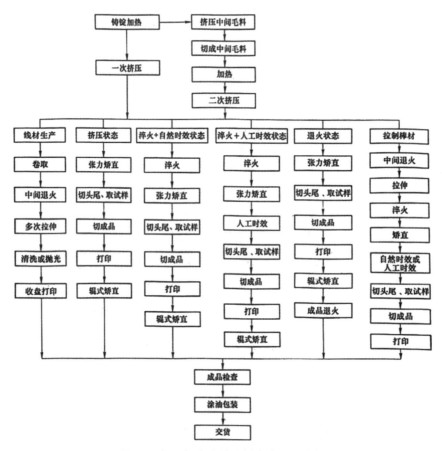

图 4-21 铝及铝合金棒线材生产工艺流程

4.2.3 拉拔成型

4.2.3.1 拉拔成型的基本概念和适用范围

拉拔又称为拉伸，它是指在外加拉拔力作用下，使金属通过面积逐渐变小的模孔，从而获得圆形或异形断面制品的一种金属压力加工方法，如图 4-22 所示。

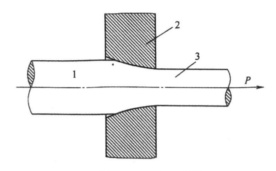

1—坯料　2—模子　3—制品

图 4-22　拉拔示意图

拉拔广泛用于生产管材、棒材、型材以及线材等制品，可以生产极细的金属丝及毛细管。尤其是当线材的直径小于 5.5 mm 时，就要用多次冷拔的方法得到钢丝。拉拔制品有收绕成卷的丝材，还有直条的制品，如圆形、六角形、正方形的型材、异型材，以及各种断面尺寸大的稍粗一点的管材。

拉拔成型是一种塑性冷加工成型方法，有利于金属的晶粒细化，提高了产品的综合性能，且所用的生产工具与设备简单，维护方便。拉拔成型能获得高精度和高表面质量，能节约材料，在当今注重资源节约的发展时代，拉拔技术变得越来越重要，其应用也越来越广泛。

4.2.3.2　拉拔的基本方法

拉拔按制品截面形状分为实心材拉拔与空心材拉拔。

（1）实心材拉拔。实心材包括线材、棒材和型材。实心材拉拔是由实心断面坯料拉拔成各种规格和形状的棒材、型材及线材。其中拉拔圆断面丝材的过程最为简单。

（2）空心材拉拔。空心材拉拔主要包括管材及空心异型材的拉拔。按照拉拔时管坯内部是否放有芯棒分为空拉（无芯棒拉拔）和衬拉（带芯棒拉拔），而衬拉又包括长芯杆拉拔、固定短芯头拉拔、游动芯头拉拔、顶管法、扩径法，如图 4-23 所示。

① 空拉。拉拔时管坯内部不放置芯头，通过模子后外径减缩，管壁一般略有变化。依据变形条件的不同，到达出口端，管材的最终壁厚可发生增壁、减壁和壁厚不变三种情况，如图 4-23（a）所示。经多次空拉的管材，内表面粗

糙，严重者产生裂纹。

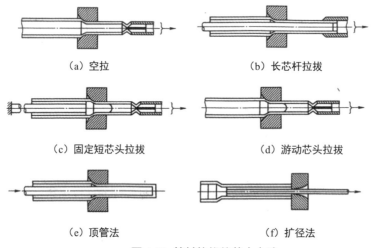

（a）空拉   （b）长芯杆拉拔

（c）固定短芯头拉拔   （d）游动芯头拉拔

（e）顶管法   （f）扩径法

图 4-23 管材拉拔的基本方法

② 长芯杆拉拔。管坯中套入长芯杆，拉拔时芯杆随同管坯通过模子，实现减径和减壁，如图 4-23（b）所示。与固定短芯头相比，长芯杆拉拔的拉伸力小，下降 15%~20%；允许采用较大延伸系数。

③ 固定短芯头拉拔。此法在管材拉拔中应用最为广泛，如图 4-23（c）所示。拉拔时将带有短芯头的芯杆固定，管坯通过模孔实现减径与减壁，且提高了管材的力学性能及表面质量。该方法的特点是拉拔力比空拉大，管子变形比较均匀，易产生（管子内表面）明暗交替环状纹络和纵向壁厚不均。

④ 游动芯头拉拔。拉拔时借助芯头所特有的外形建立起来的力平衡使它稳定在变形区中，并和模孔构成一定尺寸的环状间隙，如图 4-23（d）所示。此法较为先进，非常适用于长度较大且能成卷的小管。该方法具有拉拔速度高、道次变形量大、改善小直径管材的内表面质量、可降低拉拔力 2.5%~3%、可生产薄壁大直径管材等优点。但与固定短芯头拉拔相比，游动芯头拉拔的工艺条件与技术水平要求较高。

⑤ 顶管法。此法又称为艾尔哈特法，将长芯杆套入带底的管坯中，靠施加在顶杆上的顶力完成拉拔。操作时，管坯连同芯杆一同由模孔中被顶出，对管坯外径和内径的尺寸进行加工，如图 4-23（e）所示。该方法用于生产大直径管。

⑥ 扩径法。管坯通过扩径后,直径增大,壁厚和长度减小,如图 4-23 (f) 所示。这种方法主要是在设备能力受到限制而不能生产大直径的管材时采用。芯头的直径大于管坯直径,靠芯头运动把管坯直径扩大。

拉拔过程一般在冷状态下进行,但对一些在室温强度高、塑性极差的金属材料,如某些合金钢、铍、钨、钼等,常采用温拔。此外,对于具有六方晶格的锌和镁合金,为了提高其塑性,也须采用温拔。

4.2.3.3 拉拔成型的特点

拉拔方法与其他加工方法相比:制品尺寸精确,表面精度高;工具设备简单,产品品种、规格多;适用于高速连续生产小断面长制品,如线材、管材的盘拉。但是拉拔也具有一些缺点,如每道次变形量不能过大,两次退火间总变形量也不宜过大,否则会拉断制品,从而使拉拔道次增多,中间退火、酸洗次数增多,制作夹头(打头)的次数增多,成品率、生产率降低,能量消耗较大。

4.2.3.4 拉拔成型工艺

一般坯料需要几次拉拔才能获得所需要的外形尺寸、力学性能和表面质量的优良产品。其生产工艺流程如下:

坯料准备→酸洗→轧头→拉拔→退火→酸洗→精整→检验→入库

一般拉拔材的坯料通常是轧制材、挤压材和锻压材。酸洗工序的目的是去除拉拔制品表面因热处理而产生的氧化皮及存放期间产生的铁锈。轧头的目的是将坯料头部打细,便于坯料穿过拉拔模孔。退火工序的目的是减小坯料的加工硬化,恢复材料的塑性。精整工序是为了使拉拔制品的尺寸达到成品尺寸的要求。

线材和拉制棒材因尺寸精度高,通过挤压方式获得的尺寸精度无法满足成品要求,需进行后续冷加工工艺,要通过拉伸模控制最终的产品尺寸精度,其生产工艺流程相对复杂。钢丝的生产工艺流程如图 4-24 所示。

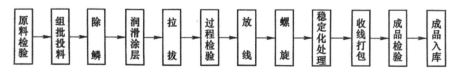

图 4-24 钢丝拉拔生产工艺流程

4.2.4 锻造成型

4.2.4.1 锻造成型的概念、特点及应用范围

1. 概念及特点

锻造是一种借助工具或模具在冲击或压力作用下加工金属机械零件或零件毛坯的方法。与其他加工方法相比，锻件具有最佳的综合力学性能，且件与件之间性能变化小，其内部质量与加工历史有关。图 4-25 示意了铸造、机械加工、锻造三种金属加工方法得到的零件的低倍宏观流线。

（a）铸造　　　　（b）机械加工　　　　（c）锻造

图 4-25 三种金属加工方法得到的零件的低倍宏观流线

锻造与其他加工方法比较具有如下特点：

（1）锻件质量比铸件高。锻件能承受大的冲击力作用，塑性、韧性和其他方面的力学性能也都比铸件高甚至比轧件高，所以凡是一些重要的机器零件都应当采用锻件。这是因为通过锻造发生塑性变形后，消除了铸件的内部缺陷，如锻（焊）合空洞，压实疏松，打碎碳化物、非金属夹杂并使之沿变形方向分布，改善或消除成分偏析等，得到了均匀细小的低倍和高倍组织。而铸件的抗压强度虽然较高，但韧性不足，难以在受拉应力较大的条件下使用。

（2）锻件质量比机械加工件高。机械加工方法获得的零件，尺寸精度最高，表面光洁，但金属内部流线往往被切断，容易造成应力腐蚀，承载抗压交变应力的能力较差。

（3）节约原材料。例如汽车上用的净重 17 kg 的曲轴，采用轧制坯切削加工时，切屑要占轴重的 89%；而采用模锻坯切削加工时，切屑只占轴重的 30%，还能缩短加工工时的六分之一。

（4）生产效率高。例如采用两台热模锻压力机生产径向止推轴承，可以代替 30 台自动切削机床；采用顶锻自动机生产 M24 螺帽时，为六轴自动车床生产率的 17.5 倍。

（5）自由锻造适合于单件小批量生产，灵活性比较大，在一般机修工厂中

都少不了自由锻造。

但是，锻造生产也存在以下缺点：不能直接锻造成形状复杂的零件，锻件的尺寸精度不够高，锻造所需的重型机械设备和复杂的工模具对于厂房基础要求较高，初次投资费用大。

2. 应用范围

锻造在机器制造业中有着不可替代的作用，一个国家的锻造水平可反映出这个国家机器制造业的水平。在机械制造等工业中，对于负荷大、工作条件严格、强度要求很高的关键部件，只可用锻造方法制作毛坯后才能进行机械加工。如大型轧钢机的轧辊、人字长轮，汽轮发电机组的转子、叶轮、护环，巨大的水压机工作缸和立柱，机车轴，汽车和拖拉机的曲轴、连杆等，航空发动机上的大型承力框架件、叶片、轮盘等都是锻造加工而成的。至于重型机械制造中所要求重达 150 ~ 200 t 以上的部件，则更是其他压力加工方法望尘莫及的。

随着科学技术的发展和工业化程度的日益提高，需求锻件的数量更是逐年增长。

4.2.4.2 锻造成型工艺

锻造工艺在锻件生产中发挥着重大作用。对于同一锻件，不同的工艺规程会产生不同的效果：锻件质量（指形状、尺寸精度、力学性能、流线等）有很大差别，使用设备类型、吨位也相差甚远。有些特殊性能要求只能靠更换强度更高的材料或新的锻造工艺解决。工艺流程安排恰当与否，不仅影响质量，还影响锻件的生产成本。最合理的工艺流程应该是得到的锻件质量最好、成本最低、操作简单方便，而且能充分发挥出材料的潜力。

不同的锻造方法有不同流程，一般自由锻锻件生产工艺过程为：下料→坯料加热→依锻造设备（锻锤 / 液压），通过镦粗、拔长、冲孔、芯轴拔长 / 扩孔等工序锻造成型，若为环形件还可用扩孔机加工，径向锻造机用于变截面轴锻造；之后经冷却、锻件检验，按需热处理；过程中涉及钢锭锻造辅助工序（压钳把、倒棱等）及修整工序（鼓形滚直、端面压平等），最终得到锻件毛坯 。例如，锤上或水压机锻造空心锻件，可参考图 4-26 流程。

在采用不同的锻造方法生产时，以热模锻的工艺流程最长，一般顺序为：锻坯下料→锻坯加热→辊锻备坯→模锻成型→切边→中间检验（检验锻件的尺寸和表面缺陷）→锻件热处理（用以消除锻造应力，改善金属切削性能）→清理（主要是去除表面氧化皮）→校正，其流程图如图 4-27 所示。

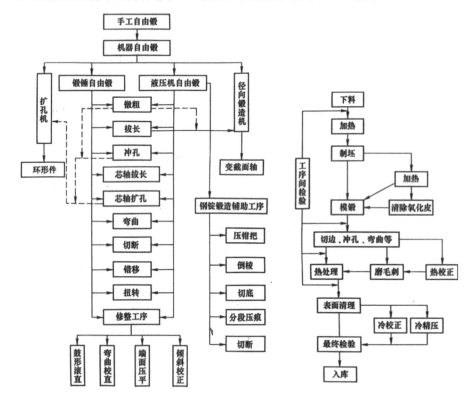

图 4-26 自由锻造方式及各种工序关系　　图 4-27 热模锻工艺流程图

4.2.5 冲压成型

4.2.5.1 冲压成型的概念、特点及应用范围

1. 概念及特点

冲压是利用安装在冲压设备（主要是压力机）上的模具对材料施加压力，使其产生分离或塑性变形，从而获得所需零件（俗称冲压件或冲件）的一种压力加工方法。冲压通常是在常温下对材料进行冷变形加工，且主要采用板料来加工所需零件，所以也叫冷冲压或板料冲压。冲压是材料压力加工或塑性加工的主要方法之一。

冲压所使用的模具称为冲压模具，简称冲模。冲压工艺与模具、冲压设备和冲压材料是冲压加工的三要素，它们之间的关系如图 4-28 所示。冲压加工过程是靠冲压模具和设备共同来完成的。

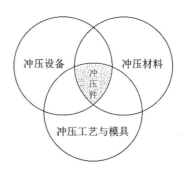

图 4-28　冲压的加工要素

冲压件与铸件、锻件相比，具有薄、匀、轻、强的特点，冲压可制出其他方法难于制造的带有加强筋、肋、起伏或翻边的工件，以提高其刚性。由于采用精密模具，工件精度可达微米级，且重复精度高、规格一致，可以冲压出孔窝、凸台等。冷冲压件一般不再经切削加工，或仅需要少量的切削加工。热冲压件精度和表面状态低于冷冲压件，但仍优于铸件、锻件。

与机械加工及塑性加工的其他方法相比，冲压加工无论在技术方面还是经济方面都具有许多优点。主要表现如下：

（1）冲压加工的生产效率高，且操作方便，易于实现机械化与自动化。这是因为冲压是依靠冲模和冲压设备来完成加工，普通压力机的行程次数为每分钟几十次，高速压力每分钟可达数百次甚至千次以上，而且每次冲压行程可得到一个冲件。如大型冲压件（如汽车覆盖件）的生产效率可达每分钟数件，高速冲压的小件则可达千件。由于所用坯料是板材或带卷，往往又是冷态加工，则容易实现机械化和自动化。

（2）模具保证了冲压件的尺寸与形状精度，且一般不破坏冲压件的表面质量，而模具寿命一般较长，所以冲压件的质量稳定，互换性好，具有"一模一样"的特征。

（3）冲压可加工出尺寸范围较大、形状较复杂的零件，如小到钟表的秒针，大到汽车纵梁、覆盖件等，加上冲压时材料的冷变形硬化效应，冲压件的强度和刚度均较高。

（4）冲压一般没有切屑碎料生成，材料的消耗较少，且不需其他加热设备，因此是一种省料、节能、成本低的加工方法。如冲压生产的材料利用率一般可达 70%~85%。

由此可见，冲压能集优质、高效、低能耗、低成本于一身，这是其他加工方法不能与之媲美的。

2. 应用范围

冲压成型的应用范围很广，它不仅可以冲压金属板材，而且可以冲压非金属材料，如木板、皮革、硬橡胶、云母片、石棉板、硬纸板等；不仅能制造很小的仪器仪表零件，而且能制造如汽车大梁等大型部件；不仅能制造一般精度和形状的零件，而且能制造高级精度和复杂形状的零件。因此，在汽车、农机、仪器、仪表、电子、航空、航天、家电及轻工业等行业，冲压件所占的比例都相当大，少则 60% 以上，多则 90% 以上。在这些工业部门中，常用冲压方法制造各种构件、器皿和精细零件，尤其是在大批量生产中的应用十分广泛。

4.2.5.2 冲压成型工艺

一个冲压件往往需要经过多道工序才能完成，所以冲压件的生产过程通常包括原材料的准备、各种冲压工序的加工和其他必要的辅助工序（如退火、酸洗、表面处理等）。对于某些组合件或精度要求较高的冲压件，还需经过切屑加工、焊接或铆接等才能完成制造的全过程。

制定冲压工艺的过程就是针对某一具体的冲压件恰当地选择各工序的性质，正确确定坯料尺寸、工序数量和工序件的尺寸，合理安排各种冲压工序及辅助工序的先后顺序及组合方式，以确保产品质量，实现高生产率和低成本生产。例如，汽车覆盖件的冲压成型工艺流程为：落料→拉延→修边/冲孔→整形，具体的生产工艺流程图如图 4-29 所示。

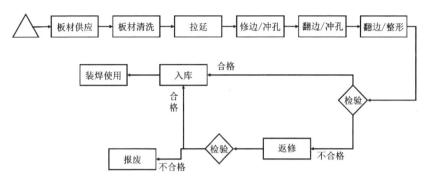

图 4-29 汽车覆盖件的冲压成型工艺流程图

4.3 金属材料短流程加工技术与创新

4.3.1 薄板坯连铸连轧技术与创新

4.3.1.1 CSP 技术

CSP（compact strip production）技术由德国西马克开发，在其 1986 年所申请的专利 ES2029818 中就已经提出采用 3~4 个机架的轧机与连铸工序进行连接的工艺思想，如图 4-30 所示。在 1988 年所申请的专利 EP0327854 中提出了一种轧制带钢的方法和装置，可以看到 CSP 技术的原型。

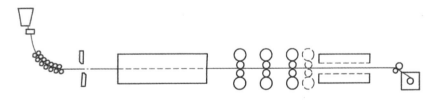

图 4-30 西马克专利 ES2029818 的产线布置

1989 年 7 月，全球第一条 CSP 产线在美国纽柯的克劳福兹维尔厂建成投产，随后在美国纽柯的希克曼厂、伯克利厂、加勒廷厂，以及韩国的现代制铁唐津厂、西班牙的希尔沙厂、德国的蒂森克虏伯杜伊斯堡厂等也成功实现了工业化应用。另外，我国的广州珠江钢铁、邯郸钢铁、包头钢铁、涟源钢铁和中国宝武等薄板坯连铸连轧生产线采用的也是 CSP 技术。

典型 CSP 产线的布置示意图如图 4-31 所示。CSP 是最早实现工业化应用的薄板坯连铸连轧技术，与传统的热轧制造技术相比，其工艺特点主要表现在以下几个方面：

（1）基于近终形制造的初衷，采用薄板坯连铸，铸坯厚度一般为50~70 mm，并且为了实现薄板坯连铸，采用漏斗形结晶器，利于浸入式水口的插入和保护渣的熔化，改善产品表面质量。

（2）基于提高工序连续性的初衷，连铸与轧机之间采用辊底式均热炉进行衔接。

（3）由于铸坯厚度减薄，轧机机架数量有所减少，初期基本完全取消粗轧。

（4）由于除鳞道次减少，为保证产品的表面质量，采用高压除鳞技术，除鳞水压力达到40 MPa，并减少喷嘴与板坯的间距。

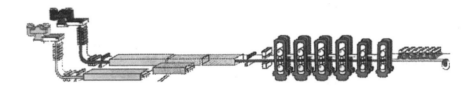

图4-31 典型CSP产线的布置示意图

4.3.1.2 ISP技术

ISP（inline strip production）技术由德国德马克开发，是其在1982年公开的专利US4698897中提到的一种用连铸坯生产热轧钢带的方法。该方法是先把连铸扁坯卷成坯卷，经加热后在轧机前把坯卷打开并按最终要求的截面尺寸轧制成材。1988年专利EP0369555则公开了一种与连铸机联机的热轧设备和热轧方法。1995年公开的专利JP3807628中提到了一种具有冷轧性能的带钢制造方法和设备，如图4-32所示。该方法采用了类似ISP工艺的设计。

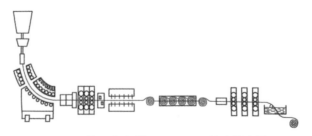

图4-32 德马克专利JP3807628的产线布置

1992 年 1 月，全球第一条 ISP 产线在意大利阿维迪建成投产，随后在荷兰霍戈文厂、韩国光阳厂和俄罗斯耶弗拉兹里贾纳厂也成功实现了工业化应用。典型的 ISP 产线布置示意图如图 4-33 所示，其工艺特点主要表现在以下几个方面：

（1）连铸之后首次直接采用液芯压下和固相铸轧技术，这是 ISP 最突出的技术特征。

（2）不采用长的均热炉，而是采用克日莫纳炉（热卷箱）对中间坯进行补热，生产线布置紧凑，产线长度仅为 180 m 左右。

（3）结晶器最初采用平行板形，由于薄片形水口寿命低、铸坯表面质量问题等原因，后来将其优化为带有小鼓肚的橄榄球形，也称为小漏斗形。

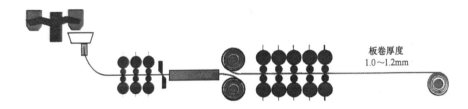

板卷厚度
1.0~1.2mm

图 4-33　典型 ISP 产线的布置示意图

4.3.1.3　CONROLL 技术

CONROLL（continuous rolling）技术由奥地利奥钢联（VAI）开发，其在 1990 年申请的专利 AT396559 提出了一种紧跟薄板坯连铸的轧机布置方法，在 1993 年公开的专利 US5964275 中也提到了一种用于生产带钢、薄板坯或初轧板坯的方法，这是 CONROLL 技术的原型。1995 年 4 月，全球第 1 条 CONROLL 产线在美国阿姆科（Armco）钢铁公司曼斯菲尔德（Mansfeld）钢厂（现为美国 AK 钢铁公司曼斯菲尔德钢厂）建成投产，随后在奥地利奥钢联林茨厂、瑞典谢菲尔德公司阿维斯塔厂和捷克的诺瓦胡特（NovaHut）厂也成功实现了工业化生产。

典型的 CONROLL 产线布置示意图如图 4-34 所示，其工艺特点主要表现在以下几个方面：

（1）CONROLL 技术最主要的工艺思想是既要获得近终形制造所带来的优势，又要尽可能避免铸坯过薄带来的铸坯质量和结晶器的问题，因此其铸坯厚度选择的是 75~125 mm 的中薄板坯。

（2）主要工艺装备全部采用成熟技术，如连铸采用传统的平行板形结晶器、超低头弧形连铸机，均热炉采用传统的步进式加热炉等。

图 4-34 典型 CONROLL 产线的布置示意图

4.3.1.4 QSP 技术

QSP（quality slab production）技术由日本住友公司开发，其在 1985 年所申请的专利 JPS6289502 中提出了一种薄板坯连铸连轧的方法，由连铸机生产的 90 mm 厚的薄板坯经剪切、加热、轧制、卷取、保温、开卷后再进行热轧，最后形成带材进行卷取。1993 年公开的专利 JPH07164002 中提到了在薄板坯连铸连轧装置中使用森吉米尔式轧机生产带材的方法。1996 年全球第一条 QSP 工业化产线在美国北极星钢厂（North Star BHP Steel）建成投产，第二条产线于次年在美国特瑞柯钢厂（当时是住友金属、英钢联和 LTV 的合资公司，位于美国亚拉巴马州）正式运行。1999 年泰国 G 钢铁投资建设了一条 QSP 产线。

典型的 QSP 产线布置示意图如图 4-35 所示。其工艺设计思想与 CONROLL 产线类似，采用的也是中薄板坯，平行板形结晶器，铸坯厚度为 70/90 mm 或 80/100 mm。与 CONROLL 产线不同的是，它采用的是辊底式均热炉，并且粗轧之后采用热卷箱进行补热。

图 4-35 典型 QSP 产线的布置示意图

4.3.1.5 FTSR 技术

FTSR（flexible thin slab rolling）技术由意大利达涅利开发，其在 1987 年所申请的专利 ES2030453 及 FR2612098 中就分别公开了其自主开发的薄板坯连铸用结晶器和薄板坯连铸设备。1993 年在专利 KR100263778 中提出了一种用于连续铸造薄板坯的凸透镜形结晶器。1994 年在专利 BRPI9401981 中提出了一种带材和/或板材生产线工艺。该生产线包括薄或中等厚度的板坯连铸机、剪切机、加热系统、轧机和冷却系统等，加热系统包括一台电磁感应加热炉，其后设有除鳞机和隧道炉；一台应急剪切机以及隧道炉和轧机之间的高压除鳞机。1997 年，全球第一条 FTSR 产线在加拿大安大略省的阿尔戈马（Algoma）钢铁公司（现为印度埃萨钢铁公司阿尔戈马厂）建成投产，目前全世界共有 9 条此种技术类型的薄板坯连铸连轧产线。

典型的 FTSR 产线布置示意图如图 4-36 所示，其工艺特点主要表现在以下几个方面：

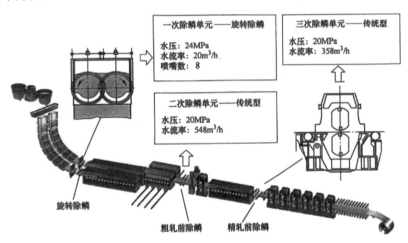

一次除鳞单元——旋转除鳞
水压：24MPa
水流率：20m³/h
喷嘴数：8

三次除鳞单元——传统型
水压：20MPa
水流率：358m³/h

二次除鳞单元——传统型
水压：20MPa
水流率：548m³/h

旋转除鳞　　粗轧前除鳞　　精轧前除鳞

图 4-36 典型 FTSR 产线的布置示意图

（1）采用了达涅利薄板坯连铸机的核心技术——H^2 漏斗形结晶器。H^2 的含义是高可靠性和高灵活性（high reliability and high flexibility），这种结晶器呈凸透镜形，使变形区穿过整个结晶器，进入到扇形段，使坯壳的变形更加缓慢，坯壳附加的内应力更小。这种结晶器通常也被称为长漏斗形结晶器。

（2）为改善产品的表面质量，采用多点除鳞，在铸机输出辊道出口采用旋转除鳞，另外在粗轧机和精轧机前还各有一道高压水除鳞。

4.3.1.6 ASP 技术

ASP（anshan strip production）技术是由我国鞍钢研发的具有自主知识产权的技术。1999 年鞍钢在原有 1 700 mm 热连轧产线的基础上，将旧设备改造后与新建的中等厚度板坯连铸机和步进式加热炉一起组成 ASP 产线，于 2000 年正式投产。后来又在鞍钢内部和济钢进行推广应用，目前国内共有 4 条此种技术类型的中薄板坯连铸连轧产线，典型的产线布置示意图如图 4-37 所示。ASP 技术也是采用中薄板坯的工艺思想，主要工艺装备大多采用比较成熟的技术。

图 4-37 典型 ASP 产线的布置示意图

4.3.1.7 ESP 技术

ESP（endless strip production）技术由意大利阿维迪开发，早在 1990 年其与荷兰霍戈文共同申请的专利 FI98896 中就提出了一种用连铸连轧的方法生产厚度尽可能小的热轧带钢的方法。这种方法的关键点是从结晶器中引出的铸坯在液芯的状态下先进行一次成形，在液芯完全凝固后再进行一次成形，在此之后，将中间坯进行加热、卷取，然后再进行热精轧工序。另外，在其 1993 年公开的专利 US5307864 中，也提出了板坯经粗轧后进入加热炉，然后除鳞、卷取后进入精轧机，并且采用电磁感应加热装置对中间坯进行补热。这些工艺特点已经基本勾勒出了 ESP 技术的原型。2008 年 12 月 23 日，世界上第一条 ESP 产线在意大利阿维迪开始热试，2009 年 2 月底生产出第一卷钢，2009 年 6 月开始工业化生产。我国日照引进此项技术，目前已经有 4 条建成投产，另有 1 条待建。

典型的 ESP 产线布置示意图如图 4-38 所示。其工艺特点主要表现在以下几个方面：

（1）首次实现了从钢水到地下卷取机整个制造过程的全连续，真正意义上实现了带钢的全无头轧制，这是 ESP 相对于其他技术类型最大的技术创新和突破。

（2）因为采用全无头轧制，因此只能 1 流连铸机对 1 套热轧机组，为确保产线的产能，铸坯厚度选择 90~110 mm，最大拉速超过 6 m/min。

（3）连铸之后采用液芯压下和固相铸轧技术。

（4）采用电磁感应加热炉而非辊底式均热炉对板坯进行补热，产线布置较为紧凑。

（5）采用高速飞剪实现带钢的分切。

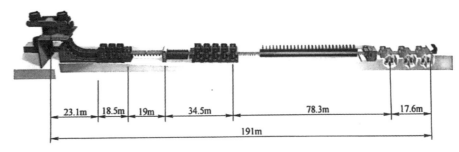

图 4-38 典型 ESP 产线的布置示意图

4.3.1.8 CEM 技术

浦项 CEM（compact endless casting & rolling mill）产线的前身为 1996 年建成投产的 ISP 产线，如图 4-39 所示。采用电炉炼钢，2 流铸机对 1 流轧机，用热卷箱进行衔接。

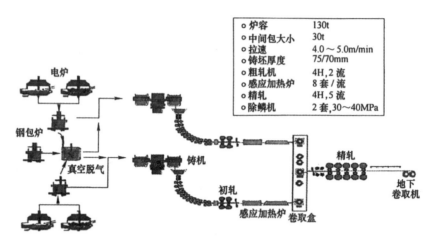

图 4-39 浦项 ISP 示意图

2007 年开始进行停产改造,2009 年 6 月实现了无头轧制,并将其称为 CEM 技术,流程布置示意图如图 4-40 所示。ISP 改造为 CEM 后,炼钢部分原配置的电炉取消,改由转炉提供钢水,目前配置有 3 个工位的 LF 炉,2 个 VOD 炉。

图 4-40 浦项 CEM 产线示意图

CEM 产线全长 187 m,现有工艺流程为 1 流连铸机→摆剪→高压除鳞(单排集管,20 MPa)→3 机架四辊粗轧机组(机架间距 2.8 m)→摆剪→出板台(5~10 m)→电磁感应炉(17 组,共计 24 MW)→热卷箱(单块轧制,摆剪切断板坯由热卷箱卷上后再精轧;无头轧制,板坯则空过热卷箱)→圆盘剪→高压除鳞(双排集管,40 MPa)→5 机架四辊精轧连轧机组(机架间距 5.5 m)→层流冷却(60~70 m,其中湿区约 50 m)→飞剪→2 台地下卷取机。

采用的钢包约为 140 t,结晶器总长度 1 200 mm,配置有 EMBr 系统。连铸冶金长度 20 m,弧半径 5.5 m,液芯压下为 20 mm。共设计有 12 个扇形段,液芯压下时各扇形段均可以压下。钢包容量为 130~140 t,中间包容量为 60 t。连铸坯厚一般为 90 mm,平均拉速为 6.5 m/min,最大拉速达到 8.0 m/min。轧钢区域,除精轧 F5 外,其他机架均使用高速钢材质轧辊;层流冷却设置有

8 组，层流冷却最后出口设置有 2 根立式管（每根管子装配有 3 个喷嘴），用于侧向吹扫去除带钢表面余水；卷取机前配置有表面检测仪和测宽仪各一台。CEM 产线具备单坯轧制和无头轧制的功能，如图 4-41 所示，两种模式可以切换。

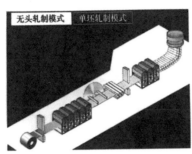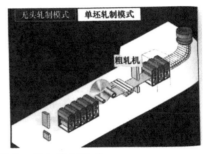

图 4-41　无头轧制模式和单坯轧制模式

4.3.2　薄带连铸连轧技术与创新

4.3.2.1　薄带连铸连轧技术及分类

薄带连铸连轧技术相比较板坯连铸和薄板坯连铸，它更接近最终产品形状，主要用于制造超薄热轧带钢。在 160 多年的研究开发过程中，先行者众多，各大钢铁企业和知名高等院校、科研院所，如麻省理工学院、卡内基梅隆大学、牛津大学、亚琛工业大学、重庆大学、东北大学、日本材料研究所、上海钢铁研究所、德国马所、意大利材料研究所等机构和企业都进行了研究开发。

由于研究者众多，技术发展路径不尽相同。针对不同的材料（铝、钢、铜等）及产品形式（板、管、线、异型等），薄带连铸技术方式五花八门，但区别主要还是集中在结晶器。根据结晶器的结构特征及布置方法，把薄带连铸连轧技术分为三类（图 4-42）：轮带式、单辊式和双辊式，其中研究最多、发展最快的是单辊和立式等径双辊式薄带连铸连轧工艺（表 4-2）。

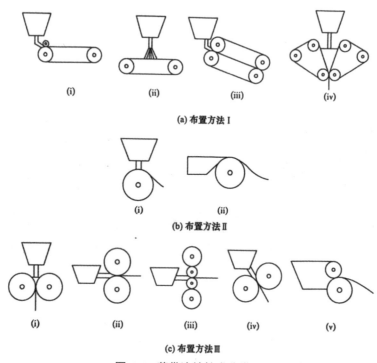

(a) 布置方法 I

(b) 布置方法 II

(c) 布置方法 III

图 4-42 薄带连铸技术分类

表 4-2 20 世纪 80 年代以来世界各地开展的带连铸研究项目统计 单位：个

国家或地区	工艺方法		
	单辊式	双辊式	轮带式
德国	1	3	1
欧洲（除德国）	5	10	—
日本	—	19	—
中国	—	3	—
美国	6	3	1
韩国	—	1	—
合计	12	39	2

4.3.2.2 轮带式薄带连铸连轧

轮带式薄带连铸机主要分为水平单带式、喷射单带式、斜双带式和垂直双带式四种形式，如图 4-42（a）所示，其中最为成熟的是 Hazelett 斜双带式薄带连铸连轧机和西马克开发的 BCT 水平单带式薄带连铸连轧机。

Hazelett 斜双带式薄带连铸连轧机由上下两个轮带机架组成，每个机架内有一个由通水冷却辊和冷却板组成的可以转动的系统。两个带环形槽沟的大辊，外套一条薄带钢制的冷却带，在两个机架的冷却带上分左右设置一对钢制的侧端挡块链，在冷却带和挡块链之间构成直平面的铸型。根据上部机架可能抬高的高度和挡块高度及挡块链间距的不同，可以获得不同厚度和宽度的薄带坯（图 4-43）。

BCT 水平单带式薄带连铸连轧机则由一个铸钢系统和一个轮带机架组成，钢水通过铸钢系统流入轮带机上，通过调整铸嘴与轮带的间隙和铸嘴的布流宽度就可以获得不同厚度和宽度的薄带坯（图 4-44）。

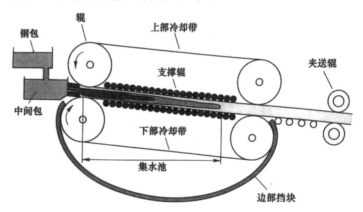

图 4-43　Hazelett 双轮带式薄带连铸连轧机原理示意图

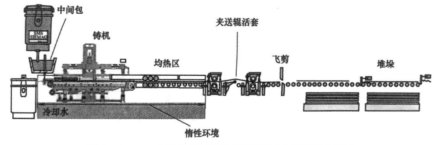

图 4-44　BCT 水平单带式薄带连铸连轧机原理示意图

4.3.2.3 单辊式薄带连铸连轧

单辊式薄带连铸连轧又分为立式单辊和水平单辊（图 4-42）。单辊式薄带连铸机主要用于厚度比较薄的带材的生产，在生产非晶合金带材的制造领域技术优势明显，发展迅速。

通常，单辊式薄带连铸连轧过程是中间包钢水从侧面流至旋转结晶辊的表面，钢水在辊面上凝固，随着结晶辊的旋转牵引形成带钢。带钢厚度一般不超过 2 mm。对于厚规格来说，这种浇铸方式由于是单向冷却，浇铸得到的带钢上、下表面质量差异明显，边部不规则，内部组织也不均匀，因此该种方法在钢的薄带连铸上的应用不多。

单辊式薄带连铸连轧技术目前主要用于非晶合金带材制备，其原理如图 4-45 所示。将熔融的钢水通过一个狭缝的喷嘴喷铸到一个高速旋转的水冷铜辊圆周表面，使其在极短时间内凝固，并对其进行剥离、抓取、收集，最后获得非晶带卷或非晶薄片的过程。过程中冷却速度大约为 $10^6 K/s$，熔融的钢水一次成形为厚度小于 50 μm（20~30 μm）的薄片。

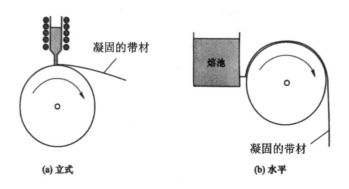

(a) 立式 **(b) 水平**

图 4-45 单辊式薄带连铸连轧技术原理示意图

4.3.2.4 等径双辊式薄带连铸连轧

双辊式薄带连铸连轧技术是以转动的铸辊为结晶器，依靠双辊的表面冷却液态钢水并使之凝固生产薄带钢的技术。其特点是液态金属在结晶凝固的同时，承受压力加工和塑性变形，在很短的时间内完成从液态到固态薄带的全过程。双辊式薄带连铸连轧工艺（图 4-42c），包括等径和异径等有多种形式，其中最常见的为等径双辊式薄带连铸连轧工艺，其中也包括多种形式（图 4-46），而其中的主流为立式等径双辊式薄带连铸连轧工艺（图 4-46a）。

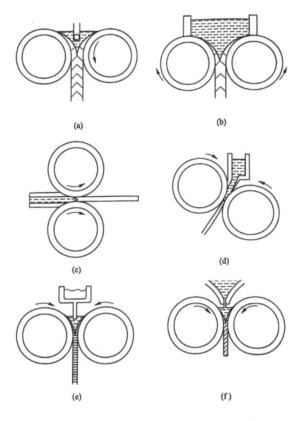

图 4-46 等径双辊式薄带连铸连轧布置形式

立式等径双辊式薄带连铸连轧机是由两支轴线平行放置、相向旋转的结晶辊与置于结晶辊两端面的陶瓷侧封板构成熔池，形成一个移动式的结晶器。结晶辊内部通冷却水冷却，液态钢水浇铸到熔池中，钢水逐渐在结晶辊的表面凝固；随着结晶辊的转动，在结晶辊上凝固的坯壳，在啮合点轧制成带，如图 4-47 所示。其主要特点是对称凝固，可以获得组织均匀、表面质量优良且厚度差相对较小的带钢。

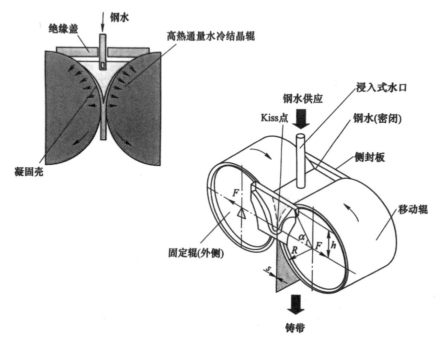

图 4-47 立式等径双辊式薄带连铸连轧工艺原理图

4.4 金属材料塑性精密成形技术与创新

4.4.1 金属材料的超塑性及超塑性成形

4.4.1.1 超塑性的特点及其历史发展

1. 超塑性的特点

超塑性是指材料在一定的内部/组织条件（例如晶粒形状及尺寸、相变等）和外部/环境条件（例如温度、应变速率等）下，呈现出异常低的流变抗力、异常高的流变性能（例如大的延伸率）的现象。超塑性的特点包括大伸长率、无缩颈、小应力、易成形。目前，超塑性成形工艺已在航天、汽车、车厢制造等领域中广泛应用，所用的超塑性合金包括铝、镁、钛、碳钢、不锈钢和高温合金等。

2. 超塑性的历史发展

超塑性现象最早的报道是在 1920 年，Rosenhain 等发现 Zn-4Cu-7A1 合金在低速弯曲时，可以弯曲近 180°。1934 年，英国的 C. P. Pearson 发现 Pb-Sn 共晶合金在室温低速拉伸时可以得到 2 000%的伸长率。但是由于第二次世界大战的爆发，这方面的研究没有进行下去。1945 年苏联的 A. A. Bochvar 等发现 Zn-Al 共析合金具有异常高的伸长率并提出"超塑性"这一名词。1964 年，美国的 W. A. Backofen 对 Zn-Al 合金进行了系统的研究，并提出了应变速率敏感性指数这个新概念，为超塑性研究奠定了基础。20 世纪 60 年代后期及 70 年代，世界上形成了超塑性研究的风潮。

从 20 世纪 60 年代起，各国学者在超塑性材料、力学、机理、成形等方面进行了大量的研究，并初步形成了比较完整的理论体系。特别引人注意的是，近几十年来金属超塑性已在工业生产领域中获得了较为广泛的应用。一些超塑性的 Zn 合金、Al 合金、Ti 合金、Cu 合金以及钢铁金属等正以它们优异的变形性能和材质均匀等特点，在航空航天以及汽车的零部件生产、工艺品制造、仪器仪表壳罩件和一些复杂形状构件的生产中起到了不可替代的作用。同时，超塑性金属的品种和数量也有了大幅度的增加，除了早期的共晶、共析型金属外，还有沉淀硬化型和高级合金；除了低熔点的 Pb 基、Sn 基和著名的 Zn-Al 共析合金外，还有 Mg 基、Al 基、Cu 基、Ni 基和 Ti 基等非铁金属以及 Fe 基合金（例如 Fe-Cr-Ni、Fe-Cr 等）、碳钢、低合金钢以及铸铁等钢铁金属，总数已达数百种。除此之外，相变超塑性、先进材料（例如金属基复合材料、金属间化合物、陶瓷等）的超塑性也得到了很大的发展。

近年来超塑性在我国和世界上的主要发展方向涵盖如下三个方面：

（1）先进材料超塑性研究，主要是金属基复合材料、金属间化合物、陶瓷等材料超塑性的开发，这些材料具有若干优异性能，在高技术领域应用前景宽广，但这些材料的加工性能较差。

（2）高速超塑性的研究，主要是提高超塑变形的速率，提高超塑成形的生产率。

（3）研究非理想超塑材料的超塑性变形规律，主要是探讨降低对超塑变形材料苛刻要求的问题，提高成形件的质量，扩大超塑性技术的应用范围，使其发挥更大的效益。

4.4.1.2 超塑性的分类

早期由于超塑性现象仅限于 Bi-Sn 和 Al-Cu 共晶合金、Zn-Al 共析合金等少数低熔点的非铁金属，也曾有人认为超塑性现象只是一种特殊现象。随着更多的金属及合金实现了超塑性，以及与金相组织及结构联系起来研究以后，发现超塑性金属有着本身的一些特殊规律，这些规律带有普遍的性质，而并不局限于少数金属中。因此按照实现超塑性的条件（组织、温度、应力状态等），超塑性一般分为以下几种：

（1）恒温超塑性或第一类超塑性。根据材料的组织形态特点，也称其为微细晶粒超塑性。一般所说的超塑性多属这类超塑性，其特点是材料具有微细的等轴晶粒组织，在一定的温度区间（$T_s \geqslant 0.5T_m$，T_s 和 T_m 分别为超塑变形和材料熔点温度的绝对温度）和一定的变形速度条件下（应变速率 $\dot{\varepsilon}$ 为 $10^{-4} \sim 10^{-1}$/s）呈现超塑性。这里所说的微细晶粒尺寸大都在微米级，其范围为 $0.5 \sim 5\mu m$。一般来说，晶粒越细越有利于塑性的发展，但对有些材料（例如 Ti 合金）来说，晶粒尺寸达几十微米时仍有很好的超塑性能。还应当指出，由于超塑性变形是在一定的温度区间进行的，因此即使初始组织具有微细晶粒尺寸，如果热稳定性差，在变形过程中晶粒迅速长大的话，仍不能获得良好的超塑性。

（2）相变超塑性或第二类超塑性，亦称转变超塑性或变态超塑性。这类超塑性并不要求材料有超细晶粒，而是在一定的温度和负荷条件下，经过多次的循环相变或同素异形转变获得大延伸。例如碳素钢和低合金钢，加以一定的负荷，同时于 $A_{1,3}$ 温度上下反复加热和冷却，每一次循环发生（$\alpha \rightleftharpoons \gamma$）的两次转变，可以得到二次条约式的均匀延伸。D. Elschlägel 用 AISI1018、1045、1095、52100 等钢种试验表明，伸长率可达到 500%以上。这样变形的特点是，初期时每一次循环的变形量（$\Delta\varepsilon/N$）比较小，而在一定次数之后，例如几十次之后，每一次循环可以得到逐步加大的变形，到断裂时可以累积为大延伸。有相变的金属材料，不但在扩散相变过程中具有很大的塑性，并且在淬火过程中发生奥氏体向马氏体转变，即在无扩散的脆性转变过程（$\alpha \rightarrow \gamma$）中，也具有相当程度的塑性。同样，在淬火后有大量残余奥氏体的组织状态下，回火过程、残余奥氏体向马氏体单向转变过程也可以获得异常高的塑性。另外，如果在马氏体开始转变点（M_s）以上的一定温度区间加工变形，可以促使奥氏体向马氏体逐渐转变，在转变过程中也可以获得异常大的延伸，塑性大小与转变量的多少、变形温度及变形速度有关。这种过程称为"转变诱发塑性"。即所谓的"TRIP"现象。Fe-Ni 合金、Fe-Mn-C 合金等都具有这种特性。

（3）其他超塑性或第三类超塑性。在消除应力退火过程中在应力作用下可以得到超塑性。Al-5%Si 及 Al-4%Cu 合金在溶解度曲线上下施以循环加热可以得到超塑性。根据 Johnson 试验，具有异向性热膨胀的材料（如 U、Zr 等）在加热时可有超塑性，称为异向超塑性。有人把 a-U 在有负荷及照射下的变形也称为超塑性。球墨铸铁及灰铸铁经特殊处理也可以得到超塑性。

也有人把上述的第二及第三类超塑性称为动态超塑性或环境超塑性。

4.4.1.3　典型的超塑性材料

目前已知的超塑性金属及合金已有数百种，按基体区分，有 Zn、Al、Ti、Mg、Ni、Pb、Sn、Zr、Fe 基等合金。其中包括共析合金、共晶、多元合金、高级合金等类型的合金。部分典型的超塑性合金如表 4-3 所示。

表 4-3　部分典型的超塑性合金

合金种类		应变速率敏感因子	伸长率/%	变形温度/℃
共析合金	Zn-22Al	0.5	>1 500	200~300
共晶合金	Zn-5Al	0.48~0.5	300	200~360
	Al-33Cu	0.9	500	440~520
	Al-Si	—	120	450
	Cu-Ag	0.53	500	675
	Mg-33Al	0.85	2 100	350~400
	Sn-38Pb	0.59	1 080	20
	Bi-44Sn	—	1 950	20~30
	Pb-Cd	0.35	800	100
Al 基合金	Al-6Cu-0.5Zr	0.5	1 800~2 000	390~500
	Al-25.2Cu-5.2Si	0.43	1 310	500
	Al-4.2Zn-1.55Mg	0.9	100	530
	Al-10.72Zn-0.93Mg-0.42Zr	0.9	1 550	550
	Al-8Zn-1Mg-0.5Zr	—	>1 000	—

（续表）

	合金种类	应变速率敏感因子	伸长率/%	变形温度/℃
Cu 基合金	A1-33Cu-7Mg	0.72	＞600	420~480
	AI-Zn-Ca		267	500
	Cu-9.5A1-4Fe	0.64	770	800
	Cu-40Zn	0.64	515	600
Fe-C 合金（钢铁）	Fe-0.8C		210~250	680
	Fe-（1.3，1.6，1.9）C		470	530~640
	GCr15	0.42	540	700
	Fe-1.5C-1.5Cr		1 200	650
	Fe-1.37C-1.04Mn-0.12V		817	650
	AISI01（0.8C）	0.5	1 200	650
	52160	0.5	1 220	650
高级合金	901	—	400	900~950
	Ti-6A1-4V	0.85	>1 000	800~1 000
	IN744Fe-6.5Ni-26Cr	0.5	1 000	950
	N1-26.2Fe-34.9Cr-0.58Ti	0.5	＞1 000	795~855
	IN100	0.5	1 000	1093
纯金属	Zn（商业用）	0.2	400	20~70
	Ni		225	820
	U700	0.42	1 000	1 035
	Zr 合金	0.5	200	900
	Al（商业用）	0.6	（扭转）377~577	500

注：（1）伸长率与试样尺寸、形状有关。不能准确比较。

（2）应变速率敏感因子值由于测量方法不同，也不能精确比较。

4.4.1.4 超塑性的应用

由于金属在超塑状态下具有异常高的塑性、极小的流动应力、极大的活性及扩散能力，可以在很多领域中应用，包括压力加工、热处理、焊接、铸造，甚至切削加工等方面。

1. 超塑性压力加工方面的应用

超塑性压力加工属于黏性和不完全黏性加工，对于形状复杂或变形量很大的零件，都可以一次直接成形。成形的方式有气压成形、液压成形、挤压成形、锻造成形、拉延成形、无模成形等多种方式。其优点是流动性好、填充性好、需要设备功率吨位小、材料利用率高、成形件表面精度质量高。相应的困难是需要一定的成形温度和持续时间，对设备、模具的润滑和材料保护等都有一定的特殊要求。

2. 相变超塑性在热处理方面的应用

相变超塑性在热处理领域可以得到多方面的应用，例如钢材的形变热处理、渗碳、渗氮、渗金属等方面都可以应用相变超塑性的原理来增加处理效应。相变超塑性还可以有效地细化晶粒，改善材料品质。

3. 相变超塑性在焊接方面的应用

无论是恒温超塑性还是相变超塑性，都可以利用其流动特性及高扩散能力进行焊接。将两块金属材料接触，利用相变超塑性的原理，即施加很小的负荷和加热冷却循环即可使接触面完全黏合，实现牢固的焊接，这被称为相变超塑性焊接（transformation superplastic welding, TSW）。这种焊接由于加热温度低（在固相加热），没有一般熔化焊接的热影响区，也没有高压焊接的大变形区，焊后不用经热处理或其他辅助加工即可应用。相变超塑性焊接所用的材料，可以是钢材、铸铁、Al 合金、Ti 合金等。焊接对象可以是同种材料，也可以是异种材料。原则上具有相变点的金属或合金都可以进行超塑性相变焊接。非金属材料的多形体氧化物，如有代表性的陶瓷（ZrO_2、$MgAl_2O_4/Al_2O_3$、MgO/BeO、$MgCrO_4$ 等）可通过多晶型相变、共晶反应或固溶体相变等机制实现相变超塑性，可以进行固相焊接。

4. 相变诱发塑性的应用

相变诱发塑性（transformation induced plasticity, TRIP）可在许多方面获得应用。实际上，TRIP 在热处理及压力加工方面已经有所应用。例如，淬火时用卡具校形，在紧固力并不太高的情况下能控制马氏体转变时的变形，便是应用了 TRIP 的功能。有些不锈钢（如 AISI301）在室温压力加工时可以得到很大的变形，其中就有马氏体的诱发转变。如果在变形过程中能够控制温度变形速度及应变量，使马氏体慢慢转变，则会得到更良好的效果。

在改善材质方面，有些材料经 TRIP 加工，可以在强度、塑性和韧性等方面获得很高的综合力学性能。

超塑成形-扩散焊复合工艺是一种典型的超塑性工艺，在航空航天制造业中发挥着日益重要的作用。

4.4.2 精密塑性体积成形

4.4.2.1 基本概念及特征

1. 精密塑性体积成形的概念

精密塑性体积成形是指成形制件达到或接近成品零件的形状和尺寸，是在传统塑性加工基础上发展起来的新技术。它不但可以节材、节能、缩短产品制造周期、降低生产成本，而且可以获得合理的金属流线分布，提高零件的承载能力，从而可以减轻制件的质量，提高产品的安全性、可靠性和使用寿命。该新技术由于具有上述诸多优点，加之工业发展的需要，近 20 多年来得到了迅速发展，尤其在一些工业发达国家发展迅猛。目前，精密塑性体积成形技术作为先进制造技术的重要组成部分，已成为提高产品性能与质量、提高产品市场竞争力的关键技术和重要途径。

2. 精密塑性成形的精度

（1）径向尺寸精度

① 一般热模锻件：±0.5~±1.0 mm。

② 热精锻件：±0.2~±0.4 mm。

③ 温精锻件：±0.1~±0.2 mm。

④ 冷精锻件：±0.01~±0.1 mm。

（2）表面粗糙度

① 一般热模锻件：Ra12.5。

② 冷精锻件：Ra0.2~0.4。据估计，每 100 万 t 钢材由切削加工改为精密模锻，可节约钢材 15 万 t（15%），减少机床 1 500 台。例如德国 BLM 公司热精锻齿轮多达 100 多种，齿形精度达 DIN6 级，节约材料 20%~30%，力学性能提高 20%~30%。精锻螺旋伞齿轮的最大直径达 280 mm，模数达 12。美国、奥

地利的热模锻叶片占总产量的 80%~90%，叶型精度达 0.15~0.30 mm，锻后叶型部分只需抛光、磨光，减少机械加工余量达 90%。

3. 影响锻件精度的因素

影响锻件精度的因素主要有：坯料的体积偏差（下料或烧损）、模膛的尺寸精度和磨损、模具温度和锻体温度的波动、模具和锻件的弹性变形、锻件的形状和尺寸、成形方案、模膛和模具结构的设计、润滑情况、设备、工艺操作。

4. 拟定精密塑性体积成形工艺时应注意的问题

（1）在设计精锻件图时，不应当要求所有部位尺寸都精确，只需保证主要部位尺寸精确，其余部位尺寸精度要求可低些。这是因为现行的备料工艺不可能准确保证坯料的尺寸和质量，而塑性变形是遵守体积不变条件的。因此，必须利用某些部位来调节坯料的质量误差。

（2）对某些精锻件，适当地选用成形工序，不仅可以使坯料容易成形和保证成形质量，而且可以有效地减小单位变形力和提高模具寿命。

（3）适当采用精整工序，可有效保证精度要求。如：叶片（尤其是型面扭曲的叶片）精锻后，应当增加一道精整工序。有时对锻件不同部位需采用不同的精整工序。

（4）坯料良好的表面质量（指氧化、脱碳、合金元素贫化和表面粗糙度等）是实现精密成形的前提。另外，坯料形状和尺寸的正确与否以及制坯的质量等，对锻件的成形质量也有重要影响。在材料塑性、设备吨位和模具强度允许的条件下，应尽可能采用冷成形或温成形。

（5）设备的精度和刚度对锻件的精度有重要影响，但是模具精度的影响比设备更直接、更重要。有了高精度的模具，在一般设备上也可以成形精度较高的锻件。

（6）在精密成形工艺中，润滑是一项极为重要的工艺因素，良好的润滑可以有效地降低变形抗力，提高锻件精度和模具寿命。

（7）模具结构的正确设计、模具材料的正确选择以及模具的精确加工，是影响模具寿命的重要因素。

（8）在高温和中温精密成形时，应对模具和坯料的温度场进行测量和控制，它是确定模具材料、模具和模锻件热胀冷缩率以及坯料变形抗力的依据。

5. 精密塑性成形的应用

（1）大批量生产的零件，例如汽车、摩托车上的一些零件，特别是复杂形状的零件。

（2）航空、航天等工业的一些复杂形状的零件，特别是一些难切削的复杂形状的零件，难切削的高价材料（如钛、锆、钼、铌等合金）制作的零件，要求高品质、结构轻量化的零件等。

4.4.2.2 精密塑性体积成形的方法

1. 精密塑性体积成形的分类

（1）按成形温度分类

① 冷成形（冷锻）：室温下的成形。

② 温成形（温锻）：室温以上，再结晶温度以下的成形。

③ 热成形（热锻）：再结晶温度以上的成形。

④ 等温成形（等温锻）：在几乎恒温的条件下成形，变形温度通常在再结晶温度以上。

（2）按成形方法分类

按成形方法分类，包括：模锻、挤压、闭塞式锻造、多向模锻、径向锻造、液态模锻、辊锻、精压、摆动碾压、精密碾压、特种轧制、环轧、楔横轧、变薄拉深、强力旋压和粉末成形等。

（3）各成形方法特点

① 热成形（热锻）的优点为变形抗力低、材料塑性好、流动性好、成形容易、所需设备吨位小，但其缺点包括产品的尺寸精度低、表面质量差、钢件表面氧化严重、模具寿命低、生产条件差。

② 冷成形（冷锻）的优点为产品的尺寸精度高、表面质量好、材料利用率高，其缺点有冷成形的变形抗力大、材料塑性低、流动性差。

③ 温成形（温锻）的特点：与冷锻比较，温锻变形抗力小、材料塑性好、成形容易，可以采用比冷锻大的变形量，从而减少工序数目、模具费用和压力机吨位，模具寿命也比冷锻时高；与热锻相比，温锻由于加热温度低，氧化、脱碳减轻，产品的尺寸精度和表面质量均较好。如果在低温范围内温锻，产品的力学性能与冷锻产品差别不大。对不易冷锻的材料，改用温锻可减少加工难

度。有些适宜冷锻的低碳钢，也可作为温锻的对象。因为温锻常常不需要进行坯料预先软化退火、工序之间的退火和表面磷化处理，这就使得组织连续生产比冷锻容易。

温锻主要用于以下几种情况：冷锻变形时硬化剧烈或者变形抗力高的不锈钢、合金钢轴承钢和工具钢等；冷变形时塑性差、容易开裂的材料，如铝合金 LC4、铜合金 HPb59-1 等；冷态难加工而热态时严重氧化、吸气的材料，如钛、钼、铬等；形状复杂，或者为了改善产品综合力学性能而不宜采用冷锻时；变形程度较大，或者零件尺寸较大，以致现有冷锻设备能力不足时；为了便于组织连续生产时。

④ 等温成形（等温锻）的特点：等温成形是在几乎恒温的条件下成形，这时模具也加热到与坯料相同的温度。通常是在行程速度较慢的设备上进行。主要用于铝合金、镁合金和钛合金锻件的成形。

2. 小飞边和无飞边模锻

普通开式模锻时，金属的变形过程如图 4-48 所示。

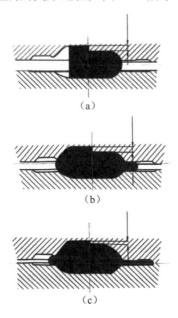

（a）

（b）

（c）

图 4-48　普通开式模锻时，金属的变形过程

为了在模锻初期就建立足够大的金属外流阻力，可以将飞边槽设置在金属

变形较困难的坯料端部。在模锻初期，中间部分金属的变形流动受到侧壁的限制，迫使金属充满模膛。这种飞边槽的模锻，叫作小飞边模锻。

采用小飞边模锻有利于金属充满模膛，而这也大大减少了飞边金属的消耗。但是，采用小飞边模锻时，由于分模面的位置要靠近一端，因此，锻件的形状也要有一些改变，这对于某些锻件（例如连杆等）是不允许的。另外，某些形状的锻件在模锻最后阶段，变形区集中在分模面附近，远离分模面的部位 A 常不易充满（图 4-49）。因此，小飞边模锻在锤上应用受到一定限制，但是在平锻机上应用较广，在螺旋压力机上常用于成形一些圆形锻件。

无飞边模锻亦称闭式模锻，其模膛结构如图 4-50 所示，其特点是凸凹模间隙的方向与模具运动的方向平行。在模锻过程中间隙的大小不变。由于间隙很小，金属流入间隙的阻力一开始就很大，这有利于金属充满模膛。

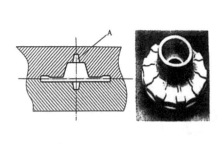

图 4-49 小飞边模锻零件　　　　图 4-50 无飞边闭式模锻模膛结构

无飞边模锻的优点：有利于金属充满模腔，有利于进行精密模锻，减少了飞边损耗，并节省了切飞边设备。无飞边模锻是金属处于明显的三向压应力状态塑性材料的成形。

无飞边模锻应满足下列条件：坯料体积准确；坯料形状合理，并能在模膛内准确定位；能够较准确地控制打击能量或模压力；有简便的取件措施或顶料机构。

3. 挤压

挤压是金属在三个方向的不均匀压应力作用下，从模孔中挤出或流入模膛内以获得所需尺寸、形状的制品或零件的塑性成形工序。目前，不仅冶金厂利用挤压方法生产复杂截面型材，机械制造厂已广泛利用挤压方法生产各种锻件和零件。

　　采用挤压工艺不但可以提高金属的塑性，生产复杂截面形状的制品，而且可以提高锻件的精度，改善锻件的内部组织和力学性能，提高生产率和节约金属材料等。

　　挤压的种类包括：正挤压（图 4-51）、反挤压（图 4-52）、复合挤压（图 4-53）、径向挤压（图 4-54）。

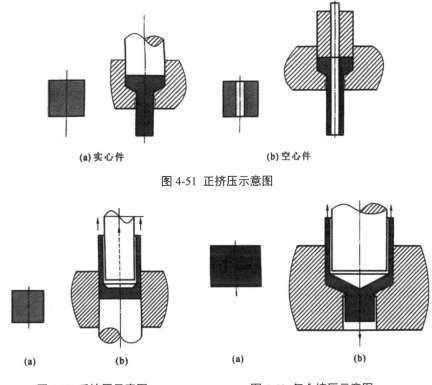

(a) 实心件　　　　　　　　　　(b) 空心件

图 4-51　正挤压示意图

(a)　　　(b)　　　　　　(a)　　　(b)

图 4-52　反挤压示意图　　　　　图 4-53　复合挤压示意图

　　挤压的变形过程包括 4 个阶段：Ⅰ充满阶段；Ⅱ开始挤出阶段；Ⅲ稳定挤压阶段；Ⅳ终了挤压阶段。正挤压变形曲线及过程如图 4-55、4-56 所示。

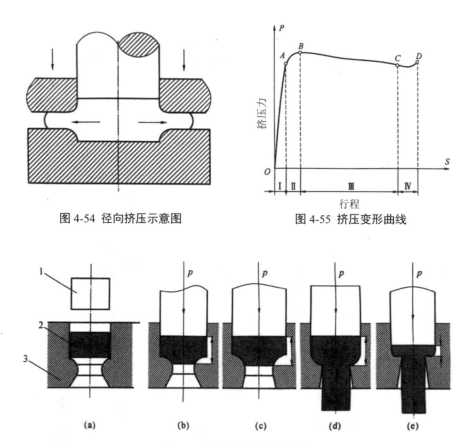

图 4-54 径向挤压示意图　　　　图 4-55 挤压变形曲线

图 4-56 挤压变形过程示意图

图 4-55 是正挤压时挤压力随行程变化的曲线。*BC* 是稳定挤压阶段，此阶段挤压力随坯料高度逐渐缩短而逐渐减小。最后阶段 *CD*，当剩余的坯料高度很小时，挤压力略有回升。

4. 闭塞式锻造

闭塞式锻造是近年来发展十分迅速的精密成形方法。锻造过程为：先将可分合凹模闭合，并对闭合的凹模施以足够的合模力，然后用一个冲头或多个冲头，从一个方向或多个方向对模膛内的坯料进行挤压。这种成形方法也称为闭模挤压，是具有可分合凹模的闭式模锻（图 4-57）。

闭塞式锻造的优点是：生产效率高，一次成形便可以获得形状复杂的精锻件；由于成形过程中坯料处于强烈的三向压应力状态，适合低塑性材料成形；

金属流线沿锻件外形连续分布，因此，锻件的力学性能好。

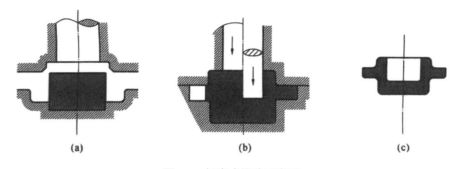

图 4-57　闭塞式锻造示意图

5. 多向模锻

（1）定义

多向模锻是在多向模锻水压机或机械压力机上，利用可分合模具，通过一次加热和压机一次行程作用，获得无飞边、无（小）模锻斜度、多分支或有内腔、形状复杂钢件的一种新工艺。多向模锻是从两个或更多方向对包含在可分合模腔内的坯料施加压力，使坯料成形的模锻方法。多向模锻主要用于生产外形复杂的中空锻件。

多向模锻的过程如图 4-58 所示，当坯料置于工位上后，上下模闭合，进行锻造，使毛坯初步形成凸肩，然后水平方向的两个冲头分别从左右压入，将初步成形的锻坯冲出所需孔。锻成后，冲头先拔出、上下模分开，取出锻件。

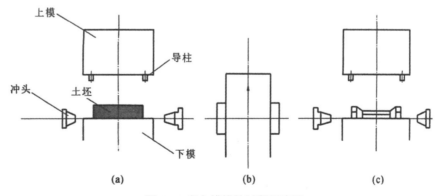

图 4-58　多向模锻的过程示意图

典型的多向模锻件如图 4-59 所示。

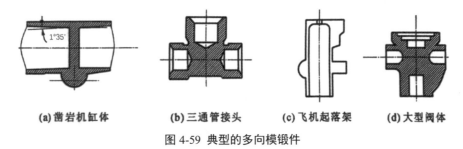

(a)凿岩机缸体　　　(b)三通管接头　　　(c)飞机起落架　　　(d)大型阀体

图 4-59 典型的多向模锻件

（2）多向模锻的变形过程

第 I 阶段（基本形成阶段）：由于多向模锻件大都是形状复杂的中空锻件，且通常坯料是等截面，该阶段金属变形流动的特点主要是反挤-镦粗成形和径向挤压成形。

第 II 阶段（充满阶段）：由第 I 阶段结束到金属完全充满模腔为止为第 II 阶段，此阶段的变形量很小，但此阶段结束时的变形力可比第 I 阶段末增大 2~3 倍。

第 III 阶段（形成飞边阶段）：此时坯料已极少变形，只是在极大的模压力作用下，冲头附近的金属有少量变形，并逆着冲头运动的方向流动，形成纵向飞边。如果此时凹模的脱模力不够大，还可能沿凹模分模面处形成横向飞边。此阶段的变形力急剧增大。这个阶段的变形对多向模锻有害无益，是不希望出现的，它不仅影响模具寿命，而且产生飞边后非常难清除。

（3）分模

分模的目的是将锻造成形后的锻件从模腔内取出。多向模锻有水平分模、垂直分模和多向分模等多种分模方式。图 4-60 即为常见的多向模锻的分模方式。

(a)水平分模　　　　(b)垂直分模　　　　(c)联合分模

图 4-60 多向模锻的分模方式

（4）多向模锻的优点

① 与普通模锻相比，多向模锻可以锻出形状更为复杂、尺寸更加精确的无飞边、无模锻斜度（或很小模锻斜度）的中空锻件，使锻件最大限度地接近成品零件的形状尺寸，从而显著地提高材料利用率，减少机械加工工时，降低成本。

② 多向模锻只需坯料一次加热和压机一次行程便可使锻件成形，因而可以减少模锻工序，提高生产效率，并能节省加热设备和能源，减少贵重金属的烧损、锻件表面的脱碳及合金元素的贫化。一次加热和一次成形，还意味着金属一次性得到大变形量的变形，为获得晶粒细小均匀和组织致密的锻件创造了有利条件，这对于无相变的高温合金具有重要意义。

③ 多向模锻不产生飞边，从而可避免锻件流线末端外露，提高锻件的力学性能，尤其是抗应力腐蚀的性能。

④ 多向模锻时，坯料是在强烈的压应力状态下变形的，因此金属塑性大为提高，这对锻造低塑性的难变形合金是很重要的。

⑤ 模具结构简单，使用寿命长，制造成本低，使用维护方便。

⑥ 可成形中空且侧壁带有凸台的复杂锻件。

⑦ 可设置多个分模面，能成形外壁具有多方向分支的复杂锻件。

⑧ 锻件形状尺寸更接近零件，材料利用率高，机械加工量少。

⑨ 锻件流线完整，抗应力腐蚀性能好，疲劳强度高。

（5）多向模锻的缺点

① 要求使用刚性好、精度高的专用设备或在通用设备上附加专用的模锻装置。

② 要求坯料的尺寸与质量精确。

③ 要求对坯料进行少、无氧化加热或设置去氧化皮的装置。

（6）应用

多向模锻主要用于生产核电和超临界火电阀门阀体，以及航空航天领域难变形、高强度的复杂零件。

20 世纪 70 年代，美国空军及波音公司的对比研究证明：与传统模锻（如分模模锻)制造的起落架锻件相比,多向模锻制造的起落架锻件寿命可提高 3~4

倍，而制造成本可降低 20%。因此，英美飞机起落架等简形零件，多数是在 300 MN 多向模锻液压机上进行锻造的。

我国在 20 世纪 80 年代初对起落架进行了多向模锻与普通模锻的对比研究，证明多向模锻锻件比普通模锻锻件的组织致密，力学性能提高 20%，而材料利用率也提高了 1 倍，由原来的 17.3%提高到 34.6%。此外还有很多多向模锻的应用实例，例如垄断全球核电阀门市场的 Velan 公司，其阀门阀体的锻造就是依托 Cameron 公司（1997 年后与 Wyman-Gordon 合并）的 100 MN、180 MN 和 300 MN 等三台多向模锻液压机的制造能力。又比如 Cameron 公司利用其装备的 300 MN 多向模锻液压机，生产的起落架锻件可节材 50%，且力学性能大大提高；生产的压气机盘强度达 1 250~1 650 MPa，比标准的 1 200 MPa 高出 4%~38%，而伸长率达 20%，比标准的 10%提高 1 倍。图 4-61 即为常见的利用多向模锻制备的零件。

(a) Inconel 718 材料的涡轮盘　　　　(b) 152.4 mm(6 in)真空阀阀体锻件

图 4-61　常见多向模锻制件

6. 径向锻造

径向锻造是在自由锻型砧拔长的基础上发展起来的，用于长轴类零件锻造的新工艺，用于锻造截面为圆形、方形或多边形的等截面或变截面的实心轴、内孔形状复杂或内孔细长的空心轴（图 4-62）。

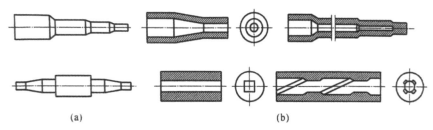

图 4-62　径向锻造零件

径向锻造的工作原理（图 4-63）是利用分布于坯料横截面周围的两个或两个以上的锤头对坯料进行高频率同步锻打。在锻造圆截面的工件时，坯料与锤头既有相对的轴向运动，又有相对的旋转运动；在锻造非圆截面的工件时，坯料与锤头仅有轴向的相对运动，而无相对的旋转运动。

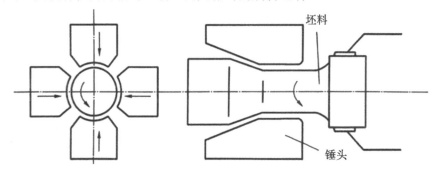

图 4-63　径向锻造工作原理

（1）径向锻造的变形特点

① 径向锻造是多向同时锻打，可以有效地限制金属的横向流动，提高轴向的延伸效率。

② 径向锻造是多向锻打，能够减少和消除坯料横断面内的径向拉应力，可以锻造低塑性、高强度的难熔金属，如钨、钼、铌、锆、钛及其合金。

③ 径向锻造机的"脉冲加载"频率很高，每分钟在数百次甚至上千次以上，这种加载方式可以使金属的内外摩擦系数降低，使变形更均匀，更易深入内部，有利于改善锻件芯部组织，提高其性能。

④ 径向锻造时每次锻打的变形量很小，变形区域小，金属移动的体积也很小。因此，可以减小变形力，减小设备吨位和提高工具的使用寿命。

（2）径向锻造的加工质量

径向锻机的精确度高、刚度大和每次锻打的变形量小，因此径向锻造的锻件可以获得较高的尺寸精度和较低的表面粗糙度。

① 冷锻时：尺寸精度为 2~4 级，表面粗糙度为Ra0.8~0.4。

② 热锻时：尺寸精度为 6~7 级，表面粗糙度为Ra1.6~3.2，锻件的表面粗糙度随坯料横截面压缩量的增大而降低。

（3）径向锻造的加工范围

目前，径向锻造的锻件，其尺寸已达到相当大的范围。例如，在滚柱式旋转锻机上锻制的锻件，其直径从ϕ15 mm（实心的）到ϕ320 mm（管）。如今，国内使用的径向锻机可锻最大直径为ϕ250 mm 的实心件，最长达 6m。世界上已有可锻最大直径为ϕ900 mm、长度达 10 m 的径向锻机。

（4）径向锻造的锻件品种

① 电机轴，机床主轴，火车轴、汽车、飞机、坦克上的实心轴和锥度轴，以及自动步枪的活塞杆等。

② 带有来复线的枪管、炮管和深螺母、内花键等有特定形状内孔的零件。

③ 各种汽车桥管、各种高压储气瓶、炮弹、航海家用球形储气瓶、火箭用喷管等需缩口和缩径的零件。

④ 矩形、六边形、八边形以及三棱刺刀等异形截面的零件。

例如：汽车吸振器的活塞杆和汽车转向柱，以前均是用实心棒料车削而成，现改用标准低碳钢管坯进行旋锻生产。前者每分钟可生产 5 件，杆端完全封闭，与实心件相比，减重约 40%；后者每分钟可生产 2.5~3 件，减重可达 70%。

7. 液态模锻

（1）基本概念

液态模锻是将一定量的熔融金属（液态或半液态）直接浇注到敞口的金属模腔，随后合模，实现金属液充填流动，并在机械压力作用下，发生高压凝固和少量的塑性变形，从而获得毛坯或零件的一种金属加工方法。液态模锻又称挤压铸造（squeeze casting）、溶汤锻造、连铸连锻。

（2）成形原理

液态模锻是一种介于铸造和模锻之间的金属成形工艺。它是将一定量的液态金属直接注入涂有润滑剂的模腔中，然后施加机械静压力，利用金属铸造凝固成形时易流动的特性和锻造技术使已凝固的封闭硬壳进行塑性变形，使金属在压力下结晶凝固并强制消除因凝固收缩形成的缩孔，以获得无任何铸造缺陷的锻件。图4-64为典型液态模锻成形的原理示意图。

液态模锻是使注入模腔的金属在高压下凝固成形。液态金属在高压之下，其固相线向高温方向移动，与原固相线出现一个ΔT，其大小取决于施加力的大小。若液态金属在接近固相线时，施加的压力使液态金属处于过冷状态。在好的过冷度条件下，液态金属便能生核并长大，形成晶粒的内生长，阻碍了原来（未加压时）枝晶的单向延伸，形成等轴晶组织结构。同时，避免了未加压时先结晶区与后结晶区组织的成分差异——偏析。由于结晶是在压力下进行的，其制件内部组织致密，无空洞与缩松。

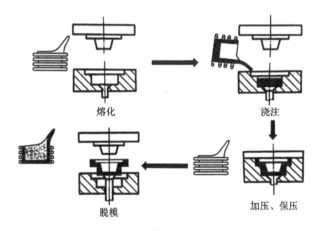

图4-64 液态模锻成形的原理示意图

（3）液态模锻的工艺特点

① 在成形过程中，尚未凝固的金属液自始至终受等静压，并在压力作用下发生结晶凝固，流动成形。

② 已凝固的金属在成形过程中，在压力作用下产生塑性变形，使毛坯外侧紧贴模腔壁，金属液获得并保持等静压。

③ 由于凝固层产生塑性变形要消耗一部分能量，因此金属液经受的等静压值不是定值，而是随着凝固层的增厚而下降。

④ 固-液区在压力作用下，会发生强制性的补缩。

（4）液态模锻的工艺参数影响

① 浇注温度的影响：金属的浇注温度直接影响金属的凝固时间、凝固速度以及制件的补缩情况，与成形件的热裂和缩松、缩孔的产生密切相关。浇注温度高，金属液流动性好，充型效果好。但温度过高时会产生飞溅，凝固时间延长，一次枝晶组织粗大，产生热裂缺陷；易黏模，模具受热影响大，损耗模具，降低模具寿命。若温度过低会导致流动性差，不利于充型，易出现浇不足、冷隔等问题；遇冷凝固速度加快，先凝固的壳层增大，压力传递过程中损失较大，出现缩孔等缺陷。

② 比压的影响：比压即作用在单位面积合金液上的压力。金属液在等静压作用下可及时消除铸件气孔、缩孔和缩松等铸造缺陷，并产生结晶。这种凝固机理可以使铸件获得较好的内部组织和较高的力学性能。比压过大时铸件的产品性能有提高，但模具损耗大；比压过小时补缩效果差，易缩孔、缩松。

③ 模具温度的影响：液态模锻是将高温液态金属直接浇入模具中，凝固时放出的热量使凹模型腔表面温度迅速升高，会在凹模壁方向存在温度差而产生热应力。故模具在使用前要进行均匀预热，以减小温差，降低热应力。模具温度过低时，散热快，充型能力较差，易造成充型不足。与模具接触的金属液率先凝固形成的金属壳层增厚，制件心部补缩不足，容易出现缩松、缩孔，制件表面易产生裂纹等缺陷。在凝固过程中产生的热应力会增加模具的热疲劳，降低模具的寿命。模具温度过高时，容易黏模，缩短模具的使用寿命。在高温的压力作用下，模具易变形，而且挤压过程中金属液容易飞溅。

④ 保压时间的影响：保压时间是指从金属液充满型腔后开始，到液压机撤销压力为止的时间段，这段时间实际上是金属液在压力下凝固、结晶和补缩的时间。在整个保压时间内，压力必须保持稳定。保压时间的长短，主要取决于铸件断面的最大壁厚和铸件材质，同时也与铸件的形状、浇注温度等因素有关。保压时间过短，铸件心部尚未完全凝固即卸压，铸件内部会因得不到补缩而产生缩孔、缩松等缺陷；保压时间过长，增加了铸件内应力，可能造成铸件凹入部位脱模困难，凝固收缩会产生壁裂，进而加剧脱模困难，影响铸件表面质量及寿命。

⑤ 挤压速度的影响：挤压速度是指冲头接触金属后的运动速度。挤压速度过高，会引起金属飞溅，产生爆缝。同时，会使液态金属形成旋涡而吸入气体。瞬时高压还会使铸件上部凝固过早，影响加压效果。挤压速度过低，会导致结壳太厚，挤压效果不好，金属液流动动能小，壁薄处充填困难，几股金属液的汇合处出现冷隔纹甚至冷隔缺陷等问题。挤压速度对于铸件的成形和质量的好坏有明显影响。

（5）液态模锻的工艺应用

液态模锻的应用范围较为广泛，适用于各种金属、非金属、复合材料，特别适于合成纤维或颗粒增强复合材料，在非铁金属方面也取得了广泛应用。此外，这种工艺还适用于复杂形状、对力学性能有一定要求的零件，但是利用液态模锻制造的零件壁厚不能太薄，也不能太厚，一般为 5~50 mm。

8. 摆动碾压

摆动碾压是 20 世纪 60 年代才出现的一种新的压力加工成形方法。它适于盘类、饼类和带法兰的轴类件的成形，特别适用于较薄工件的成形。

摆动碾压的工作原理如图 4-65 所示，圆锥状上模的中心线 OO' 与摆轴中心线 OZ 成 θ 角，称为摆角。当摆轴旋转时，摆头的中心线 OO' 绕摆轴中心线 OZ 旋转，于是摆头产生回摆运动。与此同时，滑块在油缸作用下上升。这样，摆头的母线便在工件上连续不断地滚动，局部地、顺序地对工件施加压力，最后达到整体成形的目的。由此可见，摆动碾压是一种连续局部加载的成形方法。摆动碾压时的变形区如图 4-66 所示。

普通模锻与摆动碾压所需轴向力的比较，如图 4-67 所示。

摆动碾压的优点包括：

① 省力，可以用较小设备成形较大的锻件；

② 因摆动碾压是局部加载成形工艺，因此可以大大降低变形力，实践证明，加工相同锻件，其碾压力仅是常规锻造方法变形力的 1/5~1/20；

③ 产品质量高，可用于精密成形；

④ 由于是局部加载，可以建立比较高的单位压力，如果工件较薄和模具的尺寸精度和光洁度很高时，可以得到精密尺寸的工件，表面粗糙度可达 $Ra0.2~0.4$；

⑤ 机器的振动及噪声小，工作条件较好。

典型摆动碾压零件有：法兰盘、铣刀坯、碟形弹簧坯、汽车后半轴、扬声器导磁体、伞齿轮、端面齿轮、链轮、销轴等。

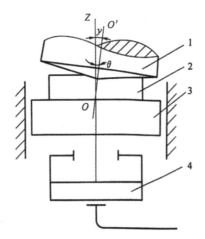

1—摆头 2—工件 3—滑块 4—油缸

图 4-65 摆动碾压工作原理

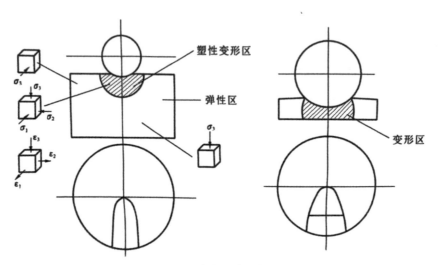

图 4-66 摆动碾压时的变形区

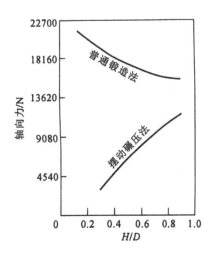

图 4-67 普通模锻与摆动碾压所需轴向力的比较

9. 等温模锻和超塑性模锻

等温模锻是指坯料在几乎恒定的温度条件下模锻成形。为了保证恒温成形的条件，模具也必须加热到与坯料相同的温度。等温模锻常用于航空、航天工业中钛合金、铝合金、镁合金等零件的精密成形，其原因有二：

① 在常规锻造条件下，这些金属材料的锻造温度范围比较窄。尤其在锻造具有薄的腹板、高肋和薄壁零件时，坯料的热量很快地向模具散失，温度降低、变形抗力迅速增加，塑性急剧降低，不仅需要大幅度地提高设备吨位，也易造成锻件和模具开裂。钛合金因对变形温度具有高度敏感性，其等温模锻时的变形力仅为普通模锻的 1/10~1/5。

② 某些铝合金和高温合金对变形温度很敏感，如果变形温度较低，变形后为不完全再结晶的组织，则在固溶处理后易形成粗晶或晶粒粗细不均的组织，致使锻件性能达不到技术要求。

等温锻造常用的成形方法有开式模锻、闭式模锻和挤压等，它与常规锻造方法的不同点在于：

① 锻造时，模具和坯料要保持在相同的恒定温度下。这一温度是介于冷锻和热锻之间的一个中间温度，对某些材料，也可等于热锻温度。

② 考虑到材料在等温锻造时具有一定的黏性，即应变速率敏感性，等温

锻造时的变形速度应很低。根据生产实践，采用等温锻造工艺生产薄腹板的肋类、盘类、梁类、框类等精锻件具有很大的优越性。

目前，普通模锻件肋的最大高宽比为 6：1，一般精密成形件肋的最大高宽比为 15：1，而等温模锻时肋的最大高宽比达 23：1。肋的最小宽度为 2.5mm，腹板厚度可达 1.5~2.0 mm。超塑性模锻也是在恒温条件下成形，但是要求在更低的变形速度和适宜的变形温度下进行。因此，要求设备的行程速度更慢，且在超塑性模锻前，需对坯料进行超塑性处理以获得极细的晶粒组织。

10. 辊锻

（1）辊锻的定义

辊锻是回转锻造的一种。这是近几十年将纵向轧制引入锻造业并经不断发展形成的锻造新工艺，属于回旋压缩成形的范畴。辊锻是使金属坯料通过反向旋转的辊锻模具，借助模具型槽对金属坯料施加压力使其产生塑性变形，从而获得所需的锻件或者锻坯的一种工艺。

（2）辊锻原理

当辊锻转离工作位置时，坯料被送进两轧辊间隙。辊锻时，坯料在高度方向经辊锻模压缩后，除一小部分横向流动外，大部分沿长度方向流动。被辊锻的毛坯，横截面积减小，长度增加。图 4-68 为辊锻变形原理示意图。

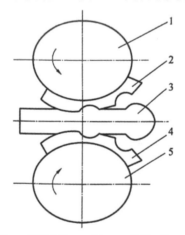

1—上锻辊 2—辊锻上模 3—毛坯 4—辊锻下模 5—下锻辊

图 4-68 辊锻变形原理示意图

（3）辊锻分类

辊锻的分类方法有很多，可以按辊锻温度、送进方式、用途、型槽等进行分类，如表 4-4 所示。

表 4-4　辊锻分类

分类方法	类别	变形特点	应用
按辊锻温度分类	热辊锻	加热至再结晶温度以上	用得最多
	冷辊锻	通常在常温下	多用于锻件精整、非铁金属
按送进方式分类	顺向辊锻	毛坯送进方向与辊锻方向一致	成形辊锻
	逆向辊锻	毛坯送进方向与辊锻方向相反	制坯辊锻
按用途分类	制坯辊锻	沿坯料长度方向分配金属体积	模锻前的拔长，滚挤制坯
	成形辊锻	直接成形锻件或锻件的某一部分	适合长轴类、板片类锻件
按型槽分类	开式型槽辊锻	上下型槽间有水平缝隙，宽展较自由	制坯辊锻
	闭式型槽辊锻	宽展受限制，可强化延伸、限制锻件水平弯曲	制坯辊锻、成形辊锻

（4）辊锻特点

辊锻成形过程是一个局部连续的静压成形过程，是轧制和模锻两种工艺的结合，集中了这两种工艺的优点。与一般锻造相比其优点如下：

① 设备吨位小：由于变形是连续的局部接触变形，虽然变形量大，但变形力小，因此，设备的吨位较小。例如，250 t 的辊锻机相当于 2 000 t 以上的锻造机。

② 生产效率高：成形辊锻的生产效率为锤上模锻的 5~10 倍，主要是因为辊锻工艺可实现连续生产。

③ 模具寿命高：辊锻是静压过程，金属与模具间相对滑动较小，因而模具的磨损量小、寿命长。

④ 劳动强度低，工作环境好：由于辊锻属于连续静压变形工艺，生产过程中设备的冲击力、振动和噪声小，且生产过程易于实现机械化和自动化，因此显著地降低了劳动强度并改善了工作环境。

⑤ 产品质量好：具有良好的金属流线，产品精度高，可实现无余量生产，

节约金属材料。易实现机械化、自动化。

（5）辊锻应用

辊锻可用于生产连杆、麻花钻头、扳手、道钉、锄头、镐等。在军工生产中，用辊锻工艺生产航空发动机的涡轮叶片、飞机大梁、直升机的螺旋桨叶、坦克的履带节等。图4-69为典型的利用辊锻工艺制备的零件。

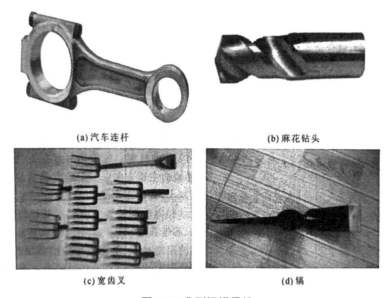

(a) 汽车连杆　　　　　　　(b) 麻花钻头

(c) 宽齿叉　　　　　　　(d) 镐

图 4-69 典型辊锻零件

11. 精压

为了进一步提高精密成形锻件的精度和降低表面粗糙度，最终达到精锻件图的要求，在锻压生产中常采用精压的方法。在实际生产中，由于设备、模具和锻件的弹复量控制不准确，模具和坯料的热胀冷缩值控制不准确，模膛的个别部位不易充满，整个或局部模膛有磨损或变形，锻件在取出过程中可能有变形。采用局部塑性变形工艺（例如辊锻等）时，变形区金属的流动规律控制不够准确，使锻件尺寸精度较低。因此，某些锻件经初步精密成形后还需进一步精压。

（1）精压件的加工质量

① 表面粗糙度：钢件 Ra（3.2~1.6），铝合金件 Ra（0.8~0.4）。

② 尺寸精度一般为±（0.1~0.25）mm。

根据金属变形情况，精压可分为平面精压、体积精压、局部体积精压。精压可以在冷态、温态和热态下进行。

（2）提高精压件尺寸精度的工艺措施

① 降低精压时工件的平均单位压力。具体措施有：采用热精压，适当地进行润滑，控制每次精压时的变形程度和精压余量。

② 减小精压面积。

③ 提高精压模的结构刚度和模板材料的硬度。

④ 其他工艺措施，如用带限程块的精压模，将精压模板的工作表面预先做成中心带凸起的形状或将精压件的坯料预先做成中心凹陷的形状。

12. 环轧

（1）环轧的定义

环件轧制又称环件碾扩或扩孔，它是借助环件轧制设备轧环机（又称碾扩机或扩孔机）使环件产生连续局部塑性变形，而实现壁厚减小、直径扩大、截面轮廓成形的塑性加工工艺。它适用于生产各种形状尺寸的环形机械零件，可用于碳素钢、合金工具钢、不锈钢、铝合金、铜合金、钛合金、钴合金等材料的加工。同时轧制的环件外径尺寸为 15~10 000 mm，环件高度为 15~4 000 mm，环件质量为 2~82 000 kg。因此该工艺适用的范围非常广泛，可加工零件的尺寸跨度非常大。

（2）环轧的分类

环轧主要分为径向轧制、径-轴向轧制、异形环件轧制、直壁环件轧制、齿圈环件轧制，常用的主要是前两种，此处主要对前两种进行介绍。

① 径向轧制：指轧制时主辊轴心位置不变，芯辊向主辊方向以一定速度进给使环件壁厚逐渐减小、直径逐渐扩大的轧制方法。径向轧制装置主要包括驱动辊、环件、导向辊、芯辊和信号辊，如图4-70所示。轧制过程中驱动辊和芯辊之间的距离减小，使得环件的横截面积减小，环件直径变大，以达到扩孔的目的。

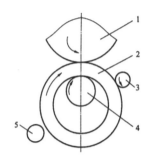

1—驱动辊 2—环件 3—导向辊 4—芯辊 5—信号辊

图 4-70 径向轧制示意图

② 径-轴向轧制：指一种广泛应用于生产大型无缝环件的先进塑性回转成形技术，环件在轧制过程中受到径向辊缝和轴向辊缝的联合挤压作用，使得环件壁厚减小，高度减小，直径扩大，截面轮廓成形。径-轴向轧制示意图如图 4-71 所示，其装置主要由驱动辊、环件、芯辊、导向辊、轴向轧辊组成，相比于径向轧制而言，径-轴向轧制多了一对轴向轧辊，在减小环件横截面的宽度的同时还能控制横截面的高度。驱动辊 1 由电动机驱动做旋转轧制运动，端面轧辊 4 和 5 做旋转端面轧制运动和轴向进给运动，芯辊 3 由液压驱动做直线进给运动。在驱动辊、芯辊、轴向轧辊的共同作用下，环件横截面积减小，直径增大。

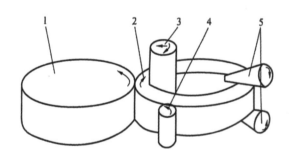

1—驱动辊 2—环件 3—芯辊 4—导向辊 5—轴向轧辊

图 4-71 径轴向轧制示意图

图 4-72 为轴向轧辊示意图，影响轴向轧辊成形质量的主要参数为轴心线长度 L 和锥顶角 2γ。若 L 太小，那么环件变形过程中容易滑出锥辊母线之外，影

响轧制过程；若*L*太大，那么机架尺寸也较大，增加设备成本。而 γ 增大有利于轴向孔型咬入条件、锻透条件和刚度条件的满足。但是 γ 角增大会增加设备的载荷和制造成本，通常锥顶角的取值在 30°~45° 为宜。

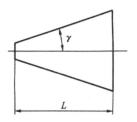

图 4-72　轴向轧辊示意图

环轧主要包括以下轧制过程。

① 咬入过程：实现环件的咬入，消除环坯的径向壁厚差，提高环坯圆度，使轧制过程稳定，避免设备颤动。

② 加速轧制过程：用较大的速度进给，目的是使环件快速长大，提高生产率。

③ 稳定轧制过程：目的是使环件长大速度稳定，便于控制环件尺寸。

④ 减速过程：减小进给速度，目的是使环件的弹性变形得到缓慢释放。

⑤ 成形整圆过程：小进给量加无进给空转，目的在于提高环件精度，降低环件椭圆度。

（3）环轧的优点

① 环件精度高，余量少，材料利用率高（轧制成形的环件几何精确度与模锻环件相当，制坯冲孔连皮小，无飞边消耗）。

② 环件内部质量好（晶粒小，组织致密，纤维沿圆周方向排列）。

③ 设备吨位小，投资少，加工范围大（局部变形的积累，使坯料局部区域连续发生小变形，小变形逐渐累积，最终使零件尺寸发生变化。因而轧制设备吨位大幅度降低，设备投资减少）。

④ 生产率高、成本低（比起自由锻环，材料消耗降低 40%~50%，成本降低 75%）。

⑤ 不需要模具，环轧是在驱动辊、芯辊、导向辊、轴向轧辊的共同作用下成形的，轧辊就是成形的基本要素，不需要模具，有利于降低成本。

（4）环轧的缺点

① 环件在孔型中可能不转动。

② 可能产生环件在孔型中转动，直径不扩大的现象。

③ 环件及轧辊强烈自激振动。

④ 环件突然压扁。

⑤ 环件直径扩大速度剧烈变化。

⑥ 已经成形的环件截面轮廓在轧制中又逐渐消失。

（5）环轧的应用

环轧常用于火车车轮及轮毂、风力设备的轴承套圈、集电环、燃气轮机环、压力容器的加强圈等（图 4-73）。随着工业的发展，各行业对大型环件的需求量越来越大，性能要求也越来越高。这使得大型环件的制造工艺显得尤为重要。而大型环件径-轴向轧制作为大型环件的先进制造工艺，由于具有材料与能源消耗低、生产效率高、产品质量好等特点，已被广泛应用于大型环件的生产。

(a) 火车车轮及轮毂

(b) 轴承套圈

(c) 集电环

(d) 加强圈

图 4-73 几种常见环轧应用

13. 楔横轧

（1）楔横轧定义

楔横轧是 1961 年出现的一种新的轧钢技术，它适于轧制变断面回转体。两个带有楔形孔型的轧辊，沿着楔前进的方向同向旋转，逐渐将坯料轧制成变断面回转体。楔形孔型由楔入、成形、精整三个区段构成。在精整段之后装有切刀。轧辊每转一周，可轧制一件或一对。切刀的作用是切断料头或将成对轧件分离为两件。图 4-74 为楔横轧原理示意图。

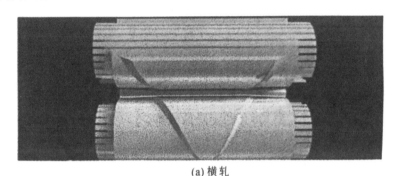

(a) 横轧

(b) 孔型斜轧　　　(c) 仿形斜轧

图 4-74 楔横轧原理示意图

（2）楔横轧过程

楔横轧机类型有辊式、板式和单辊弧式楔横轧机。对比三种类型的楔横轧机后可知，板式楔横轧机模具制造较为简单，模具的调整比较容易，因而轧件的精度较高，并且工艺可靠，轧制时毛坯的位置固定，因此不需设置侧向支撑毛坯的导向尺。板式楔横轧机适用于轧制外形结构复杂、精度要求高、零件品种变换很多的情况。但是，板式楔横轧机行程大小受到限制，变形程度也受到影响。同时，板式楔横轧机有空行程，故影响生产率。辊式楔横轧机生产率可以很高，可达到 2 000~4 000 件/h 甚至更高，易于实现自动化生产。辊式楔横轧机是三种轧机中被运用最多的一种，适用于对产品精度要求不高，且同时轧制一个或几个零件的情况。单辊弧式横轧机适用于为以后锻造供坯的大批量生产情况。圆棒毛坯在楔形模具（变形楔）的碾压下一边旋转一边变形，直径减小而长度增加，被加工成变断面阶梯状轴。工具动作一个周期，便可生产一个或数个产品。图 4-75 为典型变形楔。

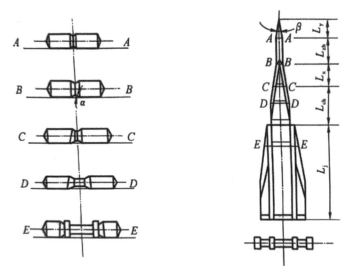

L_y—咬入段；L_{zh}—整形段；L_x—楔展段；L_{ch}—成形段；L_j—精整段

图 4-75 典型变形楔

楔形模的起始部分使坯料旋转起来并沿圆周方向在坯料上轧出一条由浅至深的 V 形沟槽，楔形模使 V 形沟槽扩展，这是轧件的主要变形区段。最后是精整段，目的是对轧件进行整形，以提高轧件的外观质量和尺寸精度。

（3）楔横轧特点

① 生产效率高：在实际生产中每分钟可以轧制 10~30 个工件。

② 材料利用率高：切削加工约有 40% 的材料以切屑的形式浪费掉，而在横轧工艺中根据产品形状有 10%~30% 的材料浪费。

③ 产品质量好：楔横轧件金属纤维流线沿产品外形连续分布，并且晶粒进一步得到细化，所以其综合力学性能较好，产品精度也高。

④ 工作环境得到了改善：楔横轧轧制成形过程中无冲击、噪声小，且无须

使用冷却液。

⑤ 自动化程度高：零件从成形、表面精整到最后成品都是由机器自动完成，所需操作人员较少。

⑥ 通用性差：只能生产圆截面的轴类件，需要专门的设备和模具。不适合小批量生产模具的设计、制造，生产工艺调整比较复杂，不能轧制大型件，轧制棒料的长度也会受到限制。

（4）应用

主要用于带旋转体轴类零件的生产，且常用于制坯工序，如汽车、摩托车、内燃机等变速箱中的各种齿轮轴，发动机中的凸轮轴、球头销等（图 4-76）。

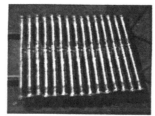

图 4-76　常见楔横轧制造零件

14. 固体颗粒介质成形

（1）诞生背景

由于传统的板成形工艺在生产复杂的零件的过程中存在着各种各样的不足；且目前的工业生产多为小批量、多品种，尤其是航天领域及其他军工领域；加上随着汽车、航空航天、电子等工业的发展，其对冲压件尺寸精度、形状复杂程度和表面质量要求越来越高，需要一种能克服常规工艺不足且制模简单、周期短、成本低，还能提高板料成形性的新工艺。固体颗粒介质成形应运而生。

（2）原理

固体颗粒介质成形工艺是采用固体颗粒代替刚性凸模（或弹性体、液体）的作用对管、板料进行胀形或拉深的工艺。随压头压力增大，板料变形程度增大，压头压力趋向平衡；变形件硬化，屈服极限提高，变形困难。图 4-77 为利用固体颗粒介质成形板料的装置示意图。

（3）工艺特点

固体颗粒介质成形有着制模简单、周期短、成本低、通用性强、废品率低、零件表面质量好、板料的成形性能和产品尺寸精度高、回弹量小、绿色环保等特点，应用前景光明。

（4）应用

固体颗粒介质成形常用于生产一些传统方法难以成形的深拉伸、深筒形件，图 4-78 为常见的固体颗粒介质成形产品。

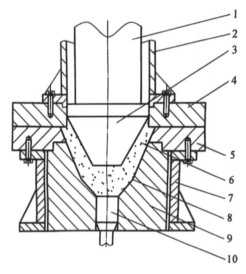

1—压杆（轴向压力传感器） 2—装料筒 3—压头 4—上压边圈 5—下压边圈

6—固体颗粒介质 7—支架 8—板料 9—凹模 10—顶出装置

图 4-77 利用固体颗粒介质成形板料试验装置图

(a) 深锥形零件　　　　**(b) 深抛物线形零件**

(c) 圆筒形零件　　　　**(d) 方盒形零件**

图 4-78　常见固体颗粒介质成形产品

4.4.3　板料的精密成形

　　金属板料成形，是用金属板料或板材作为原材料进行塑性加工的方法。板料成形包括利用液体压力的液压成形以及无需固定模具的无模多点成形等方法。

　　液压成形是指利用液体压力（如水、油）作为传力介质，使板料在均匀压力下贴合模具成形，适合复杂曲面或薄壁件，成形精度高且表面不易损伤。

　　无模多点成形是指通过计算机控制阵列式可调冲头形成瞬时"虚拟模具"，无需传统模具即可成形复杂曲面，精度可达±0.1mm，适合小批量、多品种的精密。其优势是省去模具设计制造周期，且通过数控系统实时调整冲头位置，可修正成形误差，尤其适合航空航天领域的异形精密件。

4.4.3.1　液压成形技术

1. 管材液压成形

管材液压成形起源于 19 世纪末，当时主要用于管件的弯曲。由于相关技术的限制，在之后相当长一段时间内，管材液压成形只局限于实验室研究阶段，在工业上并未得到广泛应用。但随着计算机控制技术的发展和高液压技术的出现，管材液压成形开始得到大力发展。20 世纪 90 年代，伴随着汽车工业的发展以及对汽车轻量化、高质量和环保的要求，管材液压成形受到人们的重视，并得到广泛应用。

管材液压成形的原理如图 4-79 所示。首先将原料（直管或预先弯曲成形的钢管）放入底模，然后管件两端的冲头在液压缸的作用下压入，将管件内部密闭，冲头内有液体通道，液体不断流入管件，此时上模向下移动，与下模共同形成封闭的模腔，最后高压泵与阀门控制液体压力不断增大，冲头向内推动管件，管壁逐渐贴近模具变形，最终得到所需形状的产品。

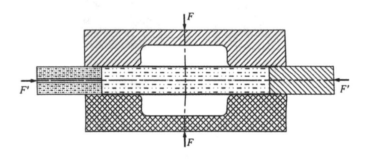

图 4-79 管材液压成形的原理

如果零件较为复杂，还需在成形前进行预成形——将管坯弯曲或冲压成与最终零件较为近似的形状，接下来退火以消除预成形所带来的残余应力。在管坯最终成形后，还需要进行一些后处理，如切除废料或表面处理等。

管材液压成形的关键问题是怎样控制液体的流动，以保证得到合格的零件。这主要取决于对液体压力的控制，如果有轴向载荷，还与轴向载荷大小以及这两者之间的匹配关系有关。成形中常见的缺陷主要是折曲起皱和破裂。这需要从实验中获得，在找出最佳的载荷策略后，通过计算机对液体压力和轴向推力进行精确控制，从而加工出合格的零件。除此之外，影响成形的还有其他一些因素，例如润滑条件、工件和模具的材料性能以及表面质量等提高工件和模具的表面质量。另外，良好的润滑条件可以减小材料流动的摩擦力，有助于成形。

2. 液压胀球

液压胀球技术为哈尔滨工业大学王仲仁教授首创，此技术产生于 20 世纪 80 年代，曾先后获得省科技进步奖一等奖及国家发明奖。在第 18 届北美金属加工研究会上，液压胀球被列为五项新成果之首。相对于传统的球形容器加工工艺，此技术具有缩短生产周期、降低生产成本、提高成形质量等优点，且利用此技术不需要大型压力机和模具。因此，此技术已逐渐成为制造球形容器的主流技术。

液压胀球技术的基本原理如图 4-80 所示，是利用单曲率壳体或板料，经过焊接后组装成一个封闭的多面壳体或单曲率壳体，在壳体中充入传压介质，使之发生塑性变形并逐步胀形成为球形容器。其理论依据：一是力学上的趋球原理，即曲率半径不同的壳体在趋球弯矩的作用下逐渐趋于一致；二是金属材料存在塑性变形的自动调节能力，当某一区域的变形过于集中，则该区域将发生变形强化，塑性变形将转移至他处。

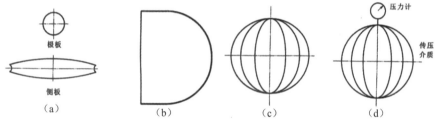

图 4-80　液压胀球技术的基本原理

液压胀球成形时有两个关键点：一是传压介质的加载，二是焊接质量。

传压介质的加载涉及液压泵的流量、加载速度以及保压时间。一般来说，在成形初期可使用大流量和大的加载速度，但在成形末期，必须降低流量和加载速度。同时在成形过程中，当压力达到适当的值时，还需保持一段时间，以利于球壳成形。

焊接质量也决定着成形的成功与否。焊接质量不好，会造成成形过程中焊接处开裂。因此在成形前需对焊接处进行表面探伤，一旦发现焊接处有裂纹，需及时修补。

液压胀球技术的优点为：不需要大型的模具和压力机，产品初投资少，因而可大大降低成本；生产周期短，产品变更容易，下料组装简单；经过超载胀形，有效地降低了焊接残余应力，安全性高。

3. 板材液压成形

板材液压成形是从管件液压成形推广而来。美国、德国和日本相继于 20

世纪五六十年代开发出了橡皮囊液压成形技术。但由于橡皮囊易损坏，需经常更换，并且成形时需很高的压力以消除法兰部位的起皱，在实际生产中并没有得到广泛应用。后来日本学者对此进行了改进，去除了橡皮囊，开发出压拉深技术。

在板材液压成形中，应用最为广泛、技术最为成熟的是对向液压拉深技术，如图4-81所示。首先将板料放置于凹模上，令压边圈压紧板料，使凹模型腔形成密封状态。当凸模下行进入型腔时，型腔内的液体由于受到压缩而产生高压，最终使毛坯紧紧贴向凸模而成形。当然，如果成形初期对液体压力要求较高，可在成形一开始使用液压泵进行强制增压，使液体压力达到一定值，以满足成形要求。

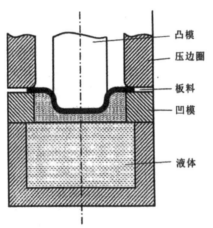

图 4-81 对向液压拉深技术原理示意图

目前，板材液压成形的发展主要体现在以下方面。

（1）对现有工艺的引申和扩展，例如周向液压拉深及板材成对液压成形：① 周向液压拉深是在对向拉深的基础上将液体介质引导至板材外周边，从而对板材产生径向推力，使板材更易向凹模内流动，同时在板材上下两面实现双面润滑，减小了板材流动阻力，进一步提高成形极限。周向液压拉深的拉深比可达到3.3，高于一般的液压拉深所能达到的拉深比。② 板材成对液压成形工艺适用于箱体零件的成形。成形前需先将板材充液预成形，切边后再将周边焊接，然后在两板中间充入高压液体使其贴模成形。中间过程采用焊接，可使两块板材准确定位，保证了零件精度。同时焊接后再充液成形，以消除焊接引起的变形。

（2）技术改进。由于压边力在成形中起着重要的作用，对于不规则的零件，在成形时法兰处材料的流动情况是不一样的。为了控制法兰不同区域材料的流动，有关专家研制出了多点压边系统。此系统具有多个液压缸，每个液压缸独立控制一个区域的压边力，这样就可以满足不同区域压边力不同的需求，采用此系统可以大大提高成形极限和成形质量。

4.4.3.2 无模多点成形技术

金属板料无模成形工艺最早采用的是手工方法，后来出现了旋压技术。近年来，由于市场需求的多样化，制造业对产品开发技术提出了更高的要求，促使板料无模成形方法有了新的发展。日本和德国在这方面进行了大量的研究。板材旋压成形是最常用的无模成形技术之一，从目前的研究和应用情况看，成形理论较成熟并已达到数控成形水平，但是这种方法只能加工轴对称的制件。德国和日本学者提出一种 CNC 成形锤渐进成形法（图 4-82），是一种用刚性冲头和弹性下模对板材进行局部打击成形的工艺。但这种方法只能加工形状比较简单的制件，而且成形后会留下大量的锤击压痕，影响制件的表面质量。多点成形法也是一种载模成形技术（图 4-83），它采用多个高度方向可调的液压加载伺服单元形成的离散曲面代替模具进行曲面成形，可分为多点模具成形和多点压机成形两种方式。该成形法对于加工形状复杂的汽车覆盖件有较大的困难，此外，机器结构复杂、设备价格过于昂贵也是制约此技术推广的原因。

图 4-82 成形锤渐进成形法　　　　图 4-83 多点成形法

数控渐进成形工艺（图 4-84）最早由日本学者松原茂夫提出。尽管该技术提出时间很短，但由于具有广阔的发展前景，引起了国外快速制造领域专家的重视。国际著名塑性加工专家中川威雄教授指出，这种方法代表了板材数字化塑性成形技术的发展方向。日本政府极为重视该项技术，由日本科学技术振兴事业财团拨出专款支持企业开发，在 AMINO 公司研制出了样机，可以加工汽车覆盖件等复杂制件。

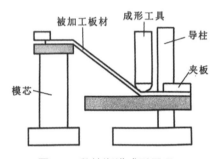

图 4-84 数控渐进成形原理

　　随着现代工业生产的发展，工业产品的品种越来越多，更新换代的速度也越来越快，产品生产批量由大批量转向中小批量方向转变，这就要求生产过程向柔性化的方向发展。但是三维板类件的生产通常都离不开模具，为了设计、制造与调试这些模具需要消耗大量的人力、物力与时间，很难适应现代化生产的需要，故迫切需要新的生产方式。多点成形的设想就是为实现板类件的无模柔性生产而提出的，其原始思想是利用相对位置可以互相错动的"钢丝束集"对板材实行压制与成形。

　　在多点成形发展过程中，日本、美国学者对多点成形进行了技术上的探讨和实验研究，制作了不同的样机。但这些研究大多只限于代替模具方面，没有注意到更加充分地利用多点成形时柔性加工的特点。因此，在研究过程中暴露出很多因其变形带来的问题。

　　1. 无模多点成形的概念

　　无模多点成形（multi-point forming，MPF）是把模具曲面离散成有限个高度分别可调的基本单元，用多个基本单元代替传统的模具（图 4-85）进行板材的三维曲面成形。每一个基本单元称为一个基本体（base element），也常称为冲头。用来代替模具功能的基本体的集合称为基本体群（elements group）。无模多点成形技术就是由可调整高度的基本体群随意形成各种曲面形状代替模具进行板材三维曲面成形的先进制造技术。

无模多点成形设备则是以计算机辅助设计（CAD）、辅助制造（CAM）、辅助测试（CAT）技术为主要手段的板材柔性加工新装备，它以可控的基本体群为核心，板类件的设计、规划、成形、测试都由计算机辅助完成，从而可以快速经济地实现三维曲面自动成形。

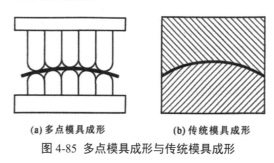

(a) 多点模具成形　　　　**(b) 传统模具成形**

图 4-85　多点模具成形与传统模具成形

2. 无模多点成形的类型

按照对基本体的控制方式可将基本体分为以下三种类型。

① 主动型：基本体在成形过程中可随意控制移动的方向、速度和位移。

② 被动型：基本体在成形过程中不能随意控制调节其位移、速度和方向，只是被施加一定的压力后被动地产生位移。

③ 固定型：基本体的相对位置在成形前调整，在成形过程中的高度不变。

按照基本体调整方式的不同，又可以派生出不同的多点成形方法：多点模具成形、半多点模具成形、多点压机成形和半多点压机成形。

（1）多点模具成形（multi-point dieforming）

多点模具成形就是上下基本体群所包含的基本体都为固定型时的无模多点成形（图 4-86）。采用多点模具成形方式成形工件时，上、下基本体群在成形工作前就被调整到适当的位置，形成对成形工件曲面的包络面。在成形过程中基本体的相对位置不再发生变化，这相当于模具成形中的上下模具，故称为多点模具成形。

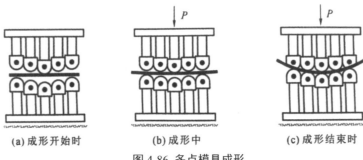

(a) 成形开始时　　　　(b) 成形中　　　　(c) 成形结束时

图 4-86　多点模具成形

当生产板材变形量超过一定的极限、一次不能成形、变形程度比较大的工件时，可以进行逐次成形，即先将工件成形到某一中间形状，然后以此中间形状为坯料再成形，直至得到合格的制品。使用逐次成形方法可以获得比传统模具一次成形更大的变形量。由于变形量较大而传统模具不能成形时，多点模的"柔性"将充分发挥其优势。

（2）半多点模具成形（semi multi-point die forming）

上（或下）基本体群中基本体的类型为固定型，而下（或上）基本体群的基本体类型为被动型的无模多点成形，称为半多点模具成形（图 4-87）。

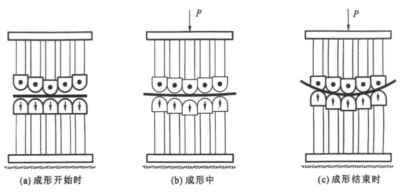

(a) 成形开始时　　　　(b) 成形中　　　　(c) 成形结束时

图 4-87　半多点模具成形

采用这种成形方式时，被动移动的基本体始终与板料保持接触状态，而且与多点模具成形方式相比，显著地减少了控制点的数目和对基本体的调整时间，在采用自动控制方式时可以降低控制系统的制作费用。半多点模具成形方式由于基本体与板材的接触点比较多，能够得到比多点模具成形更好的成形效果。

（3）多点压机成形（multi-point press forming）

上、下基本体群中基本体的类型都为主动型的多点模具成形称为多点压机成形（图 4-88）。

在多点压机成形方式中，可以实时地控制每个基本体运动的方向和速度，在成形前不需要进行预先调整，上下基本体群夹住成形板材，在受载的情况下，每个基本体根据需要移动到合适的位置进行板材三维成形。每一个基本体都像一个小压力机，故称为多点压机成形。采用多点压机成形方式生产工件时，可以按照成形工件的最佳成形路径进行成形。所有的基本体在成形过程中始终与板材保持接触，使板材保持最好的受力状态，从而最大限度地减少成形时的缺陷，提高板材的成形极限。这种成形方式充分发挥了柔性加工的特色，可以实现多种工件的加工，而中间不需要任何换模时间，具有相当高的效率，从这一角度来看，它是几种成形方法中最好的一种。缺点是制作设备费用太高。根据成形工件面积与设备成形面积的关系，多点压机成形又可以分为整体成形和分段成形。

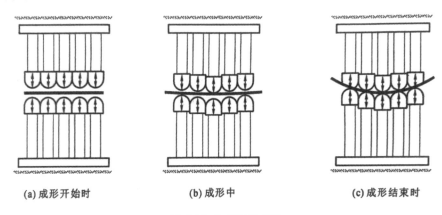

(a) 成形开始时　　　　　(b) 成形中　　　　　(c) 成形结束时

图 4-88　多点压机成形

（4）半多点压机成形（semi multi-point press forming）

上（下）基本体群中基本体的类型为主动型，而下（上）基本体群中基本体的类型为被动型的多点模具成形称为半多点压机成形（图 4-89）。

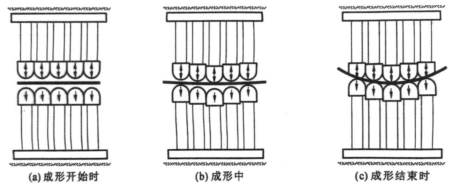

(a) 成形开始时　　　　**(b) 成形中**　　　　**(c) 成形结束时**

图 4-89 半多点压机成形

半多点压机成形与半多点模具成形类似，只不过它的上基本体群中基本体的位移、速度和方向可以随意控制，从而也有更多的成形路径可以选择。半多点压机成形的控制系统要比半多点模具成形的控制系统复杂，成形工件的质量要好于后者的成形质量，但从经济性上来考虑，这种成形方式的应用受到了一定的限制。

3. 无模多点成形工艺的特点

（1）实现板类件快速成形

如图 4-90 所示，无模多点成形生产时，进行曲面造型后就直接进行工件生产，免去了传统模具设计、制造与调试的工序，节约了大量的模具材料及制造模具所需的时间、空间和费用，大大地缩短了产品的开发周期，适应多品种、小批量现代化生产的需要，有助于生产企业及时调节产品结构，更好地适应市场。

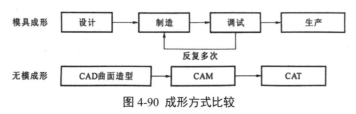

图 4-90 成形方式比较

（2）改善变形条件

在传统模具成形时，成形初期只有部分模具表面与板料表面接触。随着变形的增加，与板料接触的面积也逐渐增大，但只有到成形结束时，才有可能使模具表面全部与板料接触。这就是说，在成形的绝大部分过程中，只有部分表面参与变形，从而对板料的约束较少，应力集中现象也突出，容易产生皱纹等缺陷。因此，模具成形时往往要设计较大的压边面来抑制皱纹的产生。在多点模具成形中，情况也类似。

　　然而，在多点压机成形时情况完全不同。从成形一开始，所有的基本体都可以与板料表面接触；而且在成形过程中所有的基本体始终与工件表面接触。这样，一方面增加了对板料表面的约束，使工件产生皱纹的机会明显减少；另一方面还减小了单个基本体的集中载荷，减少了压痕。如果再结合使用弹性垫就可以大大地增加工具与工件的接触面积，减少缺陷的产生。也可以说，在多点压机成形时，工件的表面既是成形面，又是压边面。

　　另外，若进一步充分利用多点压机成形的柔性特点，在成形过程中适当控制工件变形的路径，使工件处于最佳变形状态，可以提高板材的成形极限，有助于实现难加工材料的塑性变形，得到传统的模具成形难以实现或无法实现的效果。

　　图 4-91 为马鞍形曲面的多点模具成形与多点压机成形效果的比较。所用材料为 L2Y2 铝板，尺寸为 140 mm×140 mm。从图中可以看出，多点压机成形时完好的成形件的曲面曲率比多点模具成形时的曲面曲率大很多。

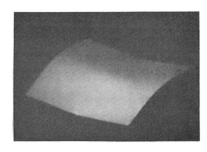 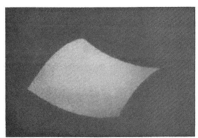

(a) 多点模具成形件　　　　　　　　　(b) 多点压机成形件

图 4-91　多点模具成形件与多点压机成形件

（3）无回弹成形（springback free forming）

　　板材成形在塑性变形前总伴有弹性变形，卸载后，工件必然会向着与变形相反的方向产生回弹。工件的回弹值与众多因素有关，而且对于同一种材料，由于生产批号不同，回弹值也不尽相同。因此，对回弹的预测十分困难。

对于传统模具成形，回弹的存在导致模具需要反复调试，因此带来了各种问题。多点成形可以用反复成形法对回弹引起的问题加以解决。反复成形法就是在无模多点成形中成形件围绕着目标形状连续不间断地反复成形，逐渐靠近目标形状，使材料内部无变形造成的残余应力（图 4-92）。从理论上讲，该方法可以直接消除工件的回弹。反复成形法的具体成形过程如下。

① 首先使材料变形到比目标形状变形再加上应有的回弹值还大一点的程度。由于三维变形较其简化后的二维变形的回弹量小，因此所增加的变形量完全可参考简化后的二维变形的回弹量。第一次变形后沿其厚度方向的应力分布如图 4-93（a）所示。

② 在第一次变形状态下，使材料往相反的方向变形，如果使变形量等于回弹值，就等于卸载过程，其应力分布如图 4-93（b）所示。继续反向加载，变形越过目标形状。这时所增的变形量应小于第一次变形所增加的变形量。第二次变形后沿其厚度方向的应力分布如图 4-93（d）所示。

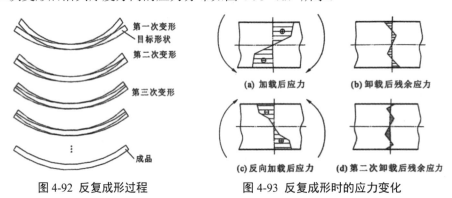

图 4-92 反复成形过程　　　　图 4-93 反复成形时的应力变化

③ 以目标形状为中心，重复正向与反向成形，但每次超过目标形状后的变形量要逐渐减小，使板料逐渐靠近目标形状，最后在目标形状结束成形。在多次反复成形过程中，残余应力的峰值逐渐变小，变形周期变短，最终可实现无回弹成形。

（4）无缺陷成形

多点成形时，板料与基体间的接触是点接触，为了使载荷均布、改善板料的受力状态，应用弹性垫技术（图 4-94）。成形时，使用两块弹性垫把板料夹于中间（图 4-95）。因为在成形过程中，弹簧钢带板很容易产生变形，并且将冲头集中载荷分散地传递给板料，所以能显著抑制压痕的产生。另外，板料和弹性垫在变形过程中始终接触，使板料与工具的接触面积比用模具成形时还大很多，所以起到抑制皱纹的作用。成形后，弹性垫完全恢复到原来的形状，成为平整状态。实验证实，带板状弹簧钢正交形弹性垫是防止不良现象非常有效的工具。

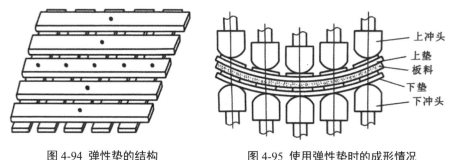

图 4-94　弹性垫的结构　　　　　　图 4-95　使用弹性垫时的成形情况

（5）设备成形大型件

在整体成形时，工件的尺寸要小于或等于设备的一次成形面积；而采用分段成形技术时，成形件被分成若干不分离的成形区域，利用多点成形的柔性特点连续逐次成形大于设备尺寸的工件（图 4-96）。这是无模多点成形的最大优点之一。而分段成形时，在一块板料上既有强制变形的区域，又有相对不产生变形的刚性区域，且在产生变形的强制变形区与不产生变形的刚性区之间必然形成一定的过渡区。在过渡区里，与基本体接触的区域因受刚性区的影响，变形结果与基本体所控制的形状产生较大的差别；而不与基本体接触的区域，也会受到强制变形区的影响，产生一定的塑性变形。这样即使是最简单的二维变形，也会变成复杂的三维变形。在分段成形中，不同的总体变形量有不同的成形工艺。总体变形较小时，采用无重叠区的成形和有重叠区的成形工艺；有较大变形时，由于分段一次压制后，在过渡区产生剧烈塑性变形，发生加工硬化，留下加工缺陷，并在随后的压制中很难消除。可以采用变形协调成形工艺和多道分段成形工艺。

目前，有关分段多点成形方面的研究已取得了明显进展，已经做出了很多分段成形的样件，其中较典型的成形件为总扭曲角度超过 400°的扭曲面（图4-97）。

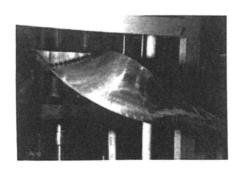

图 4-96 分段多点成形过程　　　　　　　图 4-97 分段成形的扭曲件

4. 金属板材无模成形

金属板材无模成形，也可称为分层渐进塑性成形方法。这是一种基于计算机技术、数控技术和塑性成形技术的先进制造技术，其特点是采用快速原型制造技术（rapid prototyping，RP）进行分层制造（layered manufacturing）的思想，将复杂的三维形状沿 Z 轴方向切片（离散化），即分解成一系列二维断面层，并根据这些断面轮廓数据，用计算机控制一台三轴联动成形机，驱动一个工具头，以走等高线的方式对金属板料进行局部的塑性加工。着重强调层作为加工单元的特点，每层可采取更低维或高维单元进行塑性加工得到，即无须制造模具，用渐进成形的方式将金属板料加工成所需要的形状。其成形过程如图 4-98 所示，具体分为以下三个工步。

① 将板料放置于托板上，四周用夹板夹紧。托板可以沿导柱自由上下滑动。

② 根据切片断面轮廓数据，用计算机控制三轴联动成形机驱动一个成形工具对板料压下一个量，并以走等高线的方式对板料进行加工。

③ 每完成一个断面层轮廓的加工后，工具头沿 Z 轴方向压下一个高度，接着加工下层的断面轮廓，如此循环往复直至工件最终成形。

该方法不需要形状一一对应的模具，成形工件的形状和结构也相应不受约束，是用逐层塑性加工来制造三维形体，在加工每一层轮廓时都和前一层自动实现光顺衔接。无模成形既可实现成形工艺的柔性，又可节省制造工艺的大量成本。该方法由于不是针对特定工件采用模具一次拉伸成形，因此不仅可以加工轿车覆盖件，也可加工任意形状复杂的工件。由于该无模成形法省去了产品设计过程中因模具设计、制造、实验修改等复杂过程所耗费的时间和资金，因此极大地降低了新产品开发的周期和成本，特别适合于轿车新型样车试制（概念车），也适合于飞机、卫星等多品种小批量产品，以及家用电器等新产品的开发，具有巨大的经济价值。而且该方法所能成形的零件复杂程度比传统成形工艺高，它可以对板材成形工艺产生革命性的影响，也将引起板壳类零件设计概念的更新。

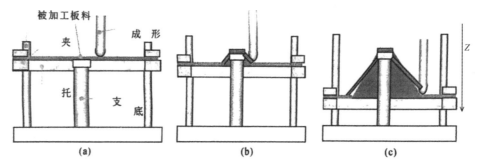

图 4-98　金属板材无模成形过程

以轿车大型覆盖件快速成形系统为例，覆盖件的三维图形可在计算机上用 UG、Pro/Engineer 等三维设计软件绘制，然后进行前处理，对图形分层，并用分层的数据经过接口软件直接驱动三轴联动的成形设备，成形设备则似绘图机分层"绘制"零件断面框一样，用一个成形工具头以走等高线的方式对板材逐层进行渐进塑性加工，使板材逐步成形为所需的轿车覆盖件。实验结果证明，与传统工艺比较，这种渐进成形方法可加工出有更高伸长率的工件，可加工那些用传统工艺加工不出来的具有复杂曲面的工件。

这种快速成形技术，不仅适用于新车型的开发和对概念车设计的验证，还可用来翻制以覆盖件作为原型的简易模具，并用这些模具进行小批量生产。

板材渐进成形技术具有广阔的发展前景，已引起国外快速制造领域专家的重视。该方法如与其他塑性加工工艺相结合，可制造出更理想的工件，将更新板材塑性加工的传统理念。图 4-99 为金属板料无模快速成形过程。图 4-100 为金属板料无模快速成形的制件，此零件可以用无模具成形技术成形凸起部分，再冲出其余小孔，可以简化模具、节约成本。

图 4-99 金属板料无模快速成形过程　　　　图 4-100 金属板料无模快速成形的制件

4.5 塑性加工领域内的创新方法

所谓技术开发就是把应用研究的成果运用于生产实际，并在实际中发展应用研究成果；选择和寻求各种形式的技术原理、方法及工艺方案，使这些方案能在工业生产、经营管理和社会生活中加以运用和推广。

技术开发的任务和作用就是在科学技术和工业生产以及社会生活之间架起一座使它们可以互相"沟通"的桥梁，人们通过它把认识自然的理论知识转化为利用和改造自然的现实能力。

过去许多科研成果长期处于"样品""礼品""展品"阶段，究其原因，主要是科研一到应用研究的阶段（尚未开发研究）就停滞不前，相关研究人员认为此时科研任务已经完成了，至于科研成果如何应用到生产部门和社会生活领域去进行试制，如何对科研成果进行经济适用性的改进和提高，如何对科研成果进行综合性的开发和应用等不是自己的事情。但从科学技术转化为生产力的全过程看，科学研究和开发研究是紧密不可分的。为了促进科学技术迅速转化为生产力，科研部门必须把技术开发纳入自己的科研体制和研究计划之中，只有这样，才能使科研成果畅通无阻地转化为生产力。

从生产方面看，一般生产厂家和企事业单位由于怕亏本，自己很少进行试验、研究和设计，因而在采用新技术、试制新产品方面止步不前。为了保证技术开发的顺利进行，企业研究所、科研型企业或大企业的技术开发部门以及事业单位的技术部门应该把相关的实验研究当作自己的科研任务去完成，特别应该建立中间试验室或工业性、适用性的试验车间，并把它作为新技术、新产品、新工艺、新设备、新方法的研制和开发的基地。只有这样，才能及时将科研成果投入正式生产和应用。技术开发同科学技术研究和工业生产是处于同一链条的关系之中。科研不能置技术开发和工业生产于不顾，工业生产也不能置科研和技术开发不问，技术开发本身既是桥梁，又是两边"桥头"的组成部分。

把一个领域成熟的技术借用或移用到另一个领域，并使这一技术在新的领域获得新的发展，就是移植式技术开发。激光技术在工农业生产、医疗卫生、国防军事和科学研究等各个方面有广泛的应用，从根本上说也是技术移植的结果。例如：把激光技术移植到冶金工程，用于对钢材产品的缺陷检测与质量控制；把激光技术移植到机械加工技术中，可以制成进行打孔、划行、焊接、切割、刻槽等机械加工的机械装置；把激光技术移植到计量和测量上，可以制成激光测距机，用它测量地球和月球的距离，误差仅为几厘米；把激光技术移植到军事上可制造出激光武器；激光技术还可以移植到医学上，制成激光手术刀等。总之，激光技术的移植是比较典型和全面的。

所谓技术改制就是在原有技术或产品的基础上增加新的元素，而形成与原技术不同的技术和产品的方法。人们常常认为，要进行技术的创造和革新就必须另辟蹊径，开发全新的技术和方法。其实不然，往往在老的技术或方法的基础上引进某些新内容加以改进和提高，就能很好地解决新的问题。在技术史上有许多这方面成功的经验。因为技术问题和用以解决它的技术原理和方法并不是简单的单一对应关系，往往是同一个技术原理和方法稍加改变就可以解决许多不同的技术问题。技术改制法虽然不是技术上的重大突破或革命性的变革，但它在改进和完善现有技术和扩展技术适用范围上具有重大作用，是推动技术进步的最常用的基本方法。从一种技术改制为另一技术，既是技术内部矛盾发展的结果，又是技术和环境相互作用的产物。技术革新过程就是要不断地揭示存在的技术矛盾和解决这些矛盾。恩格斯曾谈到老式步枪装子弹必须从枪筒前端进行，枪筒越短，装起来越快。但是因为在步枪上也要装刺刀，枪筒越长，刺杀起来才越有效。这个矛盾推动了步枪改进为由后面装子弹的现代步枪。后来为了适应各种战斗场合的需要，又设计出各种连发枪支和长短枪支。技术改制法是符合技术发展规律的，有其必然发展的内在根据和外在条件。技术改制有下列基本途径。

通过增加新内容或引进附加技术措施来发挥原有技术的作用，实现发明革新。省略多余的结构和生产工序是发明与革新的重要途径。一个例子是杭钢热轧薄板厂成功开发 0.5 mm 薄板六片叠轧一火成材轧制工艺技术。此轧制工艺在市场同类产品生产中属于一项攻坚技术。首先该厂技术部门对薄规格板轧制的特性进行分析，及时制定了科学合理的压下工艺、配套调整平整辊曲线和退火工艺，使产品生产全过程较为顺利地达到了质量要求。其次对设备也提出了更高的要求，从压下螺母和螺杆的配套精度的提高到最大限度地减少底瓦垫片，前、后笼的挡爪也由原来的 4 只增加到 5 只，从而确保了轧机的弹跳值小于 3.0 mm，满足了 0.5 mm 工艺的生产要求。最后攻坚克难，锐意进取。由于 0.5 mm 一火成材在试轧过程中出现弹跳问题，该厂打破历年来的四片叠轧传统工艺，改成六片叠轧，效果甚佳。对于其他一些重点、难点如黏结、断腰以及破边等问题，该厂轧钢车间经过不断推敲、试验，通过适当提高涂料浓度，注意轧辊的恒温，控制了黏结；要求板坯在加热过程中把板烧透，从而保证在轧制过程中增加板的延伸性能；另外在破边的控制上，特别要求前操工以"稳"为主，争取保证每一块板的位置都准确，并要求压下工针对板型对压下量的控制与配合，从而抑制了破边。由于准备充分、设备配合到位、轧制过程量计算得准确，该厂在"0.5 mm 一火轧成工艺技术"的试轧过程中一举获得成功。原 0.5 mm 火轧制工艺复杂，有 10 个步骤，而新的轧制工艺只需涂料、板坯加热、轧制成品 3 个步骤即可完成，班产量由原来的 18~20 t 提高到现在的 27 t 以上，各项主要技经指标也明显提高，正尺率整整提高了 20 个百分点。

通过变通用为专用、改单用为多用，完成发明革新。通用产品具有用途多、使用范围广、适应性强等优点，但是产品的共性大，特性就小，如果专用于某个方面就会感到有不足之处。按照不同用途发展专业化和将多种功能集于一身，始终是产品发展和技术革新的两个重要方向。

思考题

1. 简述金属塑性加工的物理本质。金属塑性加工过程中的组织性能有什么变化?

　　2. 常用的金属塑性加工技术有哪些? 简述轧制成型技术的概念与原理。

　　3. 挤压成型技术的基本方法有哪些? 简述挤压成型技术的特点。

　　4. 薄板坯连铸连轧技术发展过程中有哪些技术方面的创新? ESP 无头轧制技术与前期轧制技术相比有哪些优势?

　　5. 简述精冲技术、液压成形技术、金属板料数字化成形技术各自发展历程与优缺点。

　　6. 简述金属塑性成形方法的最新进展。

第5章 金属粉末成形技术与创新

金属粉末成形技术作为一种重要的先进制造技术，在现代工业生产中发挥着越来越重要的作用。本章将全面介绍金属粉末成形技术及创新，涵盖了金属粉末冶金原理、粉末冶金原理与应用、金属粉末喷射成形原理及应用、金属粉末注射成形原理及应用，以及粉末成形领域内的创新方法方面。通过学习本章内容，读者将更好地了解金属粉末成形技术的原理和应用，可以为将来从事相关研究和实践奠定坚实基础。

5.1 金属粉末冶金原理

5.1.1 金属粉末制备概述

金属粉末从形状上看有球状、片状、树枝状等；从粒度上看有几百微米的粗粉末，也有纳米级的超细粉末；从制取粉末的方法上看有机械法、物理化学法等。金属粉末的主要制备方法如表 5-1 所示。另外，一些难熔的金属化合物（如碳化物、硼化物、硅化物、氮化物等）可采用"还原-化合""化学气相沉积（CVD）"等方法制备。

粉末原料在成形之前通常要根据产品最终性能的需要或成形过程的要求经过一些处理，包括粉末退火、混合、筛分、加润滑剂、制粒等。

表 5-1 金属粉末的主要制备方法

生产方法			原材料	粉末产品举例	
				金属粉末	合金粉末
物理化学法	还原	碳还原	金属氧化物	Fe，W	
		气体还原	金属氧化物及盐类	W，Mo，Fe，Ni，Co，Cu	Fe-Mo，W-Re
		金属热还原	金属氧化物	Ta，Nb，Ti，Zr，Th，U	Cr-Ni
	气相还原	气相氢还原	气相金属卤化物	W，Mo	Co-W，W-Mo 等
		气相金属热还原		Ta，Nb，Ti，Zr	
	气相冷凝或离解	金属蒸气冷凝	气态金属	Zn，Cd	
		羰基物热离解	气态金属羰基物	Fe，Ni，Co	Fe-Ni
	液相沉淀	置换	金属盐溶液	Cu，Sn，Ag	
		溶液氢还原		Cu，Ni，Co	Ni-Co
		从熔盐中沉淀	金属熔盐	Zr，Be	
	电解	水溶液电解	金属盐溶液	Fe，Cu，Ni，Ag	Fe-Ni
		熔盐电解	金属熔盐	Ta，Nb，Ti，Zr，Th，Be	Ta-Nb，碳化物等
机械法	机械粉碎	机械研磨	脆性金属与合金	Sb，Cr，Mn，高碳铁	Fe-Al，Fe-Si，Fe-Cr
			人工增加脆性的金属与合金	Sn，Pb，Ti	
		旋涡研磨	金属和合金	Fe，Al	Fe-Ni，钢
		冷气流粉碎		Fe	不锈钢，超合金
	雾化	气体雾化	液态金属和合金	Sn，Pb，Al，Cu，Fe	黄铜，青铜，合金钢，不锈钢
		水雾化		Cu，Fe	黄铜，青铜，合金钢
		旋转电极雾化		难熔金属，无氧铜	铝合金，钛合金，不锈钢等

5.1.2 金属粉末的常用制备方法

金属粉末的常用制备方法包括：雾化法制粉、机械粉碎法制粉、还原法制粉、气相沉积法制粉等。

5.1.2.1 雾化法制粉

雾化法是在外力的作用下将液体金属或合金直接破碎成为细小的液滴，并快速冷凝而制得粉末的方法，粉末的大小一般小于 150 μm。雾化法可以制取多种金属和合金粉末，任何能形成液体的材料都可以进行雾化制粉。

借助高压水流或气流的冲击作用来破碎液流，称为水雾化或气雾化，也称二流雾化，如图 5-1 所示；利用机械离心力的作用破碎液流称为离心雾化，如图 5-2 所示；在真空中实施雾化的称为真空雾化，如图 5-3 所示；利用超声波能量来实现液流的破碎称为超声雾化，如图 5-4 所示。与机械粉碎法比较，雾化法是一种简便且经济的粉末生产方法。

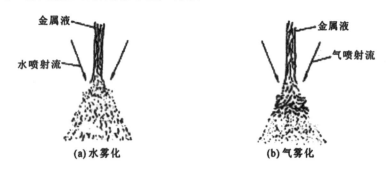

图 5-1 水雾化和气雾化示意图

图 5-2 离心雾化示意图

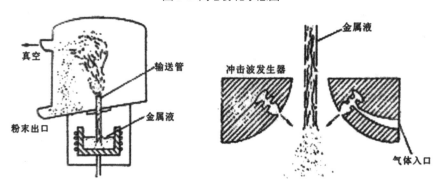

图 5-3 真空雾化示意图   图 5-4 超声雾化示意图

在各种雾化法制粉中，二流雾化法最为常用。根据雾化介质（气体、水）对金属液流作用的方式不同，雾化具有多种形式（图 5-5）：

（a）平行喷射式——气流与金属液流平行；

（b）垂直喷射式——气流或水流与金属液流成垂直方向；

（c）V 形喷射式——雾化介质与金属液流成一定角度；

（d）锥形喷射式——气体或水从若干均匀分布在圆周上的小孔中喷出，构成一个未封闭的锥体，交汇于锥顶点，将流经该处的金属液流击碎；

（e）旋涡环形喷射式——压缩空气从切向进入喷嘴内腔，然后高速喷出，形成一旋涡封闭的锥体，金属液流在锥底被击碎。

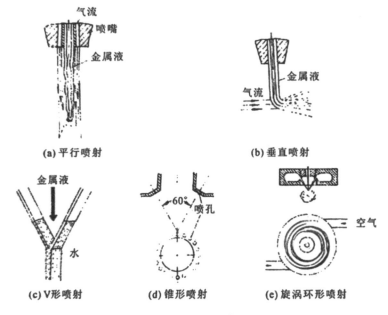

图 5-5　雾化的多种形式

雾化过程是一个复杂过程，按雾化介质与金属液流相互作用的实质，既有物理机械作用，又有物理化学作用。高速的气流或水流，既是破碎金属液的动力，又是金属液流的冷却剂。因此在雾化介质与金属液流之间既有能量交换，又有热量交换。同时，液体金属的黏度和表面张力在雾化过程中也不断发生变化，液体金属与雾化介质还会发生化学作用（氧化、脱碳等）。

在液体金属不断被击碎成细小液滴时，高速流体的动能转变为金属液滴的表面能，这种能量交换过程的效率极低，估计不超过 1%。目前，针对液流雾化机理的定量研究还较为欠缺。在雾化装置或设备中，喷嘴是使雾化介质获得高能量、高速度的部件，它对雾化效率和雾化过程的稳定性起重要作用。除尽可能地使介质获得高的出口速度与能量外，喷嘴还要保证雾化介质与金属液流之间形成最合理的喷射角度，使金属液流变成明显的紊流；另外，还要保证喷嘴的工作稳定性好，雾化过程不会被堵塞，加工制造方便。

在各种雾化装置中，气雾化是种常用的雾化方法。图 5-6、图 5-7 分别是垂直气雾化装置和水平气雾化装置示意图。在垂直气雾化过程中，金属由感应炉熔化并流入喷嘴，气流由排列在熔化金属四周的多个喷嘴喷出，雾化介质采用惰性气体，雾化可获得粒度分布范围较宽的球形粉末。在水平气雾化过程中，金属液由熔池经虹吸管进入喷嘴，气流水平方向作用于液流，为了让气体能够逸出，需要有一个大的过滤器。

气雾化时金属粉末的形成过程可用图 5-8 来说明。膨胀的气体围绕着熔融的液流，在金属液表面引起扰动，形成一个锥形。从锥形的顶部，膨胀气体使金属液流形成薄的液片。由于具有高的表面积与容积之比，薄液片是不稳定的。若液体达到足够的过热程度，可防止薄液片过早地凝固，并能继续承受剪切力而成为条带，最终成为球形颗粒。

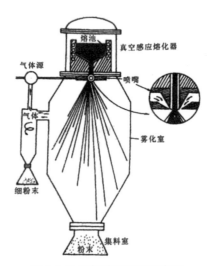

图 5-6 垂直气雾化装置示意图

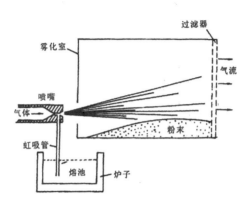

图 5-7　水平气雾化装置示意图

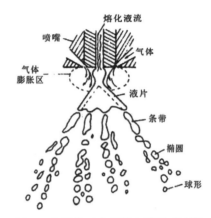

图 5-8　气雾化时金属粉末的形成过程

在上述过程中，条带直径D_L取决于薄液片厚度δ和气体速度v，即

$$D_L = 3\left[\delta\frac{3\pi\gamma}{\rho_m v^2}\right]^{\frac{1}{2}} \tag{5-1}$$

式中：　ρ_m——熔融金属密度；

　　　　γ——熔融金属表面张力。

颗粒尺寸D与喷嘴几何尺寸c和熔融金属的黏度μ有关，可表达为

$$D = \frac{c}{v}\left[\frac{\gamma}{\rho_m}\right]^{0.22}\left[\frac{\mu_m}{\rho_m}\right]^{0.57} \tag{5-2}$$

应该指出，不同的研究者所得的上述关系有所不同。

采用雾化法生产的粉末，具有三个重要性能：一是粒度，它包括平均粒度、粒度分布、可用粉末收得率等；二是颗粒形状及与其有关的性能，如松装密度、流动性、压坯密度、比表面积等；三是颗粒的纯度和结构。影响这些性能的主要因素是雾化介质、金属液流的特性、雾化装置的结构特征等。

5.1.2.2　机械粉碎法制粉

机械粉碎是靠压碎、击碎和磨削等作用，将块状金属、合金或化合物机械地粉碎成粉末。根据物料粉碎的最终程度，机械粉碎可以分为粗碎和细碎两类。以压碎为主要作用的有碾碎、辊轧及颚式破碎等；以击碎和磨削为主的有球磨、棒磨、锤磨等。实践表明，机械研磨比较适于脆性材料，而塑性金属或合金制取粉末多采用冷气流粉碎、旋涡研磨等。常用的机械粉碎法有研磨法、合金化

两种。

1. 机械研磨法

机械研磨的任务包括：减小或增大粉末粒度；合金化；固态混料；改善、转变或改变材料的性能等。在大多数情况下，研磨的任务是使粉末的粒度变细。球磨机是当代最广泛地被选用于粉料研磨与混合的机械。球磨机工作时，筒体内腔装填适量的料、水、磨球。装填物料的球磨机启动后，筒体作回转运动，带动筒体内众多大大小小的研磨体以某种运动规律运动，使物料在撞击和研磨作用下粉碎，直至达到预定的细度。

研磨体在筒体内的运动规律可简化为泻落式、离心式、抛落式三种基本形式，如图 5-9 所示。其中，泻落式是指在转速很低时，研磨体靠摩擦作用随筒体升至一定高度，当面层研磨体超过自然休止角时，研磨体向下滚动泻落，主要以研磨的方式对物料进行细磨，此时研磨体的动能不大，碰击力量不足。离心式是指在筒体转速很高时，研磨体受惯性离心力的作用贴附在筒体内壁随筒体一起同转，不对物料产生碰击作用，主要靠研磨作用。抛落式是指筒体保持适宜的转速，研磨体随筒体的转动上升至一定高度后抛落，物料受到碰击和研磨作用而粉碎。当代球磨机多选用抛落式研磨。

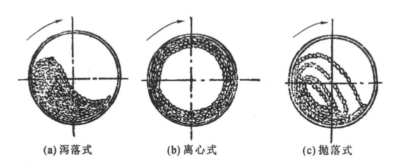

(a) 泻落式　　　　**(b) 离心式**　　　　**(c) 抛落式**

图 5-9 研磨体在筒体内的运动形式

筒体内研磨体的运动轨迹如图5-10所示。取简体截面中半径为R的任意层为研究对象，研磨体随筒体运动上升获得一定的速度v，设重量为G，研磨体离开圆弧轨迹抛落的条件：

$$\frac{G}{g} \cdot \frac{v^2}{R} \leqslant G \cdot \cos\alpha$$

即

$$\frac{v^2}{gR}\leqslant\cos\alpha \ \text{或} \ \frac{Rn^2}{900}\leqslant\cos\alpha \qquad (5\text{-}3)$$

式中：α——脱离角，脱离点 O' 和筒体中心 O 的连线与 Y 轴的夹角；

　　　　R——研磨体所在层的半径（m）；

　　　　n——筒体的转速（r/min）；

　　　　v——研究层研磨体圆弧运动的线速度（m/s）。

　　显然，α 愈小，研磨体上升愈高；当 $\alpha=0$ 时，升高至顶点，此时筒体的转速称为临界转速。式（5-3）称为球磨机研磨体运动的基本方程式，用以表达 R、n、α 的关系。这说明，当筒体转速一定时，各层研磨体上升的高度是不同的，靠近筒壁的升得较高；α 与研磨体的自重无关，大小研磨体在同一层上都在同一位置抛出。由于实际工作中，筒体内除装填研磨体外环有物料、水等，研磨体之间会有一定的干扰。

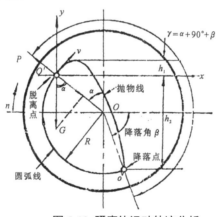

图 5-10 研磨体运动轨迹分析

　　影响球磨机工作效率最大的因素是筒体内衬，研磨体的质量、形状、大小匹配和装填量，它们直接和物料接触并且是直接粉磨物料的工作件。为了使研磨体实现抛落式高效工作，装填的研磨体不能太多，否则会塞在一起，因在空间相互干扰而无法自由降落。必须建立控制条件：其一是控制转速，其二是控制研磨体的装填量。

　　令填充系数为 φ，则：

$$\varphi = \frac{A}{\pi R^2} = \frac{G}{\pi R L \gamma} \tag{5-4}$$

式中： A——研磨体在筒体有效截面上的填充面积（m²）；

  G——研磨体装填重量（N）；

  R——磨膛半径（m）；

  L——磨膛长度（m）；

  γ——研磨体重度（N/m²）。

通常填充系数 φ 取 0.4~0.5 为宜。

由式（5-3）可知，当 $\alpha=0$ 时，研磨体升至最高点。研磨体随筒体转动而不抛落时筒体的最低转速称为临界转速，用 n_c 表示：

$$n_c = \sqrt{\frac{900\cos\alpha}{R}} = \frac{30}{\sqrt{R}} = \frac{42.2}{\sqrt{D}} \tag{5-5}$$

2.机械合金化

机械合金化是一种高能球磨法（图 5-11）。用这种方法可制造具有可控细显微组织的复合金属粉末。它是在高速搅拌球磨的条件下，利用金属粉末混合物的重复冷焊和断裂进行机械合金化的，也可以在金属粉末中加入非金属粉末来实现机械合金化。

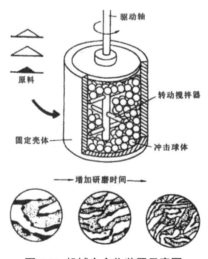

图 5-11 机械合金化装置示意图

与机械混合法不同，用机械合金化制造的材料，其内部的均一性与原材料粉末的粒度无关。因此，用较粗的原材料粉末（50~100 mm）可制成超细弥散（颗粒间距小于 1 μm）。制造机械合金化弥散强化高温合金的原材料都是工业上广泛采用的纯粉末，粒度为 1~200 μm。对用于机械合金化的粉末混合物，其唯一限制（上述粒度要求和极低的氧含量要求除外）是混合物至少有 15%（容积）的可压缩变形的金属粉末。这种粉末的功能是在机械合金化时对其他组分起基体或黏结作用。

机械合金化与滚动球磨的区别在于使球体运动的驱动力不同。转子搅拌球体会产生相当大的加速度并传给物料，因而对物料有较强烈的研磨作用。同时，球体的旋转运动在转子中心轴的周围产生旋涡作用，对物料产生强烈的环流，可将粉末研磨得很均匀。

5.1.2.3 还原法制粉

用还原剂还原金属氧化物及盐类来制取金属粉末是一种广泛采用的制粉方法。还原剂可呈固态、气态或液态；被还原的物料也可以采用固态、气态或液态物质。用不同的还原剂和被还原的物质来制取粉末的常用实例如表5-2 所示。

表 5-2　常用还原法的应用举例

被还原物料	还原剂	举例	备注
固体	固体	$FeO+C \rightarrow Fe+CO$	固体碳还原
固体	气体	$WO_3+3H_2 \rightarrow W+3H_2O$	气体还原
固体	熔体	$ThO_2+2Ca \rightarrow Th+2CaO$	金属热还原
气体	固体	—	
气体	气体	$WCl+3H_2 \rightarrow W+6HCl$	气相氢还原
气体	熔体	$TiCl_4 +2Mg \rightarrow Ti+2MgCl_2$	气相金属热还原
溶液	固体	$CuSO_4 +Fe \rightarrow Cu+FeSO_4$	置换
溶液	气体	$Me(NH_3)_nSO_4+H_2 \rightarrow Me+(NH_4)_2 SO_4 +(n-2)NH_3$	溶液氢还原
熔盐	熔体	$ZrCl_4 +KCl+Mg \rightarrow Zr+$产物	金属热还原

工艺上所说的还原是指用一种物质（还原剂）夺取氧化物或盐类中的氧（或酸根）而使其转变为元素或低价氧化物（低价盐）的过程。最简单的反应可用

下式表示：

$$MeO+X = Me+XO \qquad (5-6)$$

式中：Me——生成氧化物 MeO 的任何金属；

X——还原剂。

对于还原反应来说，还原剂 X 对氧的化学亲和力必须大于金属对氧的亲和力，即凡是对氧的亲和力比被还原的金属对氧的亲和力大的物质，都能作为该金属氧化物的还原剂。常用的粉末制备方法有：碳还原法、气体还原法和金属热还原法。对于难熔的化合物粉末（碳化物、硼化物、氮化物、硅化物等）的制取，其方法与还原法制取金属粉末极为相似。碳、硼和能与过渡族金属元素形成间隙固溶体或间隙化合物，而硅与这类金属元素只能形成非间隙固溶体或非间隙化合物。反应式为：

$$MeO+2C = MeC+CO \qquad (5-7)$$

5.1.2.4 气相沉积法制粉

应用气相沉积法制备粉末有如下几种方法：

（1）金属蒸气冷凝。这种方法主要用于制取具有大的蒸气压的金属（如锌、镉等）粉末。由于这些金属的特点是具有较低的熔点和较高的挥发性，如果将这些金属蒸气在冷却面上冷却下来，便可形成很细的球形粉末。

（2）羰基物热离解法。某些金属特别是过渡族金属能与 CO 生成金属羰基化合物 $Me(CO)_n$。这些羰基物是易挥发的液体或易升华的固体。如：$Ni(CO)_4$ 为无色液体，熔点为-25 ℃；$Fe(CO)_5$ 为琥珀黄色液体，熔点为-21 ℃；$Co(CO)_3$、$Cr(CO)_4$、$W(CO)_6$、$MO(CO)_6$ 均为易升华的固体。这类羰基化合物很容易离解成金属粉末和一氧化碳。

羰基物热离解法（简称羰基法），就是离解金属羰基化合物而制取金属粉末的方法。用这种方法不仅可以生产纯金属粉末，而且可同时离解几种羰基物的混合物，制得合金粉末；如果在一些颗粒表面上沉积热离解羰基物，就可以制得包覆粉末。

（3）气相还原法。气相还原法包括：气相氢还原法和气相金属热还原法。用镁还原气态四氯化钛、四氯化锆等属于气相金属热还原。气相氢还原是指用氢还原气态金属卤化物，主要是还原金属氯化物。气相氢还原可以制取钨、钼、钽、铌、铬、钒、镍、钴等金属粉末。例如，六氯化钨的氢还原反应为：

$$WCl_6+3H_2 \rightarrow W+6HCl \tag{5-8}$$

（4）化学气相沉积法。化学气相沉积（CVD）法是应用气态金属卤化物（主要是氯化物）还原化合沉积制取难熔化合物粉末和各种涂层，包括碳化物、硼化物、硅化物和氮化物等的方法。应用气态卤化物还原化合沉积各种难熔化合物的反应通式为：

碳化物：金属卤化物$+C_mH_n+H_2 \rightarrow MeC+HCl+H_2$

硼化物：金属氯化物$+BCl_3+H_2 \rightarrow MeB+HCl$

硅化物：金属（或金属氯化物）$+SiCl_4+H_2 \rightarrow MeSi+HCl$

氮化物：金属氯化物$+N_2+H_2 \rightarrow MeN+HCl$

在沉积法中，也可用等离子弧法。等离子弧法的基本原理是，用等离子体发生器将氢加热到平均 3 000 ℃的高温状态，再将金属氯化物蒸气和碳氢化合物气体喷入炽热的氢气流（火焰）中，金属氯化物会迅速被还原、碳化，在反射壁上骤冷而得到极细的碳化物，如图 5-12 所示。用这种方法可制取微细的碳化物，如碳化钛、碳化钽、碳化铌等。

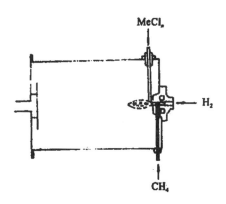

图 5-12　等离子弧法装置示意图

5.1.2.5　超微粉末的制备

超微粉末通常是指粒径为 10~100 nm 的微细粉末，有时亦把粒径小于 100 nm 的微细粒子称为纳米微粉。纳米微粉具有明显的体积和表面效应，因此它较通常细粉有显著不同的物理、化学和力学特性，可作为潜在的功能材料和结构材料。超微粉末的研制已受到了世界各工业国家的重视。纳米微粉的制造方法有：溶胶-凝胶法、喷雾热转换法、沉淀法、电解法、汞合法、羰基法、冷冻干燥法、超声粉碎法、蒸发-凝聚法、爆炸法、等离子法等。

制备超微粉末遇到的最大困难是粉末的收集和存放。湿法制取的超微粉末都需要热处理，因此可能导致颗粒比表面积下降、活性降低，失去超微粉的特性，并且很难免和表面上的羰基结合，所以现在一般都倾向于采用干法制粉。

纳米微粉活性大，易于凝聚和吸湿氧化，成形性差，因此其作为粉末冶金原料还有一些技术上的问题待解决。另外，纳米微粉作为粉末制品原料必须具有经济的制造方法和稳定的质量。纳米微粉烧结温度特别低（粒径为 20 nm 的银粉烧结温度为 60~80 ℃，20 nm 的粉 200 ℃开始熔接），一旦能实现利用纳米微粉工业化生产粉末冶金制品，将对粉末冶金技术带来突破性的变化。

5.2 粉末冶金原理与应用

粉末冶金是一门涉及金属粉末制备，并以金属粉末（有时也添加少量非金属粉末）为原料，通过混合、成形和烧结等工艺步骤，最终制造成金属材料或制品的技术。粉末冶金的生产工艺与陶瓷的生产工艺在形式上相似，因此粉末冶金法又称为金属陶瓷法。

5.2.1 粉末冶金工艺过程

粉末冶金工艺的基本工序如图 5-13 所示，主要包括：粉末准备、加工、性能测试等。

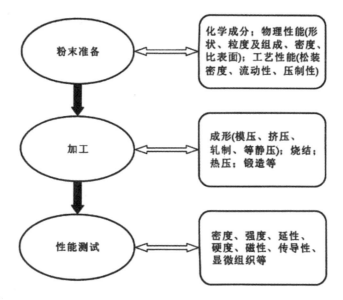

图 5-13　粉末冶金工艺的主要工序示意图

5.2.2　粉末冶金成形的特点

（1）可以直接制备成形具有最终形状和尺寸的零件，是一种无切削、少切削的新工艺。故可有效地降低零部件生产的材料和能源消耗。

（2）可以容易地实现多种材料的复合，充分发挥各组元材料的特点，是一种低成本生产高性能金属基和陶瓷基复合材料与零件的工艺技术。

（3）可以生产普通熔炼法无法生产的具有特殊结构和性能的材料和制品，如多孔轴承、过滤材料、生物材料、分离膜材料、难熔金属与合金材料、高性能陶瓷材料等。

（4）可以最大限度地减少合金成分偏聚，消除粗大、不均匀的铸造组织，在制备高性能铝镍钴永磁材料、稀土储氢材料、稀土发光材料，稀土催化剂，高温超导材料、新型金属材料（如 Al-Li 合金、耐热铝合金、超合金、粉末高速钢、金属间化合物高温结构材料等）方面具有重要作用。

（5）可以制备非晶、微晶、准晶、纳米晶和过饱和固溶体等一系列高性能非平衡材料，这些材料具有优异的电学、磁学、光学和力学性能。

（6）可以将矿石、尾矿、炼钢污泥、回收废旧金属作为原料，是一种可有效进行材料再生和综合利用的新技术。

5.2.3 粉末的主要成形方法

粉末成形是将松散的粉末体加工成具有一定尺寸、形状、密度和强度的压坯工艺过程，它可分为普通模压成形和非模压成形两大类。普通模压成形是将金属粉末或混合粉末装在压模内，通过压力机加压成形，这种传统的成形方法在粉末冶金生产中占主导地位；非模压成形主要有等静压成形、注射成形、连续轧制成形等。

5.2.3.1 普通模压成形

模压成形是指粉料在常温下、在封闭的钢模中，按规定的压力（一般为150~600 MPa）在普通机械式压力机或自动液压机上将粉料制成压坯的方法，如图 5-14 所示。当对压模中的粉末施加压力后，粉末颗粒间会发生相对移动，粉末颗粒将填充孔隙，减小粉末体的体积，迅速达到最紧密的堆积。

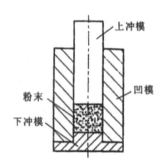

图 5-14 模压成形示意图

模压法成形的工装设备简单、成本低，但由于压力分布不均匀，压坯各个部分的密度分布会不均匀，进而影响制品零件的性能，适用于简单零件、小尺寸零件的成形。然而，普通模压成形仍然是粉末冶金行业中最常见的一种工艺方法，通常经历称粉、装粉、压制、保压、脱模等工序。

5.2.3.2 等静压成形

等静压成形是一种利用液体介质不可压缩性和均匀传递压力特性从各个方向对粉末施加均匀压力的粉末成形方法，如图 5-15 所示。根据成形时的温度条件，等静压成形分为冷等静压成形和热等静压成形。冷等静压成形在常温下进行，先将粉末密封在弹性模具中，再放入高压容器内，通过液体介质施加高压使粉末压实，其设备主要包括高压容器、弹性模具、加压系统等。该工艺能有效改善坯件密度不均匀问题，常用于生产硬质合金、陶瓷、耐火材料等制品，可制造形状复杂、尺寸较大的零件。热等静压成形则是在高温高压环境下进行，除了使粉末被压实外，还能促进粉末颗粒之间的扩散和再结晶，提高制品的致密度和性能，设备由高压容器、加热系统、气体加压系统等构成，在航空航天领域用于制造发动机叶片、涡轮盘等关键部件，在医疗行业可制作人工关节、牙科植入物等高精度、高性能产品，不过热等静压设备复杂、成本较高，对工艺控制要求也更为严格。

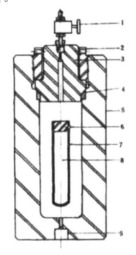

1—排气阀 2—压紧螺母 3—盖顶 4—密封圈 5—高压容器 6—橡皮塞 7—模套

8—压制料 9—压力介质入口

图 5-15　等静压制原理图

5.2.3.3　注射成形

注射成形的流程是：将金属或陶瓷粉末与有机黏结剂按一定比例混合，通过混炼制成具有良好流动性的均匀注射料；随后将注射料在注射机内加热至熔融状态，在一定温度和压力下注入特定形状的模具型腔中；待注射料冷却固化后脱模得到与模具型腔形状一致的坯件；之后对坯件进行脱脂处理以去除其中的有机黏结剂，脱脂过程需控制温度和气氛避免坯件变形或开裂；最后将脱脂后的坯件置于烧结炉中，在特定温度气氛下进行烧结，使粉末颗粒之间发生扩散熔合，实现致密化并形成具有一定力学性能和尺寸精度的最终产品。该工艺结合了粉末冶金和塑料注射成形的优势，能够高效生产形状复杂（如带有细小孔槽螺纹薄壁等结构）、尺寸精度高（一般可达±0.1%~±0.3%）、表面质量好的零部件，且材料利用率通常超过 95%，易于实现自动化大批量生产，适用的粉末材料广泛，包括钛合金、硬质合金陶瓷等，在电子（如微型连接器、传感器外壳）、汽车（如发动机精密零件、变速箱组件）、医疗（如骨科植入物、牙科支架）、航空航天（如小型结构件）等领域应用广泛，但该工艺也存在黏结剂配方复杂、脱脂周期较长、对粉末粒度通常要求 10 μm 以下和流动性要求较高等特点。

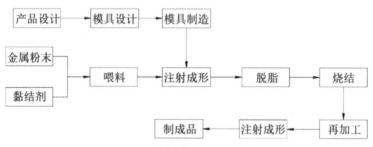

图 5-16 注射成形工艺流程图

5.2.3.4 连续轧制成形

轧制成形是将金属粉末通过一个特制的漏斗投入转动的轧辊缝中，可轧出具有一定厚度的、长度连续的且强度适宜的板带坯料，如图 5-17 所示。这些坯料经预烧结、烧结、轧制加工和热处理等工序，可制成有一定孔率的或致密的粉末冶金板带材。

与模压法相比，连续轧制法的优点是制品的长度可不受限制、轧制制品密度较为均匀。但是，由轧制法生产的带材厚度受轧辊直径的限制，一般不超过 10 mm，宽度也受到轧辊宽度的限制。轧制法只能制取形状较简单的板带及直径与厚度比值很大的衬套。

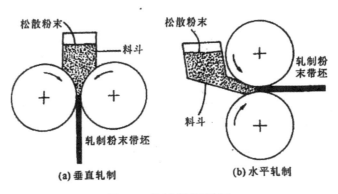

图 5-17 轧制成形示意图

5.2.4　典型应用

5.2.4.1　普通模压成形的应用

　　粉末模压成形是当前粉末冶金生产中的主流成形方法，它技术成熟，工艺简便，成本较低，适用于大批量生产。但是压机的能力与模具的设计限制了模压成形制品的尺寸与形状，传统的模压成形法所生产的粉末冶金制品一般尺寸较小、单重较轻、形状也较简单，例如电动工具零件和发动机连杆（图 5-18）。

　　鉴于普通模压成形的局限性，现在的普通模压成形一般和烧结工艺结合，能够成形出致密度较高的坯件（图 5-19）。

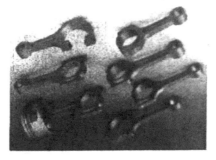

图 5-18 电动工具零件和发动机连杆

图 5-19 汽车发动机和变速箱用粉末烧结钢零件

5.2.4.2 温压成形的应用

近年发展起来的粉末温压成形技术是一种低成本、高密度的粉末冶金工艺。传统的高密度的粉末冶金工艺也很多，但是采用这些技术的产品成本都比较高，市场竞争力相对弱，很难进行大规模、大批量生产。在使用性能与成本控制方面，温压成形工艺能使粉末冶金制品同时满足这两方面的需求，大大地减少开发制品所需要的周期，被国际粉末冶金界誉为"导致粉末冶金技术革命"的新成形技术。该技术能以较低成本制造出高致密的零件，为粉末冶金零件在性能与成本之间找到了一个最佳的结合点，被认为是 20 世纪 90 年代以来粉末冶金零件生产技术领域最为重要的一项技术进步。自 1994 年被美国的 Hoeganaes 公司在国际粉末冶金和颗粒材料会议上公布以来，研究和应用进展迅速。粉末冶金温压技术受到严格的专利保护，目前已经获得了几十项美国专利，其保护范围主要在以下两个方面：一是预混合金粉（含特殊有机聚合物黏结剂、润滑剂和金属粉末）；二是温压设备。

温压工艺自问世之日起就取得了很大的商业成功，目前，温压工艺已经成功应用于工业生产，并成功制造出了各种形状复杂的高密度、高强度粉末冶金零件。表 5-3 列出了温压成形技术的典型应用及其特性。

在国内，华南理工大学金属新材料制备与成形广东省重点实验室原主任李元元教授率领的科研团队率先在国内开展了金属粉末温压成形技术的研究和应用。经过多年的研究和生产应用，创新性地开展了模壁润滑温压、低温温压、温压烧结硬化、流动温压等技术的研究，将温压铁基材料扩展至复合材料、不锈钢、钨基和高密度合金材料等领域，还提出了一种高速压制和温压相结合的获得更高密度的粉末高速压制的思路，并设计制造出速度可达 18 m/s 的实验装备，形成拥有自主知识产权的一整套材料、工艺、装备和零件制造的核心技术。

表 5-3　温压成形技术的典型应用及其特性

典型零件	技术优势及性能	备注
汽车传动转矩变换器涡轮毂	提高强度，密度在 7.25 g/cm³ 以上，拉伸强度为 807 MPa，硬度为 HRC17，在扭矩为 1 210 N·m 时可承受 100 万次以上循环	重量 1.2 kg；获 1997 年美国 MPIF 年度零件设计比赛大奖
温压-烧结连杆	提高疲劳强度，密度达到 7.4 g/cm³，烧结态抗拉强度为 1 050 MPa，屈服强度为 560 MPa，抗压强度为 750 MPa，对称循环拉压疲劳强度为 320 MPa，其波动仪为 10 MPa	重量 350~600 g：获得 2000 年 EPMA（欧洲粉末冶金协会）的粉末冶金创新一等奖
汽车传动齿轮、油泵齿轮、凸轮、同步器毂、转向涡轮、螺旋齿轮、电动工具伞齿轮	提高强度或疲劳强度，密度为 7.03~7.40 g/cm³，拉伸强度为 758~970 MPa，疲劳强度为 350~450 MPa	重量 100~1 000 g
磁性材料零件，如变压器铁芯、电动机硅钢片的替代器等	提高密度，密度为 7.25~7.57 g/cm³，显著改进了磁性能	

5.2.4.3 热压成形的应用

热压是粉末冶金发展和应用较早的一种热成形技术。1912 年，德国发表了用热压将钨粉和碳化钨粉制造成致密件的专利。1926—1927 年，德国将热压技术用于制造硬质合金。从 1930 年起，热压技术迅速地发展起来，主要应用于大型硬质合金制品、难熔化合物和现代陶瓷等方面。有时，粉末冶金高速钢、铜基粉末制品也采用热压工艺。现在，又发展了真空热压、热等静压等新技术。

使用热压的方法可以将常压下难以烧结的粉末进行烧结；可以在较低的温度下烧结出接近理论密度的烧结体；可以在短时间内达到致密化，且烧结体的强度也较高。热压烧结时，驱动力除表面张力外，又加上了外压的作用。在外压下，粉末间的接触部位会发生塑性流动或蠕变，使颗粒间距缩短，进而更利于缩颈长大的动力学过程。

目前，采用热压烧结的工艺主要应用于金属基和陶瓷基复合材料及高性能陶瓷材料的制备。热压烧结能够将金属基底与块状复合材料进行有效连接，并通过高温烧制出高强度的零部件（图 5-20）。例如，在汽车行业，通过热压烧结的方式制造出了手柄式换挡齿轮和换挡拨叉。

图 5-20 采用热压烧结工艺制造的零件

5.2.4.4 连续轧制成形的应用

我国粉末轧制技术的最早研究始于 20 世纪 60 年代初，研究方向主要集中在多孔特殊性能材料和高纯金属板、带材以及致密板、带材方面，经过 50 多年的发展，我国的粉末轧制技术在轧制设备和工艺上都取得了较大的进步，能够制备出具有特殊性能的板材、带材、线材和箔材，以及金属与非金属的复合板材、带材等材料。这些材料作为过滤元件、电工元件和磁性材料以及耐磨材料等，被广泛应用于化工、石油、电子、汽车、航天航空等工业领域。

例如，在航空航天工业领域使用的粉末冶金材料主要有两类：一类为特殊功能材料，如摩擦材料、减磨材料、密封材料、过滤材料等，主要用于飞机和发动机的辅机、仪表和机载设备；另一类为高温高强结构材料，主要用于飞机发动机主机上的重要结构件，如图 5-21 所示。

(a)航空刹车副-BY2-1587　　(b)航空过滤器　　(c)航空发动机用高压涡轮粉末盘

图 5-21 航空领域的结构件

另外，在消费电子行业，如手机的 SIM 卡托，手机按键等，以及电动、电气工具零件中，粉末冶金工艺均有广泛应用。如图 5-22 所示。

图 5-22 采用粉末冶金工艺制备的零件

5.3 金属粉末喷射成形原理及应用

5.3.1 喷射成形技术概况及原理

金属喷射沉积技术（metal spray deposition technology），简称喷射成形（spray forming）或喷射沉积（spray deposition），有时也称为喷射凝铸（spray casting）、液体动态固结（liquid dynamics compaction）和可控喷射沉积（control spray deposition），在商业上通称为奥斯普瑞工艺（Osprey process）。

喷射沉积最早的概念和原理是由英国斯旺西大学的 Singer 教授于 1968 年提出来的，1974 年 R. Brooks 等在英国 Osprey Metals Ltd.的支持下成功地将喷射沉积原理应用于锻造坯的生产，发展出了著名的 Osprey 工艺。由于金属喷射沉积具有诸多优点，因此近年来受到了国内外学术界及工业界的高度重视，许多国家投入大量人力、物力进行金属喷射产品的研发与生产。经过不断发展和完善，该技术已进入工业规模的生产应用阶段，被形象地誉为"冶金工业的未来之星"。到目前为止，仍有不少学者在金属喷射成形方向进行研究并取得了很多成果。

金属粉末的喷射成形首先需将粉末加热成熔融的金属液，然后通过喷嘴进行气体雾化，即利用高速的惰性气体射流冲击金属液流，使之分散、雾化为金属液滴。由于表面张力的作用，液滴有形成光滑球形颗粒的趋势。在气体射流的作用下，具有一定过热度的金属或合金熔体可雾化成具有特定尺寸和分布特性的金属熔滴，同时雾化颗粒与高速气流进行强烈的热交换从而形成半固态、固态或全液态的过冷金属颗粒。当高速飞行的液滴在沉积器（或模具）内碰撞时，球形颗粒受到冲击作用而变为扁平状，形成溅射片。在沉积器（或模具）的冷却作用下，沉积物中将产生合适的温度梯度，颗粒将迅速达到凝固状态。

液滴连续溅落，顺序凝固，并且在自熔性作用下聚积成形，熔滴在经过附着、铺展、融合、固结、累加等过程后最终形成一个完整的沉积坯件。

该技术将液态金属的雾化（快速凝固）与雾化熔滴的沉积（动态致密固化）自然结合，以较少工序直接将液态金属或合金制成具有快速凝固组织、整体致密、接近零件实际形状的高性能材料和坯件，具有巨大的经济效益和广阔的应用前景。

5.3.2 喷射成形的工艺过程及关键技术

5.3.2.1 喷射成形的工艺过程

整个雾化沉积过程的工艺装备主体由熔化室（熔化坩埚）、雾化室和沉积板构成，雾化室通常包含了从雾化开始到沉积结束和过喷的整个范围。喷射成形工艺从熔炼、金属液雾化再到溶滴沉积为一个连续的过程，根据过程的特点一般分为以下 5 个阶段，如图 5-23 所示。

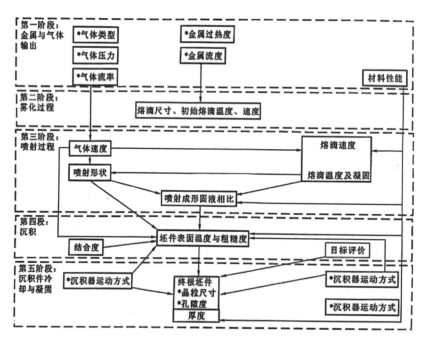

图 5-23 金属喷射成形流程图

1. 金属与气体输出

此阶段需要调整母合金的熔炼温度，控制金属过热度，使金属液具有一定流速，同时又防止合金过度烧损。根据制备材料属性，选择合理的雾化气体类型，根据沉积件组织的晶粒度要求，调节合适的气体压力和流速。

2. 雾化过程

熔融金属液经导流管注入雾化室后，被高压惰性气体破碎成金属液滴。由于金属液滴、雾化气体之间存在复杂的热能交换、动能交换，会发生复杂的温度及应力场变化。在高压气体雾化过程中，金属液流的分散、破碎和球化过程，依赖于雾化室气体压力差所产生的气体驱动力与金属液滴表面张力作用的匹配。另外，雾化效果、细粉率与雾化喷嘴的设计密切相关。

雾化气体具有的能量是控制雾化沉积效率的决定因素。气体能量影响因素包括：流速、马赫数、体积流率、韦伯数等，其中气流流速是最重要的因素。根据气体动力学原理，喷嘴出口处的气体速度为：

$$V = \sqrt{\frac{2gK}{K-1}\left\{RT_2\left[1-\left(\frac{P_1}{P_2}\right)^{\frac{K-1}{K}}\right]\right\}} \qquad （5-9）$$

式中：g——重力加速度；

R——气体常数；

K——C_p/C_v（压容比）；

T_2——雾化前气体温度；

P_1——雾化室内压力；

P_2——气体流经喷嘴的压力。

当气流以一定速度对金属液滴进行冲击时，金属液滴被破碎；当气流对金属液滴的冲击与表面张力匹配时，液滴开始球形化。合金成分、元素含量、物理化学特性是影响合金液滴球形化的重要参数，球形化对于液滴凝固后的形状以及沉积件组织晶粒均匀性具有决定性影响。图 5-24 为金属液流破碎示意图。基于流体力学原理，金属液流的破碎与球形化过程能否实现，取决于液滴破碎系数 D、破碎系数与气体密度、气液相对速度、液滴尺寸和表面张力等因素。

$$D = \frac{\rho V^2 d}{\gamma} \qquad (5\text{-}10)$$

式中：ρ——气体密度（g/cm³）；

V——气体对液滴的相对速度（m/s）；

d——液滴尺寸（μm）；

γ——表面张力（10^{-5} N/cm）。

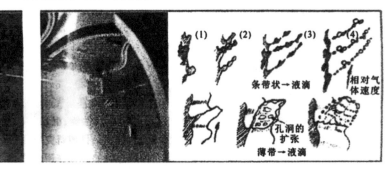

图 5-24 金属液流破碎示意图

雾化过程的气流速度不仅与喷嘴的结构、压力、气体类型有关，还与气体温度直接相关，因此为实现理想的粒径分布及沉积收得率，在设备参数（喷嘴的数量及类型）一定的情况下，可以通过调节雾化气体温度及压力实现组织中晶粒尺寸的控制。雾化气体带有一定的温度，可能导致气体动能的降低，所以在工艺过程中需要合理匹配。

3. 喷射过程

经雾化破碎后，液滴在高速气流场中运动与冷却。此阶段雾化气体的速度及压力、雾化内部的几何形式、气液相互作用、合金物理化学性质等，对于液滴的运动与冷却具有重要影响。

雾化液滴运动轨迹呈倒立锥形。雾化锥内合金以液态、固态、半固态三种形式存在，百分比与质量流率分布是沉积件形状及质量控制的关键。因此很多研究者对雾化过程气体流场、液滴的质量流率和速度分布等方面进行了大量研究和理论模拟。Lavernia 等对自由式喷嘴射流速度数据进行拟合，推导出计算气流速度的关系式。对气体流场状态及速度分布进行理论计算，必须考虑雾化气体随径向距离变化的规律，这也造成很多理论模拟及计算变量的不确定，增加了理论计算及模拟的难度。

4. 沉积

沉积是喷射成形技术中最关键的步骤，决定沉积件组织及性能、沉积效率及制造成本。雾化金属液滴在沉积基体或沉积层形核长大，进而凝固、堆积。目前研究者主要针对凝固机理进行研究，分析液滴在基体上的扩展行为、临近液滴在扩展过程中的相互作用。雾化液滴的扩展时间取决于材料性能、表面张力、液滴尺寸等因素。在碰撞初期，雾化液滴具有的动能起主要作用；在液滴扩展过程中，液体流动性是主要因素；而在扩展后期，表面能变得重要。

5. 沉积件冷却与凝固

沉积件的冷却凝固状态及过程对于沉积件组织形态、沉积过程中的表面状态、收缩率和沉积层孔隙率均有明显影响。沉积件冷却凝固主要有三个过程：①根据周围气体流动情况及周围气体温差，通过其轮廓表面向周围气体介质进行对流传热；②沉积件表面辐射散热，特别是对于熔点较高的合金，在沉积过程中通过辐射散失的热量较多；③沉积件通过沉积基体传热，但是在控制收得率和提高致密度方面，要特别注意避免这部分热量散失太快，一般来说沉积器需要一定的预热温度。

5.3.2.2 金属喷射沉积装置及关键技术

喷射成形装置主体主要由真空浇铸室、雾化喷嘴装置、沉积板等几部分组成，另外还含有排气管、收粉器等。如图 5-25 所示。

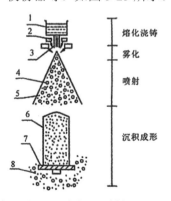

1—熔体　2—粒子注射器　3—气体雾化　4—液滴　5—喷射的粒子　6—沉积器　7—沉积板　8—过喷

图 5-25　金属喷射成形过程示意图

图5-26 是使用金属喷射成形技术制备环装毛坯的系统。

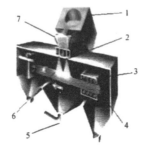

（a）设备示意图　　　　（b）雾化喷嘴　　　　（c）沉积基体运动装置

1—感应熔炼炉 2—雾化喷嘴 3—预热系统 4—基体 5—旋风 6—沉积层 7—中间包

图 5-26 喷射成形环坯制备系统

一般说来，金属喷射沉积工艺由两个基本过程组成：一是金属溶液经过气体雾化成为细小颗粒过程；二是颗粒沉积在不同形状以及运动形式的基板上的过程。显然，这两个过程主要涉及喷射成形的液态金属雾化和直接沉积技术。液态金属雾化和直接沉积技术的核心是雾化熔滴的沉积和凝固结晶，这是在极短的时间内发生和完成的一种动态过程。

研究结果表明：①液态金属雾化的熔滴尺寸呈不对称的统计分布，随着合金性质、喷嘴几何尺寸和雾化参数的变化，颗粒分布有很大不同，一般为 $10\sim150\,\mu m$，多数集中在 $75\sim150\,\mu m$ 范围内。气体雾化时，对流换热起主导作用，其换热系数和冷却速率均可由一定的解析式给出。在一定的有效换热系数下，熔滴的冷速主要取决于颗粒的大小。一般说来，当颗粒直径小于 $5\,\mu m$，冷速 $v\approx106\,K/s$。当颗粒直径为 $300\,\mu m$ 时，冷速 $v\approx103\,K/s$。②雾化沉积凝固大尺寸整块致密件的过程是一个特定条件下的凝固过程，基本特点是在沉积表面形成一层极薄而又有适当厚度的部分液态金属，大块致密件则由这一薄层内的液态金属不断凝固推进而形成。

从以上喷射成形工艺过程可知，金属喷射沉积的实际操作依赖于几项关键技术。其一，雾化颗粒撞击基板时的状态，若为液态，则与传统铸造接近；若为固态，则无法形成工件。因此，要求在撞击基板前的瞬间为半固态或过冷液态。其二，喷嘴的设计与制造，对于喷射成形工艺，希望喷嘴雾化所得颗粒具有高的冷速、小而均匀的颗粒尺寸分布。目前 MIT 开发的超音速雾化喷嘴具有优良的性能，但容易损坏。Osprey 公司开发的亚音速两极喷嘴，寿命较长，适应大规模工业化生产。其三，控制技术，因为金属喷射成形是一个多变量输出与多变量输入的非线性过程，传统的控制技术已不适应，为此，必须采用近年来发展起来的材料智能加工（intelligent processing of materials）技术。它基于专家系统、神经网络等人工智能，应用基于激光技术的光学传感系统，并采用模糊逻辑控制。

5.3.2.3　喷射成形制件组织与性能

1. 组织细小均匀

在喷射成形过程中，微小的雾滴依靠与高速气体的对流换热，过热和结晶潜热能迅速释放出来。在凝固过程中，由于冷却速度快，大量细小晶核瞬时形成，在短时间内来不及长大，最后得到细小均匀的凝固组织，其晶粒大小一般为 10~100 μm。在未完全凝固的雾滴中以及沉积环表面的半固态薄层中已凝固的枝晶由于机械溅射作用而被打碎，在随后的凝固过程中也会形成细小的等轴晶组织。模拟结果表明，雾化液滴在沉积时刻获得的速度高达 50~100 m/s，在半固态雾化液滴高速撞击基板或沉积体表面时，其冲击动能可产生足够大的剪切应力和剪切速度，将雾化液滴中的枝晶打碎，形成非枝晶的组织。沉积基板冷却速度较低，这时沉积材料处于一种高温退火状态，使未变形的枝晶进一步均匀化，使已变形或断裂枝晶臂生长与粗化，出现球化组织。

2. 成分均匀，无宏观偏析

在喷射成形过程中，合金的冷凝速度非常快，溶质原子来不及扩散和偏聚，且沉积坯表层处于半凝固态，无横向液态金属流动，喷射到沉积坯表层的雾滴原地凝固，保持与母合金一致的成分，因此喷射沉积可获得无宏观偏析的毛坯，其微观偏析程度也大大减弱。

3. 固溶度增大，氧化程度小

超高的冷却速度致使沉积材料的固溶度明显提高，原始颗粒与急冷边界基本消除。另外，金属喷射沉积过程中的金属以熔滴状态存在的时间极其短暂（0.3 s），且沉积是在惰性气体中完成的，金属氧化程度较小。由于液体金属一次成形，避免了粉末在储存、运输等工序中发生氧化，降低了材料的受污染程度。

4. 较高的材料致密度

喷射成形工艺中，由于在凝固时基本不发生金属液的宏观流动，毛坯中不发生缩孔，加上喷射成形工艺减少了氧化，降低了杂质含量，可获得比较致密的毛坯。深过冷金属雾化液滴高速撞击到沉积衬底上，与沉积层良好地结合在一起，直接沉积后的密度可以达到理论密度的 95%，如果工艺控制合理则可达到 99%。

5. 在制备金属基复合材料上有着独特的优势

将陶瓷颗粒与雾化金属液共同喷射沉积，能获得均匀分布的颗粒增强相金属基复合材料（MMC）。传统制备方法如搅拌铸造和复合铸造等，由于熔融金属和增强相颗粒接触时间长，难以避免金属/陶瓷界面反应，生成组织粗大的不利相。而喷射成形由于凝固时间短，可以有效抑制界面反应。

5.3.2.4 喷射成形的主要应用

喷射成形主要应用在钢铁产品和高强度铝合金产品的生产方面，主要是充分利用其快速凝固的特点，消除高合金钢铁中的宏观偏析，使合金元素均匀分布，改善材料的机械性能和热处理性能。

1. 钢铁方面

喷射成形工艺在轧辊方面的应用已经表现出突出的优势。例如，日本住友重工铸锻公司利用喷射成形技术使得轧辊的寿命提高了 3~20 倍；已向实际生产部门提供了 2 000 多个型钢和线材轧辊，最大尺寸轧辊为外径 800 mm，长 500 mm。该公司目前致力于冷、热条带轧机使用的大型复合轧辊的直接加工成形研究。

又如，英国制辊公司及 Osprey 金属公司等企业的一项联合研究表明，采用芯棒预热以及多喷嘴技术，能够将轧辊合金直接结合在钢质芯棒上，从而解决了先生产环状轧辊坯，再装配到轧辊芯棒上的复杂工艺问题，并在 17Cr 铸铁和 018V315Cr 钢的轧辊生产上得到了应用。

另外，喷射成形工艺在特殊钢管的制备方面也获得重要进展。例如，瑞典 Sandvik 公司已应用喷射成形技术开发出直径 400 mm、长 8 000 mm，整厚 50 mm 的不锈钢管及高合金无缝钢管，而且正在开展特殊用途耐热合金无缝管的制造。美国海军部所建立的 5 t 喷射成形钢管生产设备，可生产直径达 1 500 mm、长度达 9 000 mm 的钢管。喷射成形工艺在复层钢板方面也显示出良好的应用前景。Mannesmann Demag 公司采用该工艺已研制出一次形成的宽 1 200 mm、长 2 000 mm、厚 8~50 mm 的复层钢板，因具有明显的经济性而受到美国能源部的重视。

2. 铝合金方面

（1）高强铝合金

以 Al-Zn 系超高强铝合金为例。由于 Al-Zn 系合金的凝固结晶范围宽，比重差异大，采用传统铸造方法生产时，易产生宏观偏析且热裂倾向大。喷射成形技术的快速凝固特性可很好地解决这一问题，已被应用于航空航天飞行器部件以及汽车发动机的连杆、轴支撑座等关键部件的制造。

（2）高比强、高比模量铝合金

以 Al-Li 合金为例。Al-Li 合金具有密度小、弹性模量高等特点，是一种具有发展潜力的航空航天用结构材料。铸锭冶金法在一定程度上限制了 Al-Li 合金性能潜力的充分发挥。喷射成形快速凝固技术为 Al-Li 合金的发展开辟了一条新的途径。

（3）低膨胀、耐磨铝合金

以过共晶 Al-Si 系高强耐磨铝合金为例。Al-Si 合金具有热膨胀系数低、耐磨性好等优点，但采用传统铸造工艺时，会形成粗大的初生 Si 相，导致材料性能恶化。喷射成形的快速凝固特点有效地克服了这个问题。喷射成形 Al-Si 合金已被制成轿车发动机气缸内衬套等部件。

（4）耐热铝合金

以 Al-Fe-V-Si 系耐热铝合金为例。Al-Fe-V-Si 合金具有良好的室温和高温强韧性、良好的抗蚀性，可以在 150~300 ℃甚至更高的温度范围使用，部分替代在这一温度范围工作的钛合金和耐热钢，以减轻重量、降低成本。喷射成形工艺可以通过最少的工序直接从液态金属制取具有快速凝固组织特征、整体致密、尺寸较大的坯件，从而可以解决传统工艺存在的问题。

（5）铝基复合材料

将喷射成形技术与铝基复合材料制备技术结合在一起，开发出一种"喷射共成形（spray co-deposition）"技术，很好地解决了增强粒子的偏析问题。

5.4 金属粉末注射成形原理及应用

5.4.1 金属粉末注射成形技术的发展概况及原理

1972 年，R. E. Wiech 等人发明了 Wiech 工艺，在此技术基础上创建了"金属粉末注射成形公司"——Parmatech 公司，并开发了几种新产品。

金属粉末注射成形（metal powder injection molding，MIM）技术的出现，为精密零件的制造尤其是形状复杂的零件的制造带来了一场革命。20 世纪 80 年代，美国 Remington 武器公司、IBM 公司、Form Physics 公司、Ford 航天和通信公司等纷纷加入 MIM 技术的开发和生产中。到 20 世纪末，全球有 250 余家公司和机构从事 MIM 技术的研究、开发、生产和咨询业务。在我国，中南工业大学、华中科技大学等也开始了 MIM 技术的研究与应用开发工作。

粉末注射成形（powder injection molding，PIM）是一种采用黏结剂固结金属粉末、陶瓷粉末、复合材料、金属化合物的一种特殊成形方法，它是在传统粉末冶金技术的基础上，结合塑料工业的注射成形技术而发展起来的一种近净成形（near-shaped）技术。PIM 工艺主包括黏结剂与粉末的混合、制粒、注射成形、脱脂及烧结 5 个步骤。金属粉末注射成形装备原理如图 5-27 所示。

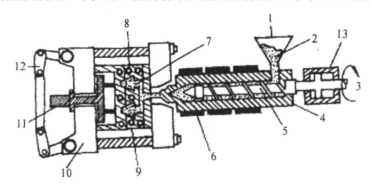

1—装料斗 2—注射混合料 3—转动联轴器 4—料筒 5—螺杆 6—加热器 7—制品

8—冷却套 9—模具 10—移动模板 11—液压中心顶杆 12—活动撑杆 13—注射液压缸

图 5-27 金属粉末注射成形装备原理示意图

常见的粉末注射成形方法是：金属粉末的注射成形和陶瓷粉末的注射成形（ceramic injection molding，CIM）两种，下面以金属粉末的注射成形为例，概述其过程原理及关键技术。

5.4.2　MIM 技术的工艺过程及特点

5.4.2.1　MIM 的基本工艺流程

MIM 的基本工艺流程如图 5-28 所示，主要经过金属粉末与黏结剂的混炼、制粒、注射成形、制坯、脱脂、烧结等工序。注射过程的自动化、智能化框图如图 5-29 所示。全自动化的注射成形机可实现全自动化操作，对成形过程中的各工艺参数（注射压力、注射速度、模具温度等）可实施自动化监控和调整。

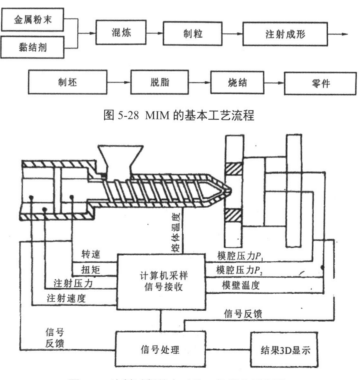

图 5-28　MIM 的基本工艺流程

图 5-29　注射过程的自动化、智能化示意图

5.4.2.2 MIM 技术的特点

1. 技术优势

（1）与传统粉末冶金技术相比，MIM 技术可以制造传统粉末冶金技术无法制造的零件，拓宽了粉末冶金的应用范围。

（2）传统粉末冶金产品大多存在密度不均的问题，造成特性差异；而用 MIM 技术制造的产品具有性能各向同性、组织均匀的优势。

（3）与精密（熔模）铸造相比，MIM 技术的尺寸精度更高、没有铸造的成分偏析，如表 5-4 所示。

表 5-4 MIM 技术与精密铸造成形能力的比较

	精密铸造	MIM
最小孔直径/mm	2	0.4
盲孔（$\phi2$）最大深度/mm	2	20
最小壁厚/mm	2	<1
最大壁厚/mm	—	10
4 mm 直径的公差/mm	±0.2	±0.06
表面粗糙度 Ra/μm	5	1

（4）与传统粉末冶金（powder metallurgy，PM）技术的对比如表 5-5 所示。

表 5-5 MIM 技术与 PM 技术的对比

	粉末	黏结剂	成形	脱脂	烧结
MIM	球形、微细粉	大量，提供流动性	注射	时间长	收缩大、均匀、密度高
PM	粗粉	少量，作润滑剂	模压	时间短	收缩小、不均、密度低

2. MIM 技术的不足

（1）采用大量高分子聚合物作黏结剂，提高了粉末的流动性，可以形成复杂形状的零件，但黏结剂的脱除却是一个需要严格控制的长时间的过程。

（2）需要采用微细粉作为原料，微细粉的价格高。

（3）小批量生产形状简单的零件，MIM 技术无法取代传统粉末冶金技术的主导地位。

（4）受到脱脂的限制，MIM 技术难以制造壁厚较大的零件（这一点，也大大地限制了 MIM 技术的应用）。但随着 MIM 技术研究的不断深入，制约

MIM 技术的障碍正在不断被消除。

5.4.2.3 MIM 技术的发展动向

MIM 技术由于受到金属粉末成本高和黏结剂技术不完善等因素的影响，目前仍主要用于生产体积小、形状复杂的精密零件。最新的发展举例如下：

（1）粉末共注射成形技术（powder co-injection molding，PCM）。英国 Cranfield 大学将 MIM 技术与表面工程技术结合起来，利用双筒注射机——第一个喷嘴注入表面层材料，第二个喷嘴注入芯部材料，采用一次注射即可以生产出复合材料零部件。

（2）微型注射成形技术（micro-MIM）。德国第三材料研究所发明的 micro-MIM 技术源于印刷制版术。经 X 射线辐射制成模型，再经过电子成形实现粉末沉积来制成坯体。由这种方法可生产出最小尺寸达 20 μm，最小单重为 0.02 g 的金属结构件（微型泵、微齿轮等），也可生产陶瓷和塑料件。该技术在微（精、细）型制造领域具有巨大的应用前景。

MIM 零件举例如图 5-30 所示。

(a) 不锈钢表带扣环　　　　　　　　(b) 汽车制动器零件

图 5-30　MIM 零件举例

5.5 粉末成形领域内的创新方法

技术发明创新的综合方法是随着现代科学整体化及技术综合化的趋势产生和发展起来的一种方法。在现代技术的发展中，重大的尖端技术课题都具有高度的综合性，一个技术课题的解决往往需要集中利用一切可能的科学成果以及技术手段。例如冶金工业的发展趋势之一就是综合自动化，而自动化本身就是一门综合性技术，它是控制论、信息论、系统工程、计算机技术、传感器技术、液压技术、气动技术等多种学科和多种技术的综合产物。现代技术发展综合化的趋势，使各种技术发明都具有复合技术的性质。20世纪，随着现代技术综合化的趋势和复合技术的出现，技术发明创新的综合方法冲破了"先分析后综合""从局部到整体"的传统思维方式的束缚而应运而生；技术发明创新的综合方法不同于传统的技术发明革新方法，它强调从系统整体观出发，把创造的对象视作一个系统，着重认识系统内部各子系统及其诸要素间的相互关联及整体运动规律，从而为技术的创造发明提供最佳的设计和最优的程序。

在当代，技术综合化的发展趋势使传统的技术发明革新方法显得无能为力；许多新型技术综合体的出现，更是与技术综合方法的应用联结在一起。现代一般技术发明创造方法的总原则和步骤都表现了综合方法的基本特征，因为在创造发明的初始阶段，总是要对同类事物进行科学类比，大致确定发明对象应具有什么样的系统与结构；然后对发明对象的总体、部分及要素进行分析与综合，确定每一部分和元件具有什么构造和功能及在系统中如何实现转换等等；然后又进行一系列实验和试制过程。所以目前应用的联想发明法、类比发明法、综合调和组合法等都具有系统的综合方法的基本性质。

粉末冶金在各个领域都有广泛的应用。在汽车工业中，粉末冶金被用于制造发动机零件、齿轮和传动系统的零件，以及减震器和制动系统等关键部件。由于粉末冶金可以实现复杂结构的制造，可以生产出具有高强度、低摩擦和高耐磨性能的零件，从而可提高汽车的性能和可靠性。在航空航天领域，粉末冶金被用于制造航空发动机的涡轮叶片和复杂的结构件，以提高发动机的工作效率和可靠性。此外，粉末冶金还被广泛应用于电子设备、医疗器械和能源领域等。

随着科学技术的不断进步，粉末冶金也在不断发展和创新。一方面，新型的粉末制备技术不断涌现，例如高能球磨、化学气相沉积和等离子喷雾等，可以制备出粒度更小、形状更为均匀的粉末，从而提高材料的致密性和力学性能。另一方面，先进的成型技术如注射成型、热等静压成型和三维打印等，使得粉末冶金的制造过程更加灵活和高效。

未来，粉末冶金有望在材料科学和工程领域取得更大的突破。首先，随着纳米技术的不断发展，粉末冶金可以实现纳米粉末的制备和加工，从而制备出具有优异性能的纳米材料。纳米粉末具有较高的比表面积和界面能量，可以展现出与传统材料截然不同的特性，如高强度、高韧性和优异的导电性能。其次，粉末冶金可以与其他材料加工技术相结合，如激光熔化、电子束熔化和 3D 打印等，实现更加复杂的结构和功能材料的制备。这种混合加工技术可以充分利用粉末冶金的优势，并在材料设计和制造方面开创新的可能性。

此外，粉末冶金还有望在可持续发展和环保方面发挥更大的作用。在粉末冶金过程中，可以实现材料的高效利用和废料的再循环利用，减少资源的浪费和环境的污染。另外，粉末冶金可以制备出具有特殊功能的材料，如多孔材料和吸附材料，而这些材料可应用于环境治理和能源储存等领域，进而可推动可持续发展的进程。

思考题

1. 简述"双碳"背景下钢铁行业面临的机遇与挑战。在国家战略全面实施的背景下，钢铁行业如何通过新一轮科技革命和产业变革助力实现行业转型升级？

2. 简述"双碳"背景下有色金属行业面临的机遇与挑战。有色金属行业与国外技术相比，存在哪些需要尝试突破的技术瓶颈？

3. 简述钢铁行业系统能效提升颠覆性技术与冶炼工艺颠覆性技术内涵与发展方向。

4. 简述有色金属行业氢冶金技术与固态电解回收铝技术重点与实现行业高质量发展的关系。

第6章 "双碳"战略下冶金行业
发展趋势与前景展望

在"双碳"背景下,冶金行业正面临着前所未有的机遇和挑战。技术的创新与突破对于实现钢铁工业碳中和至关重要,未来仍存在许多颠覆性的低碳技术需要进一步探索和突破,其减碳效果备受期待。钢铁工业的清洁低碳转型不仅需要加大技术创新力度,更需要持续的技术支持和发展。另一方面,有色金属行业作为我国"双碳"行动的重点领域之一,也需要不断探索先进的节能减碳技术,并积极开发前沿技术以推动行业的清洁低碳化转型。通过对钢铁和有色金属行业的低碳技术进行前瞻性探讨,本章将展望冶金行业在技术创新方面迈向绿色、可持续发展的未来路径。

6.1 "双碳"背景下冶金行业面临的机遇与挑战

6.1.1 "双碳"背景下钢铁行业面临的机遇与挑战

6.1.1.1 钢铁行业面临的机遇

1. 构建更高水平供需动态平衡

在"双碳"要求下,推动形成一个更高水平、更高质量的供需平衡。一是需要控制产量过快增长,利用环保、碳排放、能耗等方面的约束手段,借助信息技术加强警戒,防止粗钢产量过快释放;二是发挥政策导向作用,控制钢坯等初级产品、通用钢材出口,鼓励钢铁再生料、钢坯等初级产品的进口,以缓解国内粗钢供应压力;三是以创新驱动持续提升有效供给水平,创造并引领新需求,与用钢行业密切协同,大力发展具有轻量化、长寿命、耐腐蚀、耐磨、耐候等特点的绿色低碳产品,引导建筑、机械、汽车、家电、造船等下游行业绿色低碳消费,鼓励政府工程优先选用绿色低碳钢铁产品,通过提高消费质量和档次实现下游行业减少用钢需求,促进全社会低碳发展。

2. 助推工艺流程结构优化

废钢是可无限循环使用的绿色载能资源,是目前唯一可以逐步代替铁矿石的优质原料。增加废钢供应能力是缓解铁矿石供应压力的重要途径。每用 1 t 废钢,可相应少消耗 1.7 t 铁精矿粉,从而少开采 4.3 t 铁矿石原矿,同时也有利于降低焦化、烧结、炼铁等高耗能工序的生产压力。每用 1 t 废钢,也可以节约 0.4 t 焦炭或 1 t 左右的原煤,比用铁水节能 60%、节水 40%。推动工艺流程调整,加大废钢的应用对钢铁工业节能降碳具有重要意义。

从不同钢铁生产工艺来看,含有烧结的长流程生产工艺的二氧化碳排放量最大,含有球团的长流程生产工艺次之,采用废钢的短流程工艺的二氧化碳排放量最小。长流程的吨钢碳排放相对于短流程多 1.2~1.4 t。

3. 推动行业技术革命

当前,我国钢铁企业中高炉-转炉长流程炼钢占据主导地位。一般来说,传统高炉工艺生产 1 t 生铁需要消耗 350 kg 焦炭和 150 kg 煤粉,化石能源的使用造成炼铁、炼钢过程中二氧化碳和一氧化碳大量排放。低碳冶金技术被认为是未来钢铁行业碳减排的重要抓手,我国钢铁行业在推进绿色低碳发展过程中,坚持以技术革命为核心,其中关键共性技术突破将是重要支撑。我国需要着力推动低碳冶金工艺技术攻关示范,有序发展电炉钢,促进废钢资源高质高效利用。最终实现深度减碳及碳中和,还需要全氢冶金和二氧化碳捕集、利用与封存等技术实现突破。

近年来,在"双碳"大环境下,我国碳达峰相关政策和配套实施方案陆续出台,进一步加大了对低碳技术创新发展的支持力度,加速推动了钢铁行业低碳技术的突破。中国宝武钢铁集团有限公司(简称中国宝武)、中国核工业集团有限公司(简称中核集团)与清华大学等开展核能制氢与氢能冶金合作,宝钢湛江钢铁有限公司(简称湛江钢铁)正建设国内首套百万吨级氢基竖炉,宝钢集团新疆八一钢铁有限公司（简称八钢）专注于突破富氧冶炼技术；河钢集团有限公司（简称河钢集团）与卡斯特兰萨-特诺恩拟建高科技的氢能源开发和利用工程，其中包括全球首座年产 60 万 t 使用富氢气体的直接还原铁工业化生产厂；山西晋南钢铁集团有限公司（简称晋南钢铁集团）积极开展高炉喷氢工业试验；酒泉钢铁（集团）有限责任公司（简称酒钢集团）成立中国首家氢冶金研究院，建设世界上首套煤基氢冶金中试装置等。

4. 促进行业智能化升级

（1）国家政策大力支持制造业数字化、智能化

《中共中央　国务院关于完整准确全面贯彻新发展理念做好碳达峰碳中和工作的意见》明确指出，要提升数据中心等信息化基础设施能效水平，推动人工智能等新兴技术与绿色低碳产业深度融合。《"十四五"智能制造发展规划》提出，要推动制造业产业模式和企业形态根本性转变，减少资源能源消耗，畅通产业链供应链，助力碳达峰碳中和。可见，智能制造正成为新一轮工业革命、数字经济和实体经济融合的核心驱动力。

（2）新一轮科技革命和产业变革助力行业转型升级

随着 5G、大数据、人工智能、区块链等新一代信息技术和传统制造业深度融合，企业生产效率和行业治理水平大幅提高。应用 5G 技术实现全生产要素、全流程互联互通、工厂全生产要素全生命周期的实时数据跟踪，通过人工智能技术实现行业在产品研发设计、生产计划和调度、生产过程控制等方面的智能升级。智能技术正成为经济增长的新动能、高质量发展的新引擎。

（3）智能制造加速赋能钢铁行业

钢铁行业作为流程型制造业的代表，实施智能制造可以提高效率、降低成本、提高产品质量和能源利用率、减少人员。因此，发展钢铁智能制造是行业转型升级的重要方向，也是实现我国钢铁工业由大到强转变的重要保障。

5. 加快推动多产业协同

发挥钢铁生产流程能源加工转化功能，构建以钢铁生产为核心的能源产业链，因地制宜，选择经济合理供应半径，与钢铁生产企业周边石化、化工、建材、有色金属等工业企业、居民及商业用户等实现煤气、蒸汽、氧氮氩气、水等能源互供，替代区域内能耗、污染物、碳排放较高的供应设施，实现区域能

源、环境资源协同优化。

推动钢铁与建材、发电、化工等多关联产业协同发展，通过资源能源链接实现全社会资源和能源高效循环利用。利用低温余热、废热为周边企业、社区居民提供清洁能源，促进二次能源回收利用。与建材行业协同发展，进行冶金渣综合利用等。与电力行业协同发展，用钢铁副产煤气发电，实现钢企煤气"零排放"。与化工行业协同发展，鼓励实施钢化联产，打造钢铁、焦化间循环经济产业链。发挥钢铁制造消纳处理大宗废弃物功能，消纳社会废塑料、废轮胎等废弃物，进行循环利用。

6. 协同促进环保治理

温室气体与大气污染物"同根、同源、同过程"，可实现协同减排。钢铁行业低碳转型推进工艺、流程、原燃料结构优化，从源头减少污染物的产生。同时，将促进环保更多地转向精益化源头减排，通过强化源头削减、严格过程控制、优化末端治理，实现精准治污，倒逼企业进行结构调整，实现由过去粗放型管理向集约化管理、由传统经验管理向科学化及数字化管理的转变，从而促进环保的协同高效治理。

7. 深化产品全生命周期理念

生命周期评价是国际上通用的认定绿色产品的方法，是国际绿色发展领域交流的标准语言，也是工信部绿色设计产品申报的重要支撑技术。

《"十四五"工业绿色发展规划》提出引导产品供给绿色化转型、强化全生命周期理念，全方位全过程推行工业产品绿色设计，到 2025 年开发推广万种绿色产品。这为生命周期评价工作的进一步推广和深化提供了有力的政策支撑和路径。

近些年，中国宝武、包头钢铁（集团）有限责任公司（简称包钢集团）、河钢集团等钢铁企业开展关于生命周期评价技术研究的大量工作，并将其应用于支持生态产品设计、技术研发、协同创新、持续减排等研究工作，建设以产品全生命周期低碳为核心的上下游产业生态圈，积极推进产品生态设计，为下游用户提供绿色低碳钢铁产品，并积极开展生命周期评价、产品碳足迹核算和环境产品声明，从产业链协同角度降低碳排放，推进全社会低碳发展。

6.1.1.2 钢铁行业面临的挑战

1. 时间紧、任务重

全球钢铁碳排放量占全球能源系统排放量的 7% 左右，其中中国占全球钢铁碳排放量比重超过 60%，中国钢铁行业碳排放量占全国碳排放总量的 15% 左右，是制造业 31 个门类中碳排放量最高的行业。

从能源资源禀赋看，我国高炉-转炉长流程工艺结构占主导地位，能源结构高碳化，煤、焦炭占能源投入近 90%。我国粗钢产量大，钢铁企业数量多，具有冶炼能力的企业达 400 多家，且各企业之间的结构、水平差异大。同时，碳排放机理复杂，涉及能源燃烧排放、工业生产过程排放、电力和热力消耗所对应的间接排放等多种碳排放机理。如何科学、准确和及时地计算碳排放量和碳排放强度，是我国面临的巨大挑战。我国钢铁行业的低碳转型存在难度大且任务重的突出特点。

低碳发展将对钢铁行业产生深远影响，甚至带来广泛而深刻的生产、消费、能源和技术革命，进而重塑全行业乃至经济社会发展格局。钢铁行业作为碳减排的重点行业，未来将面临碳排放强度的"相对约束"、碳排放总量的"绝对约束"以及严峻的"碳经济"挑战。钢铁行业从实现"碳达峰"到"深度脱碳"乃至"碳中和"仅有 35 年时间，留给我国钢铁行业低碳转型的时间非常有限。

2. 技术、人才等基础能力薄弱

碳达峰碳中和"1+N"政策体系中的"1"，即《中共中央 国务院关于完整准确全面贯彻新发展理念做好碳达峰碳中和工作的意见》和国务院印发的《2030 年前碳达峰行动方案》的陆续出台，标志着我国低碳发展由前期谋划阶段全面转入实质性推进阶段。

钢铁行业是制造业 31 个门类中碳排放量最大的行业，是落实碳减排目标的重中之重，是实现"双碳"目标的重要组成部分。面对如此严峻的碳减排任务，钢铁行业的技术创新能力不足。目前，钢铁行业尚无成熟可大规模应用的突破性低碳冶炼技术来有效支撑钢铁行业的碳减排目标。结合陆续发布的政策要求，钢铁行业目前配套的智能化、标准化等技术工具仍不完善，大多数钢铁企业缺乏完善的碳排放管理及考核评价体系。在摸清企业自身碳排放水平的基础上，需培养相关储备人才，进一步提升我国的碳排放管理水平。

3. 绿色低碳发展水平参差不齐

我国钢铁企业数量多,各企业之间结构、水平差异大。不同企业的绿色发展水平不同,碳减排成本存在较大差距。处于行业略低水平的企业,面临风险与机会管理、构建目标体系、测算分析碳配额盈缺、最优减排策略分析、能力建设等挑战;处于行业平均水平的企业,面临构建全过程管控及评估平台、绿色供应链管理等挑战;处于行业较好水平的企业,面临碳资产管理、探索创新低碳技术及示范应用等挑战。

4. 工艺流程结构优化面临障碍

(1)废钢资源是制约我国电炉钢发展的最大瓶颈。现阶段我国废钢供应远未达到充沛低廉的程度,加之我国转炉钢产量巨大,也要消耗大量废钢,因而对电炉炼钢的发展造成了较大制约。2021 年我国废钢产出量约 2.7 亿 t,钢铁行业废钢消费量 2.3 亿 t。按照我国转炉钢产量 9 亿 t、最大废钢单耗 300 kg/t 钢粗略估算,仅转炉用废钢需求就在 2.7 亿 t 左右。因此,从目前废钢产出量来看,尚不足以支撑电炉钢快速发展。

(2)电价是我国电炉钢发展的重要影响因素。我国煤电价格联动机制不完善和交叉补贴持续存在造成我国工业用电价格相对较高。与转炉炼钢相比,全废钢电炉炼钢需增加 300 kW·h 左右的用电量,造成电炉炼钢成本偏高。按照 0.6 元/kW·h 电价粗略估算,仅电费成本就高出 180 元/钢。

(3)电炉工艺装备水平仍需进一步提升。从 20 世纪 90 年代起,我国引进了一批电炉设备,在消化、吸收国外技术并不断改进的基础上,目前国内已能够自主研发全套电炉装备,但市场普及度不如国外成套设备公司,仍需进一步加大支持力度。此外,近年来我国电炉钢企业不断提升电炉装备水平,尤其在装备大型化、生产效率提升方面的技改居多,但智能化水平仍有待提高。

6.1.2 "双碳"背景下有色金属行业面临的机遇与挑战

我国有色金属行业已建立起较为完整的采选冶和材料加工体系,基本满足了经济社会发展和国防科技工业建设的需要。但与世界强国相比,在技术创新、产业结构、绿色发展、资源保障、循环利用等方面仍存在一定差距。

6.1.2.1 铝冶金行业

铝是"有色金属之首"，原铝产量与消费量均居所有有色金属之首。近年来，氧化铝和电解铝生产都处于平稳发展态势，变化幅度不大。根据中国有色金属工业协会统计，2020 年我国原铝产量达 3 708 万 t，占全球原铝总产量的一半以上。

近 20 年来，我国电解铝技术与产业快速发展，达到国际领先水平，并成为世界上单槽容量最大、原铝能耗最低的国家。在普遍采用超大容量点式中间下料预焙阳极电解槽技术后，我国电解铝单元能耗持续降低，绿色节能成效显著，能效水平目前处于国际领先水平，而且随着冶炼技术以及环保技术的提高，铝冶炼单位污染物排放也在显著降低。

与国外先进水平相比，我国铝冶金产业低碳发展存在以下技术瓶颈：①全氟化碳气体消减效果不理想，与国外先进水平差距明显。铝电解过程是温室气体全氟化碳的主要产生源。面对气候变化的严峻形势，温室气体尤其是全氟化碳的减排成为铝电解行业生存和发展的基础。虽然目前我国电解铝已经普遍采用先进的点式中间下料预焙烧电解技术，但是全氟化碳减排效果并不理想，2018 年全氟化碳排放强度远高于国际同工艺排放水平，甚至未达到"铝工业十二五发展专项规划"设定的 2015 年目标值。②用电用能清洁水平较低，上游发电累计碳排放负重。电解铝单元为原铝生产的主要用能过程，吨原铝综合交流电耗约为 13 000 kW·h。在我国以燃煤发电为主的电力结构下，上游发电累计碳排放较高。③污染控制与环境保护措施有待加强。我国铝冶炼高产量的同时也带来了大量固体废物的产生，其中赤泥的年产量已超过 1 亿 t，但一直处于不到 10%的低位利用水平。当前的主流处置方式还是直接堆放，已经成为氧化铝冶炼厂最大的污染源。此外，电解铝生产过程中产生的废槽衬、铝灰、碳渣等固体废物中含有氟、氰化物等强毒性组分，不但物相结构繁杂，而且高效转化难度大，在无害化处置技术方面与国外大型铝冶炼公司差距明显。

6.1.2.2 铜冶金行业

2012 年，我国成为世界第一大精炼铜生产国和消费国，精炼铜产量与消费量分别占全球总份额的 29%和 38%。2020 年，我国精炼铜产量为 1 002 万 t，首次突破千万吨，约占全球产量的 36%，同时消费量占世界总量一半以上。

近年来，由于铜工业技术不断发展，企业越来越注重绿色节能低碳生产，无论在铜矿采选还是冶炼方面，节能减排的成效十分明显，单位产品的综合能耗持续下降。2016 年，我国铜冶炼阶段单位产品综合能耗从 2016 年的 269 kg 标准煤下降到 2020 年的 214 kg 标准煤，降低了近 20.4%。其中，云南铜业股份有限公司等部分企业能耗已居世界领先水平。

在排放方面，我国铜行业环境排放显著降低，基本实现达标排放。通过持续的技术进步与严格化管理，主要铜冶炼企业均基本实现了废水和废气达标排放。2019 年，不少企业的排放达到特别排放限值标准，其中新投产的中铝东南铜业的烟气二氧化硫、颗粒物浓度均远低于国家最新排放标准。

与国外先进水平相比，我国铜冶金产业低碳发展存在以下技术瓶颈：①协同冶炼回收刚刚起步，单位产出与国际先进水平有明显差距。主要冶炼企业仍奉行"规模取胜，扩产增效"的传统策略，重心仍在扩产增效，对于国内迅速增长的城市矿产（电子废物、废旧电池）等高价值二次资源明显关注不够。②部分特征污染物排放因子明显高于国外优秀企业，污染控制与环境保护有待进一步加强。③工厂智能化建设刚刚起步，落后的运行管理方式导致能耗及排放较高。

6.1.2.3 铅冶金行业

目前，国内原生铅冶炼厂主要分布在河南、湖南和云南三省，三省产能之和占全国比重的近 70%。另外，再生铅回收已经成为国内铅冶炼的重要组成部分，再生铅占铅产量的 50% 左右。2017 年 88 家再生铅企业处理废铅酸蓄电池产能超过 1 000 t/年。

近年来，我国原生铅产量呈逐渐减少趋势，产能增长主要来自现有铅冶炼厂的技术升级改造。铅冶炼企业通过富氧底吹熔炼-液态高铅渣直接还原技术升级改造，节能减排效果明显，铅冶炼综合能耗明显下降。铅冶炼行业主流企业的废气（二氧化硫）、废水（铅、镉、砷、汞等重金属）基本实现达标排放，其中少数先进企业单位产品的污染物排放量（二氧化硫、重金属）已经达到国际先进水平。

与国外先进水平相比，我国铅冶金产业低碳发展还存在以下技术瓶颈：①污染控制与劳动防护仍然任重道远。虽然主流冶炼企业基本实现达标排放，但是离国际先进水平与当地人民生活实际需要还有明显差距。②再生铅冶炼及综合回收水平有待提高。再生铅冶炼脱硫-还原熔炼、直接脱硫富氧还原熔炼、原生/再生混合富氧熔炼技术的发展明显推动了再生铅冶炼行业的发展，但行业采用竖炉、鼓风炉等落后工艺较多，仍然面临能耗大、运行成本高等问题，需进一步转型升级。③过程自动化、智能化水平不高，智能工厂建设迫在眉睫。

6.1.2.4 锌冶金行业

2020 年我国锌产量达到 642 万 t，占全球总产量的 50%以上。经过一系列技术改造，国内代表性锌冶炼企业的工艺装备水平明显提升，生产技术经济与世界同类企业不相上下，甚至达到了世界先进水平。在节能减排方面，2016 年我国电锌（湿法工艺）冶炼综合能耗为 840 kgce/t，2020 年下降至 812 kgce/t。锌冶炼行业主流企业基本实现烟气（二氧化硫）、废水（重金属）达标排放，其中少数先进企业单位产品主要污染物（二氧化硫、重金属）排放已达国际先进水平。

与国外先进水平相比，我国锌冶金产业低碳发展存在以下技术瓶颈：①湿冶炼渣的清洁无害化、资源化亟待加强。目前国内湿法浸出产出的浸出渣（除铁渣仍主要采用回转窑焙烧还原工艺处理回收锌铟）虽然有着不错的回收效果，但是能耗高、烟气收集治理难度大，而且无法综合回收铜、银等有价金属。富氧化还原熔炼是国外先进企业的成功经验，我国亟须强化此方面的技术发展和应用。②铅锌混合精矿冶炼技术需进一步发展。国内产出的铅锌混合精矿主要采用熔炼法工艺处理，但此工艺仍需低温烧结，环境污染严重，亟待发展铅锌混合精矿的强化熔炼工艺技术，实现冶炼过程低碳化。③过程管理数字化、智能化与国外有明显差距。加拿大特雷尔冶炼厂采用机器学习分析技术，优化设备运行管理已经多年。2019 年加拿大泰克资源公司启动了业务数字化转化的 RACE21TM 计划。与之相比，我国锌冶炼企业过程管理数字化、智能化还刚刚起步，差距明显。④污染控制和治理与国际先进水平仍有明显差距。

6.1.2.5 镁冶金行业

2020 年我国原镁冶炼产能达到 162 万 t、原镁产量达到 85.83 万 t、镁合金产量达到 33.4 万 t，原镁产量占全球原镁产量的 76.6%，已成为世界上最主要的原镁生产大国。随着我国皮江法工艺技术的进步，冶炼成本不断降低，各项技术指标趋于稳定。但皮江法工艺属于高耗能、高排放行业，属于国家限制类发展领域。

我国镁工业低碳化发展的技术瓶颈主要有以下几方面：①行业清洁水平有待进一步提升。电解法炼镁使用清洁能源，污染排放明显优于皮江法。开展有关电解法炼镁关键技术，特别是氯化炉尾气和电解槽阴极气体处理等关键环保技术研究，有助于提升我国镁冶炼行业的整体清洁生产水平。②镁冶炼过程自动化程度不高，应全面提升炼镁工艺。③循环经济产业链亟待发展。构建循环经济产业链条，以低能耗低污染为基础，以低碳循环技术为支撑，促进绿色低碳技术创新应用、企业绿色化改造提升、工业园区和先进制造业集群绿色发展、地区优化调整产业结构和布局、构建完善绿色供应链。④污染控制与治理有待加强。研究开发高效回收白云石中二氧化碳的煅烧技术，改变二氧化碳直排大气的现状。另外研究开发以蛇纹石为原料的新型炼镁工艺，实现镁冶炼碳减排。

6.2 冶金行业清洁低碳技术展望

6.2.1 钢铁行业清洁低碳技术展望

技术的创新与突破是实现钢铁工业碳中和的关键，未来还有一批颠覆性的低碳技术亟待进一步突破，其减碳效果非常值得期待。

6.2.1.1 系统能效提升颠覆性技术

随着高效烧结、焦炉大型化、Oxygen fuel 燃烧以及余热/余能深度回收等节能创新技术的发展和应用，以单体装备结构升级或单一工序优化为目标的节能潜力逐步趋于极限，未来钢铁工业能效进一步提升的增长点在于从提高全流程能源、资源综合利用效率的角度出发，优化系统能/质结构，并实现协同、利用。相关颠覆性技术包括以下两种。

1. 热化学余热回收耦合二氧化碳资源化转化技术

热化学余热回收是通过构建合理的化学反应体系，将余热直接作为化学反应热源，使热能转化为化学能储存在产物中，在实现余热高效回收的同时提升余热品位。在此基础上，进一步考虑将其与二氧化碳热还原过程耦合，通过余热温度与二氧化碳热还原反应热的能级匹配，将高温烟气、固体散料、熔渣等余热直接作为甲烷或水蒸气与二氧化碳化学反应的热源，将热能转化为反应产物（一氧化碳和氢气）的化学能，实现余热的灵活存储利用和二氧化碳的资源化转化。

2. 钢铁流程能/质结构重塑与跨行业协同共生

钢铁生产过程是远离平衡态的不可逆过程，在此背景下，需通过能源梯级利用和工艺革新实现质能优化，打破行业壁垒，与化工、电力等行业共享余热、副产品等资源，同时顺应其不可逆性，运用数字化技术精准调控生产，推动钢铁产业向绿色低碳高效协同的高质量发展模式转型。

6.2.1.2 冶炼工艺颠覆性技术

当前世界的钢铁行业仍是碳基和煤基主导。氢能作为清洁能源，近年来被当作最有潜力的碳基的取代能源而不断研究。富氢冶金技术日益发展，氢能作为领域的应用不再显得遥不可及。对于黑色金属冶炼行业而言，冶金研究、实验、中试和生产成为近年来的发展重心。

近几年国内氢冶金发展迅速，2019 年中国宝武与中核集团、清华大学签订了《核能-制氢-冶金耦合技术战略合作框架协议》，核能制氢将核反应堆与先进制造工艺耦合，目标是实现超低排放下氢的大规模生产，并主要应用于冶金领域。该技术以高温气冷堆核电技术为基础，进行超高温气冷堆核能制氢技术的研发，将核电技术、绿氢制备与钢铁冶炼三种重要工艺耦合，实现钢铁行业的二氧化碳超低排放目标。此外，内蒙古赛思普科技有限公司总投资超过 10 亿元、年产 30 万 t 的熔融还原法高纯生铁铸造项目已建成投产。该技术由北京建龙集团联合北京科技大学等国内顶尖冶金院校联合开发，通过富氢熔融还原工艺强化对焦炉煤气的综合利用，推动传统"碳冶金"向新型"氢冶金"转变。

当前，国内氢冶炼技术处于研发起步阶段，只有少数企业设立了以清洁能源生产氢气作为冶炼能源的目标，多数企业还是以利用焦炉煤气、化工副产品等富氢气体作为还原气冶炼的目标。因此，应尽早根据国内需求制定适合我国氢冶金发展的技术路线图，分阶段推进国内氢冶金项目的研究，力争 2030 年，实现以焦炉煤气、化工等副产品产生的富氢气体进行工业化生产；2050 年，实现绿氢的大规模工业化生产，并实现绿氢在钢铁行业的大规模循环利用。对于未来的冶金领域而言，基于水电、风电和核电电解水的氢气制备技术，以质子交换膜的燃料电池为氢源的制氢技术，以及核热制氢技术等绿色无污染的氢气制备工艺的规模化发展才是最主要且最具潜力的制氢技术。当前，氢冶金面临的问题不仅在于氢基取代碳基实现铁矿石还原这一个环节，氢气的制备、存储、运输、生产、尾气处理、产品使用，包括过程中的安全问题也是目前氢冶金发展面临的问题。因此，打造产氢、储氢、还原、产品使用一体化的现代氢冶金工艺流程不可忽视。

6.2.1.3 二氧化碳捕集、利用与封存颠覆性技术

低成本、低能耗、大规模、安全可靠的工程化二氧化碳捕集、利用与封存全流程技术体系和产业集群部署建设是二氧化碳捕集、利用与封存的主要目标，加快其关键理论创新与技术研发是实现二氧化碳捕集、利用与封存集群化规模部署的紧迫任务。然而，目前工程化二氧化碳捕集、利用与封存全流程关键性技术环节和瓶颈尚未取得实质性突破，存在二氧化碳捕集效率低、二氧化碳地质封存与地质利用安全性、经济性差等诸多问题，实现工程化二氧化碳捕集、利用与封存全流程技术仍面临挑战。

1. 二氧化碳捕集方面

重点突破固体吸附技术，利用固体吸附剂在持续式变温吸附流化床中将二氧化碳与烟气流分离，实现高效吸附，降低捕集成本；加强直接空气捕集系统、阿拉姆循环、煤气化燃料电池联合循环、膜分离法和低温分离法等新一代捕集技术的研究，攻克其成本高、稳定性差、难以大型化等技术瓶颈。当前，二氧化碳捕集环节仍旧是二氧化碳捕集、利用与封存技术成本最高的部分，可以说降低捕集成本是二氧化碳捕集、利用与封存技术推广应用的关键，也是着力发展的颠覆性技术方向之一。

2. 二氧化碳转化利用方面

探索具有高转化率、低能耗、适用于工业化的二氧化碳资源化利用技术路径，如利用电催化技术，使用可再生电力制成的氢气与废弃二氧化碳生产可再生甲醇；使用回收的二氧化碳作为传统油基原料，应用于工业生产多元醇，即聚酯的主要原料；在特定催化条件下对废弃二氧化碳进行加氢处理，直接获得低碳烃类化合物，甚至直接获得可直接使用的汽油类化石燃料。在电催化方面，

寻找生命周期长、催化效率高、成本低的高性能催化剂或电极是实现二氧化碳高效转化的关键。

3. 二氧化碳利用与封存方面

重点研究二氧化碳地质封存，依据我国地质条件的复杂性和封存地质体的多样性，研发具有地质适配性的高效、安全、产业化的二氧化碳利用与地质封存关键技术，重点突破油气藏和深部咸水层封存的安全性技术难题，深部煤层封存的有效性（如可注性等）技术，以及关闭矿井（煤炭）、盐腔等地下空间的封存技术问题，同时发展地下储氢技术。此外，还需研发创新除碳技术，如将捕获和回收的二氧化碳注入新鲜混凝土中，使其矿化形成纳米矿物，实现永久嵌入；研究二氧化碳海水封存技术等。将自主研发与国际合作相结合，形成具有自主知识产权的、关键环节实现重大创新的工程化二氧化碳捕集、利用与封存全流程技术。另外，为实现规模氢能经济，需要实现地下储氢技术突破。将二氧化碳注入地下作为垫气介质，助力氢气的高效注采，是降低氢气损失的潜在方案，但需要解决二氧化碳和氢气的混相难题。

6.2.2 有色金属低碳技术发展展望

有色金属行业是我国"双碳"行动的重点领域之一。除前文提到的先进节能减碳技术外，仍有一些前沿技术亟待开发，并有待进一步的工业验证或生产试验。有色金属行业"双碳"目标的实现，需要以创新型减碳技术为支撑。通过对基础和前沿技术的不断深入探索与开发，扩展低碳发展技术路径的新思路，构建有色金属生产的新技术、新工艺。目前，一些前沿技术已经进入研究阶段，如短流程生产氧化铝技术处于理论研究阶段，主要方向是改变现有拜耳法生产流程，开发快速过滤装置替代沉降槽、溶出蒸发一体化设计、无蒸发流程等工艺，实现减少蒸汽与电能消耗的目标，最终达成节能降耗的效果。此外，还有一些技术原型已经被提出。

6.2.2.1 氢冶金技术

氢能由于具备清洁无污染、可再生、安全性可控等特点，逐渐成为国际、国内社会关注的热点，被视为最有发展潜力的清洁能源。氢冶金工艺将从源头上消除化石能源带来的碳排放问题。当前，基于氢能清洁环保、高还原性能优越等特性，氢冶金技术在钢铁行业的应用已备受关注。其核心思路是通过氢能替代碳还原剂与化石能源，进而实现钢铁生产的降碳目标。

氢冶金技术在有色金属冶炼和加工制造中的应用目前还处于理论和实验研究阶段。可以预见的是，随着氢能产业的发展、制氢技术的进步，未来氢能将是中国能源体系的重要组成部分，是现有能源形式的有益补充，是中国能源绿色低碳转型的重要载体，也是未来战略性新兴产业的重要发展方向。因此，有色金属行业氢冶金技术的应用是必然趋势。

据报道，中国恩菲工程技术有限公司与河南金利金铅集团有限公司签订了"有色冶炼渣氢基还原实验研究"合作开发协议，开发有色冶炼渣氢基还原技术，探索研究氢基还原铅渣、锑渣、含铁物料（铁矿、赤泥）、镍渣、铜渣、锌渣的可行性，探明影响氢气还原效率的影响因素，确定氢冶金技术的重点发展方向，并结合现有色金属冶炼中碳还原工艺，提出"以氢替碳"的还原工艺，旨在共同推动绿色氢能冶金技术的发展和应用，为突破低碳冶金新技术路线而努力。该项目有助于建立有色金属富氢气基还原技术理论体系，助推有色金属冶炼企业的产业升级和技术革新，减少二氧化碳排放。同时，"以氢替碳"的有色金属冶炼还原工艺对推动有色金属冶炼行业的绿色、可持续发展，实现经济效益和环境效益的同步发展具有重要意义。

6.2.2.2 固态电解回收铝技术

在工业中，铝通常与硅、铜、镁及其他元素一起合金化。在锻造合金中通常含有约 5%的合金元素，而在铸造合金中含有 6%~27%的合金元素。铝的化学性质使得依靠传统重熔工艺无法除去废旧铝中的合金元素，因此目前大部分再生铝只能降级使用，其中主要用于以汽车发动机为代表的铸造合金。未来电动汽车的发展将大幅度降低这一类铸造合金的需求，同时提高对高纯度铝的需求。因此铝的回收再生策略需要做根本性的改变。如果保持目前的铝再生方式，二次铝的高质量循环利用将成为难题。北京科技大学朱鸿民教授团队与日本仙台东北大学研究团队提出了一种固态电解工艺，使用熔盐电解回收废铝，生产纯度与原铝相当的再生铝。

固态电解工艺最重要的特点是可以高效分离合金元素。电解实验结果表明，废铝的纯度从电解前的约 90%提高到了电解后的 99.99%，同时硅、铜等典型合金元素被分离到阳极残余物（阳极泥）中。在固态电解工艺中，阳极是铝铸件和压铸合金废料。在电解过程中，铝以铝离子的形式从阳极溶解，精炼后的铝以阴极沉积的形式收集。由于硅、铜、锌、锰和铁的溶解电位高于铝，铝优先溶解，而剩余元素则以阳极泥的形式分离，然后将溶解的铝沉积在阴极上用于收集和再循环。根据阳极泥中的铝残留量和在阴极上的铝沉积量，计算出阳极铝合金中95%的铝以阴极沉积物形式被回收。

6.3 冶金行业高质量发展展望

6.3.1 钢铁材料高质量发展展望

我国钢铁工业仍存在供应链安全缺乏保障、生态环境制约等问题，尤其是在百年未有之大变局的背景下，我国钢铁工业实现高质量发展依然任重道远。为推动我国制造业全面升级，满足重大工程、关键装备和国防建设对高质量、生态化钢铁材料的迫切需求，钢铁材料未来将向着绿色化、高性能、数智化方向高质量发展。

6.3.1.1 以"双碳"为目标加速推动钢铁工业绿色低碳转型发展

实现碳达峰碳中和是一场广泛而深刻的经济社会系统性变革，将统领我国经济社会高质量发展的全局。钢铁材料的高质量发展必须走绿色低碳之路，把提高创新能力作为高质量发展的重要动力，核心是技术创新、技术突破和技术推广。科技创新是统筹推进行业生产力提升与绿色低碳发展的关键所在，以再生钢铁为原料生产生态化钢铁材料是当前全球钢铁业的发展趋势，也是钢铁领域的科学技术前沿。不断探索氢能冶炼和二氧化碳捕集、利用与封存等技术路径，在污染物治理、水资源利用、固体废物资源化、低碳冶金和绿色能源等领域厚植新的领先优势，深层次构建低碳节能绿色产品生产体系，真正做到协同减污降碳绿色发展，让绿色钢铁具有更高的"生态颜值"和丰富的"低碳价值"，积极推动钢铁工业绿色低碳转型发展。我国钢铁工业既要在规模和质量上持续引领世界钢铁工业的发展，又要在引领绿色、低碳发展方面实现更大作为。

6.3.1.2　研发具有更高强度、更长寿命、更强效能的高性能先进钢铁材料

钢铁材料是一类不断发展的先进材料。国家重大工程、高端装备、国防建设和国民经济的发展需要不断探索钢铁材料的性能极限，以更好地满足极端服役环境的使用要求。高强化乃至超高强化始终是钢铁材料追求的核心目标，而追求轻质化结构材料则是推动高强度钢发展的持续动力。提升产品耐蚀、耐磨、抗疲劳性能是实现材料长寿命的关键，探索钢铁材料结构-功能一体化是增强效能的重要途径。为满足国家经济和社会发展需求，需要加大科技创新投入力度，着力研发更高强度、更长寿命、更强效能的先进钢铁材料及其加工技术。

6.3.1.3　面向行业技术革命积极推动钢铁制造数字化、智能化转型发展

基于大数据和人工智能的钢铁工业智能制造可为先进钢铁材料的高效研发、高质量控制、绿色低成本生产提供重要的技术支撑。传统 "炒菜式" 或试错型研发模式已难以满足先进钢铁材料的高效研发需求。以航空航天、船舶、轨道交通为代表的高端装备制造领域，其所用先进钢铁材料的疲劳、持久、蠕变、氢脆、腐蚀等使役性能研究，需要海量数据样本与长期数据积累。而传统研发模式从原型设计到材料应用，研发周期至少长达 20 年。利用大数据和人工智能技术可加快先进钢铁材料的设计与研发。钢铁工业是典型的流程工业，先进钢铁材料的生产需经历全流程各工艺环节的处理，最终产品性能和质量的优劣由全流程的各个环节共同确定。采用智能手段与方法，对制造全过程的设备状态进行深度感知、对产品性能与质量进行全方位监控,通过一体化的分析、控制与决策实现先进钢铁材料的高质量生产是目前研究的重点，也是未来的重要发展方向。

6.3.2　有色金属材料高质量发展展望

有色金属行业是国民经济建设的重要基础产业，是建设制造强国的重要支撑，也是我国工业领域碳排放的重点行业。未来几年是我国有色金属产业调结构、促转型、建设有色金属材料强国的关键时期，既面临着难得的发展机遇，也面临诸多矛盾相互叠加的严峻挑战。

"十四五" 时期是有色金属行业深度调整产业结构、加快构建清洁能源体系、研发应用绿色低碳技术的关键时期，重点品种要依据能效标杆水平持续推

进节能改造升级，降低碳排放强度。《"十四五"循环经济发展规划》提出，2025年我国再生有色金属产量达到 2 000 万 t，其中再生铜、再生铝和再生铅产量分别达到 400 万 t、1 150 万 t 和 290 万 t。《有色金属行业碳达峰实施方案》提出，2030 年前有色金属产业结构、用能结构需明显优化，低碳工艺研发应用取得显著进展，重点品种单位产品能耗与碳排放强度进一步降低，再生金属供应占比达到 24% 以上。"十五五"时期，我国将建立清洁低碳安全高效的能源体系，到 2030 年形成非化石能源规模化替代化石能源存量的能源生产消费格局。随着电解铝产能向可再生能源富集地区转移，使用可再生能源比例将进一步提高，有色金属行业用能结构将大幅改善，绿色低碳循环发展的产业体系将随之基本形成。

在高性能轻合金材料领域，我国将聚焦大飞机、乘用车、高铁的轻量化制造与节能减排需求，以及船舶、海洋工程等重大装备的高端制造需求，实现一批关键材料技术的重大突破。掌握全球领先的航空级轻合金产业化技术体系，打造质优价廉的系列化航空轻合金产品，全面实现航空航天型号自主保障；形成年产 30 万~40 万 t 高精度快速时效响应型铝合金薄板、1 500 万~2 000 万件乘用车覆盖件和框架件的生产制造产业，满足 100 万~150 万辆乘用车的轻量化车体制造需求；形成年产 1 万~2 万 t 高耐腐蚀铝合金板材、10 万件铝合金精密管材的生产制造产业，满足我国海洋石油钻探装备和特种船舶发展的需求；创建高性能兼高品质镁合金压铸件、高性能变形镁合金加工材料的生产制造产业，满足年产 100 万~150 万辆乘用车的车体零部件制造需求；创建大卷重、高精度、低残余应力钛带和焊管的生产制造产业，满足海水淡化装备产业与工程发展需求；创建高性能大直径钛合金管材和型材的生产制造产业，满足我国海洋石油钻探装备和特种船舶发展的需求。

围绕功能元器件制造、高铁、特高压等新基建领域的发展需求，突破超薄超细铜箔与铜丝成型加工的组织性能控制技术、大卷重带线材短流程连续制备加工及装备技术，以及功能元器件用铜材料谱系化研究与体系建设等重大关键技术。开发出屈服强度为 800~850 MPa、弹性模量 $\geq$ 125 GPa、导电率为 45%~50% IACS（国际退火铜标准）的高强高弹铜合金带材，以及抗拉强度 > 200 MPa、延伸率 $\geq$ 2%、厚度 < 2 mm、针孔率 $\leq$ 3 个 /m^2 的超薄高纯铜箔（含电解箔、压延

箔），高性能铜材年产量达到 200 万 t。建成高性能铜材料的研发生产和应用示范体系，形成引领世界高性能铜材料的发展能力。围绕核能领域和集成电路制造、平板显示、光伏太阳能和存储记录等领域的关键基础材料需求，开展高性能稀有金属材料钛、锆、铪制备加工技术和高纯专用稀有金属材料制备技术攻关。获得绝对纯度＞5 N 的超高纯稀土金属及其合金，部分稀土金属纯度提高至 5N5，占有全球市场比例超过 50%，替代普通纯度的稀土金属量为 25%，在电子信息等新兴领域替代现有材料量超过 30%，高纯稀土氧化物及化合物替代同类普通材料量 20% 以上；半导体高纯稀有金属可产业化生产纯度达 6~8 N 的高纯镓、硒、锌、碲、镉、砷、锑等金属，国内自主供应率超 70%，形成国际竞争优势；新型稀贵金属装联、高温合金和钎焊材料实现产业化生产，形成系列化、标准化和货架化的稀贵金属钎焊材料产品，产能满足国内集成电路等下游产业应用，形成国际竞争优势。

展望未来 15 年，我国高性能有色金属材料产业整体水平达到国际领先水平，实现大规模绿色制造和循环利用，建成高性能有色金属材料产业创新体系，实现绝大部分高性能有色金属材料的自给和输出，领导全球相关产业发展。突破下一代高强韧铝合金大型整体结构件、新一代超高强和超高导电铜合金及其复合材料、高性能低成本钛合金和镁合金及其复杂精密材料加工产业化核心技术。国家重大工程用先进有色金属材料国产化率达到 100%，形成 1.2 万亿元的高性能有色金属材料产业并带动相关产业 4 万亿元，促进交通运输领域节能 40% 以上、减排 50% 以上。

思考题

1. 简述 "双碳" 背景下钢铁行业面临的机遇与挑战。在国家战略全面实施的背景下，钢铁行业如何通过新一轮科技革命和产业变革助力实现行业转型升级？

2. 简述 "双碳" 背景下有色金属行业面临的机遇与挑战。有色金属行业与国外技术相比，存在哪些需要尝试突破的技术瓶颈？

3. 简述钢铁行业系统能效提升颠覆性技术与冶炼工艺颠覆性技术内涵与

发展方向。

4. 简述有色金属行业氢冶金技术与固态电解回收铝技术重点与实现行业高质量发展的关系。

参 考 文 献

[1] 袁志刚. 碳达峰·碳中和：国家战略行动路线图[M]. 北京：中国经济出版社，2021.

[2] 王金南，徐华清. 碳达峰碳中和导论[M]. 北京：中国科学技术出版社，2023.

[3] 江霞，汪华林. 碳中和技术概论[M]. 北京：高等教育出版社，2020.

[4] 庄贵阳，周宏春. 碳达峰碳中和的中国之道[M]. 北京：中国财政经济出版社，2021.

[5] 金之钧，江亿. 碳中和概论[M]. 北京：北京大学出版社，2023.

[6] 孙丽达，范兴祥. 冶金概论[M]. 北京：冶金工业出版社，2022.

[7] 俞娟，王斌. 有色金属冶金新工艺与新技术[M]. 北京：冶金工业出版社，2019.

[8] 曹瑜强. 铸造工艺及设备[M]. 北京：机械工业出版社，2021.

[9] 张训鹏. 冶金工程概论[M]. 长沙：中南大学出版社，1998.

[10] 张俊善，尹大伟. 铸造缺陷及其对策[M]. 北京：机械工业出版社，2008.

[11] 朱荣，董凯. 炼钢过程节能减排先进技术[M]. 北京：冶金工业出版社，2020.

[12] 樊自田，蒋文明. 先进金属材料成形技术与理论[M]. 武汉：华中科技大学出版社，2019.

[13] 胥福顺，陈德斌. 铝及铝合金轧制技术[M]. 北京：冶金工业出版社，2021.

[14] 霍晓阳，杨林. 轧制技术基础[M]. 哈尔滨：哈尔滨工业大学出版社，2013.

[15] 单忠德，刘丰，孙启利. 绿色制造工艺与装备[M]. 北京：机械工业出版社，2022.

[16] 毛新平. 热轧板带近终形制造技术[M]. 北京：冶金工业出版社，2020.

[17] 王庆娟，刘世峰，刘莹莹，等. 金属塑性加工概论[M]. 北京：冶金工业出版社，2015.

[18] 谢建新，毛新平. 钢铁与有色金属行业清洁低碳转型导论[M]. 北京：中国科学技术出版社，2023.